Werner Betz und Sonja Ampssler

PORTALE

Eine Spurensuche in Vergangenheit und Gegenwart

Werner Betz und Sonja Ampssler

PORTALE

Eine Spurensuche in Vergangenheit und Gegenwart

„Portale"
1. Auflage Januar 2021

Ancient Mail Verlag Werner Betz
Europaring 57, D-64521 Groß-Gerau
Tel.: 00 49 (0) 61 52/5 43 75, Fax: 00 49 (0) 61 52/94 91 82
www.ancientmail.de
Email: ancientmail@t-online.de

Bibliografische Information der Deutschen Nationalbibliothek:
Die Deutsche Nationalbibliothek verzeichnet diese Publikation in der
Deutschen Nationalbibliografie; detaillierte bibliografische Daten sind im
Internet über http://dnb.dnb.de abrufbar.

Alle Fotos, wenn nicht anders vermerkt: Werner Betz
Coverfotos: Werner Betz
Covergestaltung: Karl Lesina, Luna Design
Druck: WIRmachenDRUCK GmbH, D-71522 Backnang

ISBN 978-3-95652-298-7

Inhalt

Was bisher geschah

Wir haben August 2020, das Thermometer steigt täglich über 30° Celsius, und ich sitze hier – wie in dieser Jahreszeit nicht anders erträglich – in meinem Büro am weit geöffneten Fenster, mit einem Ventilator hinter mir, und versuche trotz der Hitze zu resümieren, was wir in den Jahren seit Erscheinen des Buches „Kräfte aus dem Nichts?" erlebt haben. Das ist gar nicht so einfach, denn eigentlich geht die Geschichte viel weiter zurück und die einzelnen Teile fügen sich nun langsam zu einem Puzzle zusammen, das immer noch erhebliche Lücken aufweist. Aber wir haben inzwischen auch so viele Einblicke bekommen, dass wir einfach nicht länger damit warten wollen, diese unseren Lesern und Leserinnen zu präsentieren.

Nun schreiben wir gemeinsam dieses neue Buch, befinden uns dabei meistens in einer Distanz von etwa 220 Kilometern, da Sonja in Uhingen wohnt und ich in Groß-Gerau zu Hause bin. Wir treffen uns zwar für unsere Recherche-Touren, im Übrigen stimmen wir uns laufend ab. Wenn ich dennoch mitunter in der Ich-Form schreibe, dann ist es der Fall, wenn ich von persönlichen Erlebnisse oder individuellen Eindrücken berichte.

Im Dezember 2013 hatten wir das erwähnte Buch abgeschlossen und darin geschrieben, dass alles im Juni 2011 begonnen hat. Damals hatten wir eine kleine Exkursion mit der Sachbuch-Autorin Gisela Ermel unternommen und uns gefragt, welche Kräfte wohl bei den Kapellen wirken, welche aufgrund von Madonnen, die aus dem Nichts erschienen, oder anderen merkwürdigen Ereignissen zu Wallfahrtsorten wurden. In den folgenden Jahren haben wir viele Orte bereist und sind den Signalen im Bereich der VLF-Wellen (Very Low Frequences) nachgegangen und haben mit unseren Forschungen sogar einige Aufmerksamkeit erregt, was uns natürlich freut.

Selbst bei der Vortragsveranstaltung 2018 des von Prof. Dr. Konstantin Meyl – bekannt durch seine wegweisenden Forschungen zur

Freien Energie – gegründeten Tesla Forums stieß mein Vortrag bei den anwesenden Physikern auf Interesse, auch wenn ich ihnen nicht verraten konnte, wie man aus den von uns untersuchten Wellen Energie gewinnen kann. Dennoch war die Veranstaltung in der eindrucksvollen Gasmaschinenzentrale des ehemaligen Stahl- und Walzwerks Maxhütte in Unterwellenborn auch für mich sehr aufschlussreich, da ich erkennen konnte, dass wir nicht die einzigen sind, die versuchen, unerforschten Energien auf die Spur zu kommen.

Unsere Wege führten uns unter anderem nach Visoko (Bosnien) zu Semir Osmanagich, der uns gestattete, alle Untersuchungen an seinen Fundstätten vorzunehmen, die wir nur wollten, und nicht zuletzt immer wieder zum Untersberg an der deutsch-österreichischen Grenze, der jedes Mal neue Überraschungen für uns hatte. Wir fanden zu ganz neuen Orten, kamen aber auch immer wieder zu bereits bekannten zurück, an welchen wir neue Entdeckungen machen konnten. Das mag danach klingen, als hätten wir keinen Plan und kein Konzept, doch das ist wohl so, wenn man sich bei seinen Forschungen auf ein Terrain begibt, welches vorher noch niemand betreten hat.

Wenn ich also nun darüber nachdenke, hat es nämlich schon viel früher begonnen, nämlich im April/Mai des Jahres 2003, als mich – noch bevor ich meine heutigen Weggefährten überhaupt kannte – mein Weg zum ersten Mal nach Rennes-le-Château führte, dem kleinen Dörfchen in den französischen Pyrenäen, das eigentlich durch seinen Pfarrer Bérenger Saunière berühmt wurde, der dort von 1885 bis 1911 wirkte. Das wusste ich aber damals noch nicht, denn es war natürlich die Geschichte um den mysteriösen Reichtum dieses Herrn, die auch mich – wie schon so viele Menschen – dorthin gelockt hatte. Noch war auch ich fasziniert von den zahlreichen Schatzsuchergeschichten, nicht wissend, dass der Dorfpfarrer vielleicht schon 100 Jahre vor uns einem Geheimnis auf die Spur gekommen war, das einen ganz anderen Hintergrund hat.

Auf dieser Tour lernte ich aber auch bereits Udo Vits kennen, der damals selbst noch nicht lange in der Gegend weilte und der heute eine unerschöpfliche Quelle von Informationen für jeden darstellt, der sich mit den Geheimnissen dieser Region beschäftigt. Udo ist inzwischen ein fester Bestandteil unseres Teams und seine Recherchen vor Ort sind für uns von unschätzbarem Wert. Wir freundeten uns schnell an, denn wir spürten sofort, dass wir auf einer Linie lagen, und schon bald darauf verlegte ich sein Buch „Der Muezzin von Rennes-le-Château", von dem bereits im Januar 2005 die zweite Auflage erschien.

In diesem Buch klärte er einige Missverständnisse und Fehlinformationen im Zusammenhang mit dem Ort und auch über die kleine Kirche „Sainte Marie-Madeleine" auf, in der Saunière wirkte und der allerhand Mysterien nachgesagt und angedichtet werden. Eines davon war, dass der Pfarrer seine Kirche als schrecklichen Ort bezeichnet haben sollte, was man aus der Inschrift über der Kirchentüre deutete, deren Kern lautet *„Terribilis est locus iste"* – also „Dieser Ort ist schrecklich". Doch damit sind wir schon mitten im Thema und bevor ich fortsetze und das Rätsel um die Inschrift löse, möchte ich noch einige Menschen erwähnen, ohne die das vorliegende Buch nicht das wäre, was es ist.

*Abb. 1: Der Eingang der Kirche „Sainte Marie-Madeleine"
in Rennes-le-Château".*

Wer dabei half

Bei der Arbeit an diesem Buch tauchten mitunter Fragen auf, die wir nicht selbst beantworten konnten oder wir standen vor Herausforderungen, die wir alleine oder auch zu zweit nicht bewältigen konnten. Da war es von Vorteil, dass wir bei Fachfragen auf Spezialisten zurückgreifen konnten, wenn Freunde Ideen beitrugen, wenn wir mal alleine nicht auf die Lösung kamen, oder wenn wir tatkräftige Unterstützung in anderer Hinsicht erhielten. Wir befinden uns in dieser glücklichen Lage und daher möchten wir es nicht versäumen, einigen Menschen hier unseren ganz besonderen Dank auszusprechen, nachfolgend in alphabetischer Reihenfolge:

Sonja Ampssler – meine Forscherkollegin, Co-Autorin und inzwischen auch Kamerafrau, die mit ihren Ideen unsere Überlegungen schon so manches Mal in eine neue Richtung gelenkt hat. Tausende von Kilometern verbrachte sie auf dem Beifahrersitz oder am Steuer meines Wagens, wenn wir quer durch Europa auf neuen Spuren unterwegs waren.

Gisela Ermel – unsere Kollegin und Freundin, die uns die vollständigen Ergebnisse ihrer zeitaufwändigen Recherchen zu Toren, Portalen, Wundern und Wallfahrtsorten zur Verfügung gestellt hat.

Dr. Peter Kneissl – Historiker und Volkskundler, der in großer Fleißarbeit mehr als 600 Belege für die *Wilde Jagd* zusammengetragen hat, die in dem Buch „Die Wilde Jagd" veröffentlich sind, und der uns darüber hinaus wertvolle Tipps zu weiteren Recherchen zu diesem Thema gegeben hat.

Walter-Jörg Langbein – unser erfahrener Autorenkollege, ohne dessen in seinem Theologie-Studium erworbenen Kenntnisse der hebräische Bibeltext für uns ein Buch mit sieben Siegeln geblieben wäre.

Carolyn Lemp (Linta) – die erfahrene Schamanin, die mir nach meiner äußerst unangenehmen Begegnung mit einer gewaltigen, seltsam negativen Energie ganz schnell geholfen hat, wieder in normale Bahnen zu kommen.

Nigel Mortimer – unser englischer Forscherkollege, der uns mit seinen Fähigkeiten als Medium mehrfach geholfen hat, Licht in Zusammenhänge zu bringen, die uns bis dahin verborgen geblieben waren.

Benedikt Rosmanith – mein geschätzter Musiker-Kollege und von Beruf Latein-Lehrer, der uns gerettet hat bei der Übersetzung des lateinischen Bibeltextes, welcher mein vor über 40 Jahren erworbenes großes Latinum einfach überforderte.

Jessica Schmidt – die das Glück hatte, in der Schule Spanisch lernen zu können und uns den Artikel über die Erlebnisse von Jean de Rignies in dem Spanischen Magazin *Expedientes secretos* übersetzt hat.

Udo Vits – unser langjähriger Freund und Forscherkollege in den Pyrenäen, dessen umfangreiche Kenntnisse über die Region um Rennes-le-Château uns regelmäßig weiterhelfen und der immer wertvolle Tipps für uns hat und vor Ort für uns recherchiert, weil wir das auf unseren kurzen Exkursionen gar nicht alles bewältigen können.

Wir danken außerdem unseren Freunden Nicolas Benzin, Sandra Schmidt und Elke Straßburger, die uns Fotos für das Buch zur Verfügung gestellt haben, sowie allen anderen Kollegen, Freunden und Lesern vergessen, die uns im Laufe der Jahre immer wieder wertvolle Hinweise gegeben haben, die uns auf neue Spuren brachten. Ohne sie alle wäre das Buch heute nicht das, was es ist!

Terribilis est locus iste

Warum ist über einer Kirchentür dieser Spruch angebracht, der auf einen „schrecklichen Ort" hindeutet? Wie bereits erwähnt hatte Udo in seinem Buch bereits aufgeklärt, dass es sich um ein Bibelzitat handelt, welches aus dem Zusammenhang gerissen ist. Tatsächlich steht aber sogar der Rest des Zitats an dem Portal, was für den Betrachter dennoch auf den ersten Blick keinen Sinn ergibt.

Abb. 2: Der Spruch über der Kirchentür ist nicht eindeutig im Zusammenhang erkennbar.

Man muss das Zitat schon kennen, wenn man es überhaupt finden will, denn es beginnt nicht – wie man vielleicht vermuten könnte – links von dem pilasterartig aus der Wand tretendem Kapitell, sondern es beginnt darauf und setzt sich auf dem Türbogen unterhalb fort. Im Zusammenhang steht hier: ***Terribilis est locus iste hic domus Dei est, et porta coeli.*** Jetzt war mein großes Latinum gefragt und ich war sofort überfragt. Daher entschuldige ich mich gleich mal dafür, dass ich gleich im ersten Kapitel einen Ausflug in den Lateinunterricht vornehme, aber ich hoffe, Ihr werdet es nicht mit zu schrecklichen Erinnerungen an Eure Lateinlehrer verbinden, sondern dem auch ein wenig Spannung abgewinnen können.

Was hat das also alles zu bedeuten? Die zitierte Bibelstelle finden wir in Genesis 28, Vers 17 und es handelt sich um einen Satz aus der Visionsgeschichte Jakobs. Wir erinnern uns, er hatte auf dem Weg von Beerscheba nach Haran im Freien übernachtet und sah im Traum eine Treppe (oder Leiter), auf der Engel vom Himmel herab- und auch wieder hinaufstiegen. Auch soll er Gott persönlich in diesem Traum gesehen haben. Als er aufwachte, war er erschrocken und sprach diesen Satz.

So weit ist es recht einfach, aber dann geht die Verwirrung los, denn die Bibelübersetzer waren sich nie einig, wie sie die Worte übersetzen sollten. Martin Luther formulierte es so: *„Wie heilig ist diese Stätte! Hier ist nichts anderes als das Gottes Haus, und hier ist die Pforte des Himmels."* Nun ja, Gottes Haus und die Pforte des Himmels erkenne ich mit meinem vor 50 Jahren erworbenen Schullatein in dem Text auch, aber „terribilis" mit „heilig" zu übersetzen bedarf einiger Fantasie. Daher suchte ich weiter. Aber auch die Bibel-Einheitsübersetzung von 1980 in der Überarbeitung von 2016 kommt zu dem Ergebnis: *„Wie Ehrfurcht gebietend ist doch dieser Ort!"* Die aktuelle Onlineversion der Deutschen Bibelgesellschaft lässt Jakob sagen: *„Man muss sich dieser Stätte in Ehrfurcht nähern"* und ich wundere mich ein wenig.

Meine Latein-Welt wird lediglich ein wenig zurecht gerückt in der Elberfelder Bibelübersetzung von 1871, die tatsächlich zu dem Schluss kam: *„Wie furchtbar ist diese Stätte!"* Das kommt dem Urtext ja wohl schon näher, wurde aber offenbar bald wieder revidiert. Nachdem ich weitere Meinungen gefunden hatte, welche die Übersetzung mit *„Dieser Ort ist schrecklich"* für richtig befanden, gab ich die Aufgabe an einen gerade aus dem Studium kommenden Lateinlehrer weiter, der auch schnell eine Übersetzung lieferte: ***„Schrecklich ist dieser Ort da. Hier ist das Haus Gottes, und [erg.: hier ist] die Pforte des Himmels."***

Dazu lieferte er uns direkt eine sprachwissenschaftlich fundierte Analyse, die keinen Zweifel mehr am Wortlaut lässt.[1]

Zumindest keinen Zweifel am Wortlaut des lateinischen Bibeltextes. Doch wurde die Bibel denn ursprünglich in dieser Sprache verfasst? Natürlich nicht – also ließ uns die Sache keine Ruhe und wir wollten es genauer wissen. Daher konsultierten wir unseren geschätzten Autorenkollen Walter-Jörg Langbein mit der Frage, wie sich diese Stelle denn im hebräischen Text des Alten Testaments darstellt – Ehrfurcht oder Schrecken? Von ihm erhielten wir gleich eine längere, sehr aufschlussreiche Abhandlung mit dem Fazit: Der hebräische Text spricht von „furchtbar", von „heilig" oder „Ehrfurcht gebietend" ist dort jedoch keine Rede. Interessant ist jedoch, dass Walter-Jörg einige historische Übersetzungen anführt, die dem Ursprung mit den Worten schaurig, schauerlich oder schrecklich schon näher kamen.

Die Übersetzer suchten auch nach Erklärungen für die Verwendung dieses Adjektivs, so der elsässische Theologe Johannes Piscator (* 27.3.1546, † 26.7.1625), der von 1602 bis 1604 die Bibel übersetzte. Mehr als Luther war Johannes Piscator auf philologische Genauigkeit bedacht und weniger auf sprachliche Gefälligkeit. Er kam in seiner Anmerkung zu dem Schluss: *„schrecklich) Nemlich von wegen der herrlichen majestaet Gottes, welche den menschen wegen ihrer bloedigkeit erschroecklich ist.*[2]

---

[1] Ich versuche beim Übersetzen immer, die Wortstellung des lateinischen Originals weitestgehend beizubehalten, da sie meist vom Verfasser bewusst gewählt wurde. Für das vollständige Zitat schlage ich folgende Übersetzung vor:
Und *(-que)* **aus Furcht** *(pavens)* **sprach er** *(inquit)*: **Wie** *(Quam)* **schrecklich** *(terribilis)* **ist** *(est)* **dieser** *(iste)* **Ort** *(locus)* **da** *(Dies drückt eine zu iste gehörige Bedeutungnuance aus. iste ist sehr häufig abwertend gebraucht.)*! **Nichts anderes** *(non ... aliud)* **befindet sich** *(est)* **hier** *(hic)* **außer/als** *(nisi)* **das Haus Gottes** *(domus Dei)* **und die Pforte des Himmels** *(et porta caeli)*.

[2] Da die Ausführungen von Walter-Jörg Langbein insgesamt sehr aufschlussreich sind, habe ich diese ungekürzt als Anhang 1 am Ende des Buches eingefügt. Der interessierte Leser wird dort noch einige spannende Aspekte zur Übersetzung dieses Textes finden.

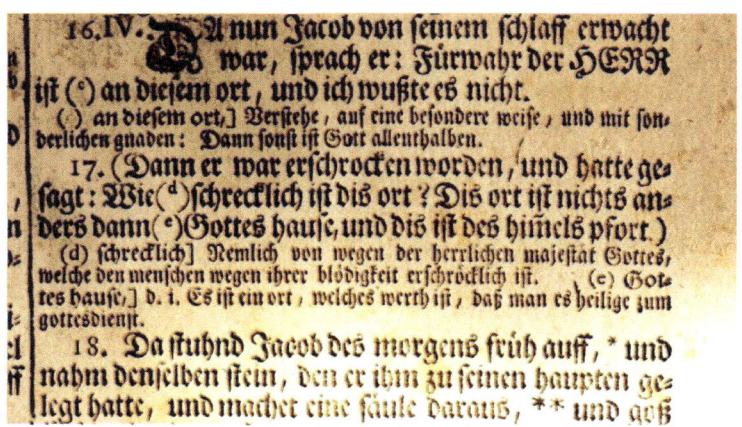

Abb. 3: Piscators Übersetzung mit Erklärung in der Piscator-Bibel, Bern 1684 (Archiv Walter-Jörg Langbein)

Soweit die Erklärung vor dem Hintergrund des beginnenden 17. Jahrhunderts, aber wir fragten uns weiter, was wirklich hinter diesem Ausspruch Jakobs steckt und noch heute für große Verwirrung bei den Bibelübersetzern stiftet. Was verstehen sie hier nicht? Fakt ist doch, dass Jakob etwas für seine Verhältnisse schreckliches gesehen hat, nämlich eine Leiter, die bis zum Himmel reichte, und auf der Boten Gottes zur Erde herab oder in den Himmel empor stiegen. Und ja, jetzt habt Ihr richtig gelesen, wie Walter-Jörg in seiner Übersetzung aufklärt, waren es keine „Engel", sondern „Boten Gottes" – was auch immer wir uns darunter vorzustellen haben. Engel hätten ja auch Flügel gehabt und keine Leiter gebraucht![3]

Doch wenn das Buch keine theologische Abhandlung sein soll, warum gehen wir dann so akribisch auf diese paar Worte ein? Als die ersten Veröffentlichungen über Rennes-le-Château in die Buchhandlungen kamen, interpretierte man Mysteriöses in diesen Spruch und sah in ihm – wie in vielen anderen Details der Kirche – eine verschlüsselte Botschaft des Dorfpfarrers. Doch weit gefehlt, je länger wir uns damit beschäftigten, umso größer wurden die Überraschungen ...

---

[3] Einige historische Erkenntnisse zum Ort des Geschehens siehe Anhang 2.

Noch mehr schreckliche Orte?

Ich weiß nicht mehr, wann es war, und auch nicht mehr wer es mir erzählte – aber irgendwann erhielt ich den Hinweis, es gäbe noch mehr Kirchen, an welchen dieser Spruch verewigt ist. Also keine Eigenheit von Rennes-le-Château und keine geheime Botschaft von Sauniére, sondern etwas ganz Alltägliches? Ab jetzt hielten wir also bei unseren Touren die Augen offen und recherchierten vorher nach dieser Besonderheit. Und tatsächlich befindet sich die nächste gar nicht so weit weg von meinem Wohnort. Es ist die katholische Pfarrkirche St. Gangolf in Amorbach (Odenwald). Ich erinnerte mich, dass wir hier sogar schon einmal waren, nämlich als alles mit unserer Tour zu den Wallfahrtsorten begann, welche den Anstoß zu unseren Kräfte-Forschungen gegeben hatte. Damals war uns der Spruch aber gar nicht bewusst gewesen, also mussten wir noch einmal hin.

Abb. 4: Die katholische Pfarrkirche St. Gangolf in Amorbach.

Nun hatten wir aber auch inzwischen unsere Messmethode für die VLF-Impulse entwickelt und Erfahrungen damit gesammelt. Also waren auch die Antenne und das Notebook im Gepäck, als wir wieder nach Amorbach fuhren. Der Spruch prangt groß über der Eingangstür, da müssen wir 2011 wohl etwas auf den Augen gehabt haben, dass wir den nicht beachtet hatten ... also begannen wir von vorn.

Abb. 5: Das Bibelzitat über dem Kirchenportal hatten wir beim ersten Besuch glatt übersehen ...

Das Zitat über der Kirchentür ist wirklich nicht leicht zu erkennen, wie man auf dem Foto sieht. Hier ist im Gegensatz zur Kirche in Rennes-le-Château der Text am Beginn sogar um das Wort „quam" erweitert, so dass es heißt „wie schrecklich ist dieser Ort ...". Aber es muss ja gar nichts Schreckliches an diesem Ort sein. Denken wir an die Geschichte von Jakob, so hat er sich doch nur erschrocken, und zwar vor einer Erscheinung, die er nicht kannte. War das also vielleicht der Schlüssel, hatte man dort einst eine Erscheinung beobachtet? Darüber war nichts bekannt, aber das hielt uns nicht davon ab, unsere Messungen bei der Kirche vorzunehmen. Vielleicht ließen ja auffällige elektromagnetische Signale Rückschlüsse auf ungewöhnliche Vorgänge an diesem Ort zu?

Beim unserem Rundgang konnten wir zunächst nichts Ungewöhnliches feststellen. In der Kirche zeigten sich kaum Ausschläge und beim Umrunden des Gebäudes waren nur einzelne Signale wahrzunehmen. Das änderte sich schlagartig an einer bestimmten Stelle, plötzlich färbte sich die gesamte Fläche auf dem Monitor weiß. Die Dezibel-Anzeige sprang von -100 dB auf bis zu -60 dB. Was bedeutet das? Dezibel sind ein logarithmisches Maß, das heißt bei einer Erhöhung um 10 dB hat sich das empfangene Signal um das zehnfache erhöht. Das würde bedeuten, dass sich unser empfangenes Signal vollflächig um etwa das 10.000-fache erhöht hat. Respekt! Woher kam dieses beachtliche Signal?

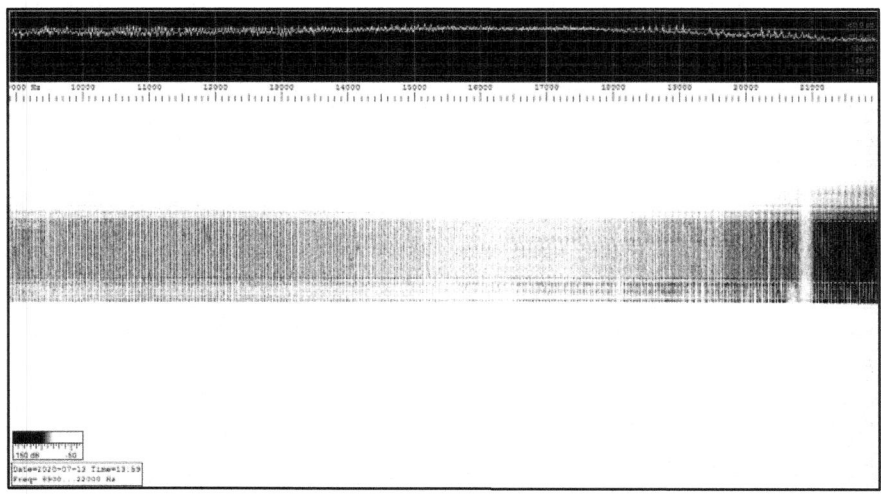

Abb. 6: Ergebnis der Messung neben der Kirche in Amorbach,
hier ein Screenshot während unserem Besuch im Juli 2020.

Nun standen wir ratlos neben der Kirche und unsere erste Überlegung war, ob dieses starke Signal von einer technischen Anlage im Untergrund herrühren könnte. Wir konnten ja nicht hineinschauen, vielleicht verlief hier eine elektrische Leitung? Doch dagegen sprach einiges. Das Feld war auf eine relativ kleine Fläche von etwa vier Quadratmetern begrenzt und endete nach allen Seiten ziemlich abrupt, ohne einen langen Verlauf. Ich nehme jetzt schon vorweg, dass die Messung bei mehreren Besuchen an der gleichen Stelle reproduzierbar war, wir außerdem um die Straßenecke inzwischen sogar noch eine weitere Stelle lokalisieren konnten, die sich ebenfalls bei weiteren Besuchen bestätigt hat.

Waren das etwa Hinweise auf schreckliche Orte? Dann müsste es ja noch mehr davon geben und tatsächlich hatten wir ja auch bei unseren früheren Touren bereits einen solchen gefunden. Er liegt direkt neben der Drüggelter Kapelle im Sauerland, die wir ebenfalls bereits mehrfach unter die Lupe genommen hatten. Auch hier befindet sich der „Spot" nicht innerhalb der Kapelle, sondern draußen. An Inschriften mangelt es in Drüggelte jedoch, es gibt also keinen Hinweis auf die Jakobsgeschichte. Wir hatten unsere Entdeckung damals als Besonderheit dieser Kapelle angesehen, die ja ohnehin energetisch einige Anomalien zu bieten hatte.[4] Nun begannen wir aber umzudenken. Wir erhielten Tipps und recherchierten, erhielten immer weitere Hinweise und gingen denen, wenn irgendwie möglich, nach.

Im Oktober 2017 nutzten wir die Heimreise von einer Tagung in Suhl (Thüringen) zu einem Abstecher ans Steinhuder Meer, auch wenn wir dafür mal schnell einen Umweg von 850 Kilometern in Kauf zu nehmen mussten. Aber die Fahrt lohnte sich, schließlich hatte ich von meinem Autorenkollegen Dr. Ralf Bittner den Hinweis bekommen, dass wir im Kloster Loccum im Hinblick auf einen locus terribilis fündig werden würden. Das 1163 gegründete Zisterzienserkloster ist eine weitläufige Anlage und beherbergt heute das älteste Priesterseminar der hannoverschen Landeskirche, nachdem es um 1600 lutherisch geworden war.

---

[4] Siehe Werner Betz: Kräfte aus dem Nichts?, Groß-Gerau 2014

Abb. 7: Das Portal der Klosterkirche Loccum. Der gewaltige Bau soll von einer kleinen Gruppe junger Zisterziensermönche bereits in dieser Größe errichtet worden sein. Es ist jedoch zu bezweifeln, dass sie das ohne fremde Hilfe geschafft haben sollen.

Um 1250 beschrieb ein Loccumer Mönch in der Chronik „*Vetus narratio de fundatione Monasterii Luccensis*" (der „Alten Erzählung von der Gründung des Loccumer Klosters") die Lebensumstände der ersten Mönche als äußerst schlecht. Danach hätten die Mönche sich an einem „Ort des Schreckens und weiter Einsamkeit" niedergelassen. Das entsprach nicht ganz den wahren Umständen, die nähere Umgebung war bereits besiedelt und die Trockenlegung und landwirtschaftliche Er-schießung des Moorgebietes hatte bereits begonnen. Könnte aber diese Einschätzung dazu geführt haben, dass sich über der Tür vom Kreuzgang zur Kirche das besagte Bibelwort befindet?

Abb. 8: Kloster Loccum – Wirklich ein Ort des Schreckens oder hat die Inschrift noch eine weitere Bedeutung?

Wir waren neugierig. Würden wir hier einen Spot, ähnlich wie in Amorbach, finden oder wollten uns die Mönche mit dieser Inschrift et-was anderes sagen? Wir umrundeten die Kirche mit unserer Antenne, was jedoch aufgrund von Bauarbeiten nicht vollständig möglich war. Konnten wir deshalb nicht fündig werden? Auch in der weiteren Um-gebung gab es keine Auffälligkeiten, aber Moment – wir befanden uns auf dem Klostergelände! Könnte es sein, dass der besagte Ort auch hier außerhalb zu finden ist, genauso wie man auch Kirchen nicht über ihn erbaut hatte? Wir gingen nach draußen und setzten die Messungen fort, und tatsächlich – kaum hatten wir das Portal durchschritten, ging die Anzeige nach oben. Waren wir auf der richtigen Spur?

Das kann man natürlich nach einem Kloster nicht beurteilen, es könnte ja ein Zufallstreffer sein. Andererseits sind diese auch nicht so dicht gesät, dass wir einfach mal von einem zum anderen fahren könnten, um das zu überprüfen. Also galt es, weiter zu recherchieren, wobei wir auf das Kloster Engelberg in der Nähe von Großheubach (Unterfranken) stießen. Das Franziskanerkloster ist heute eine bekannte Wallfahrtsstätte, an der eine wundertätige Marienstatue verehrt wird. Seine Ursprünge liegen in einer einfachen Kapelle, die um 1300 auf dem Berg am Ort einer vormals heidnischen Kultstätte errichtet wurde. Wir befanden uns also an einem Ort, der schon seit sehr langer Zeit Menschen angezogen hat. Es ranken sich jedoch auch Legenden um das Kloster, wonach Engel persönlich den Bauplatz der steinernen Kirche bestimmt hätten – also wieder eine Erscheinung. Wir waren gespannt und fanden bei unserem Rundgang tatsächlich vor den Treppen Richtung Großheubach kleinere Energiefelder, die uns jedoch nicht überzeugten. Wir waren von unseren vorherigen Exkursionen Anderes gewohnt!

Abb. 9: Unter diesem alten Baum schlug die Anzeige plötzlich aus.

Aber unsere Geduld wurde belohnt. Auf den letzten Metern unseres Weges um den Klostergarten herum schlug die Anzeige aus. Wir hatten auch hier ein „richtiges" Feld gefunden, und wieder außerhalb des Klostergeländes, nur etwa drei Meter von der Mauer entfernt. Auch der Hinweis an der Klosterkirche war vorhanden, doch bei den Recherchen war ich nur durch Zufall darauf gestoßen. Hier haben wir es nämlich mit einer etwas anderen Abweichung zu tun, es ist nur der zweite Teil von Jakobs Ausspruch angebracht: *„Hic est Domus Dei et Porta Coeli"*. Nun erscheint ein Hinweis auf *„das Haus Gottes Gottes und die Pforte des Himmels"* an einer Kirchentür nicht sonderlich bemerkenswert, wäre es nicht der Ausspruch Jakobs im Zusammenhang mit seinem Erlebnis.

Abb. 10: Der Hinweis auf das Haus Gottes und die Pforte des Himmels über der Tür zur Klosterkirche Engelberg.

Hat man hier den „schrecklichen Ort" unterschlagen, weil man die Kirche nicht als solchen bezeichnen wollte, oder kommt es doch auf etwas ganz anderes an? Unsere Überlegungen gingen immer weiter und sowohl der Zufall als auch liebe Freunde mit ähnlichen Gedanken halfen uns immer wieder weiter …

Himmelsleitern überall

Es war nicht zum ersten Mal Gisela Ermel, die uns mit ihren Überlegungen und Recherchen auf die Sprünge half. Sie hatte im Frühjahr 2017 von mir erfahren, dass wir ins Jonastal (Thüringen) fahren wollten, um dort Untersuchungen im Zusammenhang mit unserem Teilgebiet „Aura der Berge" vorzunehmen. Daraufhin kam prompt von ihr der entscheidende Hinweis, dass doch ganz in der Nähe, in der Kleinstadt Ohrdruf, der Missionar Bonifatius persönlich aufgrund einer Sichtung des Erzengels Michael um 725 ein Kloster gegründet habe. Das Kloster gibt es längst nicht mehr und von der im 2. Weltkrieg zerstörten Kirche wurde erst in den Jahren 1998/1999 nur der Turm wieder aufgebaut, aber wenn Bonifatius dort eine Erscheinung hatte, könnte der Ort vielleicht für unsere Forschungen interessant sein.

Wir waren mit unseren Gedanken ja schon weiter, aber zum Glück hatte Gisela rückwärts gedacht, denn Wunder und Erscheinungen hatten ja einmal den Anstoß für unsere Forschungen gegeben. Also begaben wir uns zu den Wurzeln zurück und fuhren zunächst nach Ohrdruf, um die Reste der Klosterkirche aufzusuchen. Der Turm war nicht zu übersehen und die Baustellen in den umliegenden Straßen ebenfalls nicht. Im Schritttempo fuhren wir über das unebenste Pflaster aus DDR-Zeiten und vermuteten, dass dieses bereits unter Denkmalschutz stehen musste. Wir parkten in einer der verständlicherweise wenig befahrenen Straßen und schauten uns um.

Der Grundriss der ehemaligen Kirche ist durch das Pflaster in dem Platz neben dem Turm markiert und wir gingen die Fläche mit der Antenne ab. Es war interessant, einmal die Grundfläche einer Kirche auszumessen, die nicht mehr vorhanden war. Wir empfingen einige Impulse, vielleicht mehr als wenn das Gebäude noch gestanden hätte, aber mangels einer Vergleichsmöglichkeit können wir das natürlich nicht mit Bestimmtheit sagen. Auffälligkeiten waren keine festzustellen, also zogen wir unsere Kreise größer. Wir verließen die Fläche und begaben uns in die Baustelle nebenan und tatsächlich zeigte sich nach ein paar Schritten ein helles Feld auf dem Monitor. Wir gingen weiter und es wurden letztlich insgesamt drei dieser Stellen, die wir lokalisieren konnten.

Abb. 11: Unsere Antenne in der weißen Tasche wurde in der Tat an einem merkwürdigen Ort fündig – eine schreckliche Baustelle.

Was hatte das zu bedeuten? Bonifatius hatte hier den Erzengel herabsteigen sehen, als er weiter unten an dem Flüsschen Ohra lagerte. Wir lokalisierten zwischen dem Fluss und der ehemaligen Kirche drei energetisch auffällige Stellen in geringem Abstand voneinander. Waren wir seit sechs Jahren auf dem richtigen Weg, hatten aber diese Spots noch nicht gefunden, weil wir nie danach gesucht hatten? Wir hatten immer wieder die auffälligen Impulse aufgespürt, aber waren wir dabei an den auffälligsten Stellen vorbei gelaufen? Es schien so und daher begannen wir, die uns bekannten Wunderorte näher zu untersuchen. Da sich bei mir gleich um die Ecke der Wallfahrtsort Maria Einsiedel befindet, der schon 2011 den Beginn unserer Tour gekennzeichnet hatte, waren wir bereits eine Woche nach unserer Rückkehr aus Thüringen dort vor Ort. Jetzt wussten wir, dass wir unsere Kreise um die Kapelle etwas größer ziehen mussten, wenn wir die Stelle finden wollten, an der vielleicht vor über 500 Jahren in einem Holunderstrauch die etwa 65 cm hohe Figur der Gottesmutter mit dem Leichnam des Sohnes auf ihrem Schoß gefunden wurde.

Abb. 12: Auch in Maria Einsiedel befinden sich die energiereichen Spots in einigem Abstand zur Kirche. Warum erbaute man diese wichtigen Gebäude nicht direkt über den Punkten?

Der Überlieferung nach hat man die Pieta zur Pfarrkirche nach Gernsheim gebracht wurde. Nachts sei diese auf unerklärbare Weise wieder zu dem Holunderstrauch zurückgekehrt, was sich so lange wiederholt hat, bis an dieser Stelle eine Kapelle errichtet wurde. Gisela Ermel bezeichnet dieses Phänomen gerne als „gebeamte Madonna", weil es sich ja nicht plausibel erklären lässt.[5] Sie war sowohl 2011 als auch jetzt wieder dabei, als wir uns auf die Suche machten, doch nun hatten wir aufgrund unserer Erfahrungen mehr Erfolg. Zwei Punkte mit einer spotartigen Energie fanden wir ziemlich schnell auf dem Kiesweg, der in geringer Entfernung von der Kapelle an den Nebengebäuden entlang führt. Auch diese Felder sind wieder relativ klar abgegrenzt und werden in einer Höhe von etwa 1,80 Metern bereits deutlich schwächer.

Wenn unsere vage Vermutung richtig war, wurde es jetzt immer mysteriöser. Es waren also nicht nur Erscheinungen, welche sich an den „schrecklichen Orten" manifestierten, sondern auch greifbare Gegenstände, die sogar immer wieder zu diesem Ort zurückkehrten, wenn man sie woanders hin brachte. Natürlich wissen wir, dass wir bisher nur wenige Orte untersucht haben und es eines groß angelegten Forschungsprojektes bedürfte, alle in Frage kommenden Plätze aufzuspüren. Auch ist uns klar, dass nicht von allen Orten solch spannende Gründungslegenden überliefert sind, so fehlen diese in Amorbach und Loccum, doch ist uns auch bewusst, dass der Grund für die Auswahl des Standortes einer Kirche bei weitem nicht in allen Fällen bekannt ist. Je weiter die Gründung zurück liegt, umso tiefer liegt er oft im Dunkel der Geschichte. Oft wurden vorchristliche Kultstätten ausgewählt, um dort Kirchen zu errichten, doch auch die Hintergründe dieser Stätten sind heute noch weniger bekannt.

Doch bleiben wir noch einen Moment in Maria Einsiedel und erinnern uns – die Pieta wurde in einem Holunderstrauch gefunden. Wenn wir Google nach den Suchbegriffen „Wallfahrtsort/Holunder" befragen, erleben wir jedoch eine Überraschung. Weitere Suchergebnisse führen uns zu Orten, an welchen ähnliches geschehen ist und der Holunder dabei eine entscheidende Rolle spielt. Da finden wir unter anderem:

---

[5] Gisela Ermel: Die „gebeamte" Madonna, Groß-Gerau 2017

- Maria Thalheim – Der Legende nach verehrten die Gläubigen schon sehr früh ein Marienbild unter einem Holunderstrauch.

- Holunderbaum in der Kirche von Süderhastedt (Schleswig-Holstein) – Der Sage nach kam zu diesem Baum die Sage oft der Geist des Königs geritten, der den Dithmarschen ihre Freiheit genommen hatte.

- Kloster Stockerau (bei Wien) – Die Legende berichtet, dass der Leichnam des Heiligen Koloman eineinhalb Jahre völlig unverwest an einem Holunderstrauch hängen geblieben war. Dieser Holunderstrauch ist bis heute an der Rückwand des Klosters Stockerau zu sehen.

- Wallfahrtskirche Mariä Geburt in Schneeberg (Odenwald) – Eine ähnliche Überlieferung wie in Maria Einsiedel bei Gernsheim.

Die Reihe kann noch weiter fortgesetzt werden, aber bevor wir uns dem letzten der Genannten etwas ausgiebiger widmen, werfen wir noch einen Blick auf den Holunder an sich. Die Heilkraft der Holunderfrucht wurde inzwischen unter vielen Aspekten wissenschaftlich untersucht und ist unstreitig. Doch die Pflanze hat weltweit auch eine große rituelle Bedeutung und viele Sagen und Legenden ranken sich um sie. So ist der Holunderbusch von jeher als ein Tor zur Anderswelt bekannt. Zwerge, Trolle, Kobolde und andere Wesen sollen den Holunder als Portal zwischen den Welten nutzen und der Hauskobold soll sich gerne in einem Holunder niederlassen.

Aha! Der Holunderstrauch – vielleicht insbesondere im Zusammenhang mit einem energiereichen Fleckchen Erde – als Portal? Das würde auch einige kirchliche Legenden erklären, die zur Gründung von Wallfahrten führten. Portale als Himmelsleitern! Der Gedanke daran war in unseren Köpfen irgendwann eine vage Vermutung. Doch wohin sollte sie uns bringen? Gibt es überhaupt Portale, kann man sie lokalisieren, wissenschaftlich nachweisen? Wohin führen sie – in Anderswelten, Paralleluniversen oder existieren sie nur in der Mythologie? Fragen über Fragen …

Überraschung in Schneeberg

Der kleine Ort Schneeberg liegt gerade mal drei Minuten Autofahrt von Amorbach entfernt. Daher lag er im August 2017 auf unserem Weg, als wir von Maria Einsiedel in den Odenwald fuhren, um die uns bereits bekannten Orte ein wenig näher zu untersuchen. Erste Station Amorbach mit dem bereits bekannten Ergebnis – dann ging es weiter in den Nachbarort. Die Wallfahrtskirche dort hat eine ähnliche Gründungslegende hat wie Maria Einsiedel.

Allmorgens ist dies Bild außer der A.D. 1473/74 erbauten Kirch auf einem Holderstock gefunden worden und so es wieder in die Kirch getragen worden, des andern Tags allzeit wieder auf dem Holderstock gestanden.

Abb. 13: Die Geschichte der Muttergottes auf dem Holderstock auf einer Darstellung in der Wallfahrtskirche.

Auch dort wird die Muttergottes auf dem Holderstock verehrt. Hier stand das Gnadenbild jedoch ursprünglich auf dem Hochaltar der Dorfkirche. Eines Tages war es verschwunden und fand sich draußen in einem Holunderstrauch direkt neben der Kirche wieder. Man trug es zurück in die Kirche, doch – was hätten wir anderes vermutet – es verschwand wieder und das Spiel wiederholte sich mehrmals. Man wollte den Täter überführen und streute Asche aus, doch die Madonna verschwand wieder und Fußspuren gab es keine. Doch damit nicht genug, es fing mitten im Sommer an zu schneien, aber nur um den Holunderstock herum. Die Madonna lag wieder dort – und Fußspuren im Schnee waren keine zu entdecken. Daraufhin baute man – wir schrieben das Jahr 1521 – an der Außenwand der Kirche eine kleine Kapelle, die den Holunder mit einbezog und verehrte die Madonna von dem Zeitpunkt an hier. Eine Wallfahrt gab es jedoch nachweislich bereits im Jahr 1445 und Indizien lassen vermuten, dass diese bereits in der ersten Hälfte des 14. Jahrhunderts entstanden ist.[6] Es gibt jedoch keine Berichte darüber, was zu der Wallfahrt geführt hatte.

Aufgrund dieser Geschichte erwarteten wir ein ähnliches Ergebnis wie bei Maria Einsiedel und waren auf eine Suche nach dem kleinen „Portal" vorbereitet. Aber bereits als wir neben der Kirche das Programm zur Erfassung der Ergebnisse starteten, sahen wir auf dem Monitor eine weiße Fläche, die uns eine erhöhte elektromagnetische Energie anzeigte. Sollten wir die Stelle auf Anhieb gefunden haben? Wir gingen ein paar Schritte, doch es änderte sich nichts. Wir entfernten uns weiter von der Kirche und gingen die fast gegenüber einmündende Marktstraße hoch, doch wir mussten schätzungsweise etwa 100 Meter laufen, bis das Signal ziemlich abrupt endete. Der Hauptstraße Richtung Amorbach folgend endete das Signal nach etwa 50 Metern und in östlicher Richtung gaben wir auf, bevor wir das Ende der Fläche erreichten. Erst im Juli 2020 holten wir das nach, weil wir es doch genau wissen wollten, dabei mussten wir rund 370 Meter der Straße folgen, bis diese energiegeladene Fläche endete.

Wir staunten beide Male nicht schlecht, kannten wir so etwas doch bisher nur von einer weiteren Lokalität, an die ich sehr schlechte Erinnerungen hatte – doch dazu gleich im Anschluss mehr. Wenn wir es

---

6 https://www.pg-gotthard.de/pfarreien#schneeberg-wallfahrtskirche

bei diesen Spots mit Störungen zu tun hatten, die von elektrischen Anlagen rührten, die zufällig gerade im Bereich dieser Kirchen im Boden verborgen waren, dann musste das hier ein gewaltiges Kraftwerk sein. Das konnten wir wahrscheinlich ausschließen und mussten umso mehr von einem natürlichen Phänomen ausgehen, das uns immer unerklärlicher wurde. Stand dieses Energiefeld im Zusammenhang mit der wandernden Madonna oder gab es hier noch mehr Dinge, die man darauf zurückführen könnte. Bei solch einer Fläche wäre es doch kein Wunder.

Zumindest besteht eine Verbindung nach Amorbach, denn der Ort entstand höchstwahrscheinlich schon vor dem Jahr 1000 als Klosterhof der dortigen Benediktinerabtei. Könnte das den Bibelspruch erklären, wenn das Wunder bzw. eine dem Wunder zugrunde liegende Erscheinung in Schneeberg ihren Ursprung hat oder ist das zu weit her geholt? Der nächste Ort in östlicher Richtung ist Walldürn und dort gibt es ebenfalls eine Wallfahrtskirche, diese war jedoch weniger ergiebig, bei inzwischen zwei Besuchen konnten wir keine ungewöhnlichen Kräfte feststellen. Vielleicht liegt es daran, dass die Wallfahrt dort auf einer anderen Art Wunder beruht. Dort wird ein Leinentuch aufbewahrt, das ein Priester im Jahr 1330 als Unterlage für Kelch und Hostie benutzt hatte. Aus Unachtsamkeit hatte er den Kelch mit dem Wein umgestoßen. Dieser ergoss sich auf das Tuch und hinterließ dort das Bild des Gekreuzigten, umgeben von elf dornenumwundenen Köpfen. Keine Erscheinung, kein Auftauchen oder Verschwinden von Gegenständen – also keine Energie?

Nun stießen wir bei unseren Recherchen aber auf eine weitere Überraschung. In dieser Region häufen sich Überlieferungen über eine ganz besondere Erscheinung – Das Wilde Heer! Dieses, auch als Wilde Jagd bekannt, ist ein in vielen Teilen Europas verbreitetes sagenhistorisches und volkskundliches Phänomen, bestehend aus einer Gruppe von übernatürlichen Jägern, Soldaten oder auch einfach nur sagenhaften Figuren, welche einen Höllenlärm verursachen.

Christian August Vulpius (1762 – 1827), der Schwager Goethes, schildert in einem Schwank aus dem Jahre 1785 das Aussehen der an der Wilden Jagd beteiligten Gestalten wie folgt: „Hinter dem Drachenschwanze aber tobte einher das Wilde Heer, gar sonderbare Figuren, gehörnt, geschnäbelt, geschwänzt, bekrallt, bebuckelt, belangohrt, sausend und brausend, schnalzend, pfeifend, zischend, schnarrend, blökend und brummend, hinterdrein auf einem schwarzen wilden Rosse, Frau Holda die wilde Jägerin, stoßend ins Jägerhorn, schwingend die knallende Peitsche.[7]

Zurück zu unserer Region im Odenwald – hierzu können wir lesen: *„Das Wilde Heer wurde auch oft in Walldürn gehört, mit großem Getöse. Es kommt aus westlicher Richtung vom Odenwald herunter und zieht von Walldürn aus weiter ins Bauland. Vor allem in der Oberen Vorstadt hat man es deshalb gehört, auch in der Klosterstraße, wenn es den Engpaß an der Stelle, wo Linsen- und Schmalgasse abzweigen, passierte. Es wird immer dann gehört, wenn der Ausbruch eines Krieges bevorsteht. Als es zum 1. Weltkrieg kam, war der Spuk deutlich zu hören ...“*[8]

In der gleichen Sagensammlung können wir folgende Geschichte lesen: *„Drei Männer machten am Heiligen Abend im Walldürner Wald Holz. Schon waren sie fertig bis aufs Zusammensetzen, da wurde es dunkel. Der eine wollte nun alles liegen lassen und nach Hause gehen, weil der Christabend gekommen war. Die anderen aber überredeten ihn, die Arbet jetzt doch noch fertig zu machen. Kaum hatten sie aber wieder zu arbeiten angefangen, da kam plötzlich das Wilde heer. Sie hörten Pferde wiehern, Hähne schreiben, lauten Lärm, und ein Sturm bog die Baumgipfel fast zur*

[7] Lecouteux, Das Reich der Nachtdämonen, S. 200. Den Ausführungen Karl Meisens zufolge soll Vulpius seine Schilderung der wilden Jagd einer Handschrift des 16. Jahrhunderts nachgedichtet haben. Siehe hierzu auch Meisen, Sagen vom Wütenden Heer und wilden Jäger, S. 124. Die genannte Frau Holda ist eine Spielart der aus den Kindermärchen so vertrauten Frau Holle.
entnommen aus: Dr. Peter Kneissl: Die Wilde Jagd, Groß-Gerau 2020
[8] Peter Assion (Hrsg.): Weiße Schwarze Feurige – Neugesammelte Sagen aus dem Frankenland, Karlsruhe

Erde. Erschrocken warf sich der eine zu Boden. Die anderen zwei klammerten sich an Baumstämme an, sonst wären sie mitgerissen worden. Als nach einer Weile alles vorbei war, ließen sie ihr Holz liegen und eilten schleunigst nach Hause".

Es handelt sich also offenbar nicht nur um eine Sichtung, sondern die Gestalten jagten dermaßen durch die Lüfte oder auch direkt über den Boden, dass sie sichtbare und spürbare Spuren hinterließen, auch schonmal Mensch und Tier übel zurichteten. Eine Sage und doch eine ganz greifbare Erscheinung? Doch eines ist auffällig: Das Heer zieht Richtung Osten, kommt aber aus westlicher Richtung nach Walldürn, wo die Überlieferungen besonders zahlreich sind. Kommt es vielleicht aus Schneeberg? Nein – nicht dass es dort „wohnt", sondern liegt sein Ursprung in dem weitläufigen Energiefeld, welches eine Fläche von über 400 Meter Länge und mindestens 50 Meter Breite bedeckt? Was kann ein solches Feld überhaupt bewirken? Zu dieser Frage kann ich aus eigener Erfahrung etwas beitragen ...

Abb. 14: Sonja hat bei Messungen vor der Wallfahrtskirche in Schneeberg das Voltmeter im Blick.

Seltsame Kräfte in Arnstadt

Ich muss jetzt in meinem Bericht nochmal einen kleinen Zeitsprung zurück machen, nämlich zu unserer Tour Ende Juli 2017 nach Thüringen. Nachdem wir Bonifatius' Klostergründung in Ohrdruf untersucht hatten, waren wir in unser Hotel nach Arnstadt gefahren, um dort die erste Nacht zu verbringen. Es war ein schön restaurierter alter Bau, machte einen guten Eindruck und das Abendessen ließ nichts zu wünschen übrig. Auch wenn die Zimmer und Betten zum Ausruhen einluden, fühlte ich mich am nächsten Morgen jedoch auf keinen Fall ausgeschlafen. Ich wusste nicht warum das so war, konnte mich nur daran erinnern, dass ich lange Träume hatte, konnte mir aber am Morgen jedoch keine Details darüber ins Gedächtnis rufen – sie waren wie ausgelöscht. Wohl durch die Träume bedingt fehlte mir der erholsame Tiefschlaf, doch wir hatten unseren Plan und machten uns nach dem Frühstück auf den Weg ins Jonastal. Dort hatten wir das vorgesehene Programm allerdings schneller absolviert als vorgesehen und es war – selbst nachdem wir einen Besuch im Dokumentationszentrum des Jonastalvereins eingeschoben hatten – noch früh am Tag. Wir überlegten also, wie wir den Rest des Tages sinnvoll nutzen könnten und entschieden uns für einen Rundgang durch Arnstadt.

Es war uns aufgefallen, dass es in der Kleinstadt mit zu diesem Zeitpunkt aktuell 24.500 Einwohnern relativ viele und vor allem große Kirchen gab bzw. gegeben hat und wir wollten bei der Gelegenheit überprüfen, ob diese in einem Zusammenhang mit energiereichen Orten stünden. Direkt um die Ecke von unserem Hotel fanden wir schon unser erstes Ziel, den Jakobsturm. Er gehörte zur ehemaligen Jakobskirche und ist das einzige, was davon noch übrig geblieben ist. Unsere erste Messung dort zeigte uns ein großes Energiefeld an, was auch im räumlichen Sinn gemeint ist. Seine Fläche war größer als die kleinen, uns bekannten Spots in Amorbach oder bei anderen Kirchen. Unsere erste Vermutung, dass die Jakobskirche ihren Namen dem Jakob des

Alten Testaments verdankt, lag nach unseren bisherigen Überlegungen zwar nahe, bestätigte sich aber nicht, denn sie ist Jacobus dem Älteren geweiht und liegt am Pilgerweg nach Santiago de Compostela in Spanien.

Abb. 15: Links im Bild ragt hinter den Gebäuden der Jakobsturm in die Höhe, geradeaus schauen wir auf das Riedtor.

Wir setzten unseren Weg gleich schräg gegenüber dem Turm fort, beim Riedtor – einem der zwei noch erhaltenen Stadttore aus dem 15. Jahrhundert. Auch dort stellten wir ein ähnlich großes Feld fest, welches sich bis in die Seitenstraßen erstreckte und offenbar nicht enden wollte. Wir hatten das so vorher noch nie erlebt, doch der Torturm hatte eine weitere Besonderheit für uns. Wie in alten Zeiten, in denen er als Stadttor diente, kann man ihn noch heute zu Fuß durchqueren. Wir wollten unsere Messungen in dem Durchgang beginnen und hielten uns dort für einen Moment auf. Doch die kurze Zeit reichte schon, um in uns beiden ein seltsames Empfinden aufkommen zu lassen. Dazu muss ich vorausschicken, dass sowohl Sonja als auch ich im Laufe unserer Forschungen das Gespür für Erdstrahlen, Kraftorte und ähnliches, welches sehr viele – oder die meisten Menschen – von Natur aus haben, verfeinern konnten, was uns schon oft hilfreich war. Das kann sich auf verschiedene Art ausdrücken wie Druck auf den Kopf, Schwindel oder sogar Übelkeit. Die Auswirkungen sind bei uns beiden nicht immer dieselben, doch wenn wir den Ort verlassen, verschwinden sie in der Regel recht bald.

In diesem Gemäuer war der Effekt für mich so, dass ich das Gefühl hatte, ich müsste es sofort fluchtartig verlassen. Ich fühlte mich äußerst unwohl und hielt es auch nur ganz kurz innerhalb des Torbogens auf. Wir setzten jetzt unseren Rundgang in Richtung der beiden großen Kirchen – Oberkirche und Liebfrauenkirche – fort. Nachdem sich das Energiefeld erst in größerem Abstand zum Riedtor etwas abschwächte, um nach kurzer Strecke erneut aufzutauchen. Vom Riedtor zur Oberkirche sind es Luftlinie etwa 230 Meter, von dort weiter zur Liebfrauenkirche etwa 300 Meter, doch da unser Weg durch die verwinkelten Gassen der Altstadt führte, konnten wir die genaue Lage dieser Felder nicht lokalisieren. Auf jeden Fall nahmen sie insgesamt große Flächen des historischen Stadtkerns ein und waren bis direkt vor unser Hotel zu messen, erstreckten sich also wahrscheinlich auch bis in das Gebäude. Konnte das eventuelle eine Erklärung für meinen schlechten Schlaf in der letzten Nacht sein?

Da uns inzwischen der Durst und weitere menschliche Bedürfnisse plagten, suchten wir auf dem Weg eine kleine Kneipe auf, die wirklich keine bessere Bezeichnung verdient hat. Aufgrund unseres ersten Eindrucks von dieser Lokalität zogen wir es vor, das angebotene Bierglas freundlich auszuschlagen und unser Getränk direkt aus der Flasche zu uns zu nehmen, was auch nach dem zweiten Eindruck noch absolut ratsam erschien. Die Örtlichkeit lud also nicht zu längerem Verweilen ein und wir setzten unsere Erkundung danach außerhalb der alten Stadtgrenze fort. Wir hatten inzwischen erfahren, dass an dem Standort der Liebfrauenkirche wohl einst die älteste Kirche Arnstadts stand. Der heute aufgrund seiner Größe und Ausstattung beeindruckende Kirchenbau erlangte seine Bedeutung jedoch erst um 1307, als das Benediktinerkloster St. Walpurgis vom zwei Kilometer südlich Arnstadts gelegenen Walpurgisberg dorthin verlegt wurde und die Kirche damit die Funktion der Klosterkirche erlangte. Doch Moment – Walpurgisberg und Walpurgiskloster? Da fiel uns doch gleich die Walpurgisnacht in ganz anderem Zusammenhang ein! Hatte der Berg etwas mit den Hexen zu tun?

Tatsächlich wurde bis ins Mittelalter hinein die Heiligsprechung der englischstämmigen Äbtissin Walpurgis (auch Walpurga oder Walburga, gestorben im Jahr 799) am 1. Mai gefeiert. Da die Nacht vor dem Gedenktag für die Heilige Walpurgis jedoch zufällig mit der Nacht zusammenfällt, in der nach altem Volksglauben die Hexen auf dem Blocksberg tanzen, wurde sie nach der Heiligen benannt.[9] Zufällig? Die Bezeichnung Blocksberg kennen wir heute in erster Linie im Zusammenhang mit dem Brocken (Harz). Aber auch andere Erhebungen tragen diesen Namen, der jedoch fast ausschließlich in Verbindung mit Hexen und der Hexenverfolgung verwendet wird. Und hier haben wir also einen Walpurgisberg. Nachdem ich in der Tourist-Information eine kleine Broschüre[10] über die Örtlichkeit erworben hatte, wollten wir auch diesen Berg noch aufsuchen. Wir begaben uns also auf eine

---

[9] https://www.wissen.de/wortherkunft/walpurgisnacht
[10] Peter Unger: Walpurgisberg und Walpurgiskloster, Arnstadt 2017

nicht ganz so einfache Suche, doch nachdem wir mehrmals nach dem Weg gefragt hatten, wurden wir fündig.

Abb. 16: Grundmauern zeichnen noch Lage und Grundriss einiger der ursprünglichen Klostergebäude ab.

Von dem Kloster sind lediglich Ruinen erhalten, doch hier erfuhren wir dann von bronze- und eisenzeitlichen Funden, die eine frühgeschichtliche Besiedlung des Berges (1000 – 300 v. Chr.) belegen. Unsere Messungen auf dem Gelände ergaben jedoch lediglich die üblichen elektromagnetischen Impulse, eine darüber hinaus gehende, starke Energie war nicht feststellbar. Waren diese Menschen und auch die ersten Christen auf diesem Berg vielleicht schlauer als ihre Nachfahren gewesen und hatten daher den benachbarten Hügel mit seinen Energiefeldern gemieden? Hierfür könnten die Sagen der Region einen Hinweis liefern, wonach das Wilde Heer das Gebiet zwischen Arnstadt, Ilmenau und Königsee in Schrecken versetzte. Auch wird, wie Unger in seiner Broschüre zu berichten weiß, dort auch Frau Holle – oder auch Perchtha – ein Gefolge aus abenteuerlichen und schrecklichen Figuren zugeschrieben. Ganz deutlich sind die Parallelen zu Schneeberg und den Odenwälder Überlieferungen über das Wilde Heer zu erkennen, insbesondere im Zusammenhang mit den Energiefeldern.

Unsere zweite und letzte Nacht im Hotel verlief für mich nicht besser als die vorherige. Ich konnte mich morgens nicht an Details meiner langen Träume erinnern und darüber hinaus fühlte ich mich nicht wohl, hatte das Gefühl, dass ich mir eine Erkältung zugezogen haben könnte. Das wäre trotz der Jahreszeit nicht verwunderlich gewesen, denn während wir auf dem Walpurgisberg waren, hatte leichter Nieselregen eingesetzt und es war merklich kühler geworden. Ich störte mich nicht weiter daran, denn nach dem Frühstück traten wir die Heimreise an und hatten keine Pläne mehr für diesen Tag.

Als ich jedoch am Nachmittag zu Hause war und mich wie üblich nochmals in meinem Büro an den Schreibtisch setzte, war ich plötzlich zu keiner sinnvollen Arbeit mehr fähig. Ich fühlte mich schlapp und war fürchterlich müde, hatte Glieder- und Kopfschmerzen und das Gefühl von erhöhter Temperatur. Also doch Anzeichen einer Erkältung oder hatte ich mir etwa am Bier in der gewöhnungsbedürftigen Kneipe den Magen verdorben?

Ich ging früh ins Bett, doch die nächsten beiden Tage waren nicht besser, ich war kaum zu etwas fähig, wobei aber die Anzeichen einer Erkältung, wie Husten, Schnupfen oder Halsschmerzen, völlig fehlten. Das machte mich etwas unruhig, doch glücklicherweise hatte ich drei Tage später ohnehin einen Massagetermin und darüber hinaus das Glück, dass die Masseurin nicht einfach nur eine Masseurin ist, sondern eine Reiki-Meisterin mit schamanischer Ausbildung.[11] Ich vertraute Linta – so ist ihr spiritueller Name – mein Problem an und weiß heute nicht mehr, wie lange sie an diesem Tag an mir gearbeitet hat.

---

[11] https://www.linta-seidrpriesterin.de/index.html

Ich kann mich jedoch erinnern, dass sie nach der Behandlung ein wenig erschöpft war und mich fragte „was ich mir denn da mitgebracht hätte". Sie konnte es nicht näher definieren, aber mir ging es von diesem Moment an wieder gut. Es war ihr gelungen, mich von dem zu befreien, was die Energie in Arnstadt vielleicht mit mir angerichtet hatte.

Vielleicht klingt das für den einen oder anderen jetzt ein wenig unglaubwürdig. Aber ich wünsche keinem, dass er je in ein Feld gerät, welches ihn in diesen Zustand versetzt. Seit vielen Jahrzehnten ist bekannt und nachgewiesen, dass so genannte Erdstrahlen negative Auswirkungen auf die Gesundheit haben können, sogar im Zusammenhang mit Häufung von Krebserkrankungen stehen können.[12] Was kann also ein solches Feld mit einer 10.000 Mal höheren Energie als in normaler Umgebung beim Menschen anrichten? Laut Dr. Peter Kneissl warnten unsere Ahnen vor Frau Percht und dem Umgang mit ihr: *„Aber auch im Umgang mit ihr sollte man vorsichtig sein: Gar Fürwitzige werden mit Blindheit oder lange anhaltenden Schmerzen geschlagen, um ihre Überheblichkeit zu büssen."*[13]

Gesundheitliche Beeinträchtigungen nach Begegnung mit dem Wilden Heer – oder nach Begegnung mit einem Portal bzw. seinen Auswirkungen? Ich kann jedenfalls ein Lied davon singen. Aber könnte man denn auch mal einen Blick in ein solches werfen? Je mehr wir uns mit ihnen beschäftigen, umso mehr wünschen wir uns das. Geht das denn überhaupt? Es soll ja Menschen geben, die dieses Glück schon hatten. Und je länger wir uns dem Thema widmen, umso öfter denke ich an ein lange zurückliegendes Erlebnis, das mir noch gut in Erinnerung ist ...

---

[12] Gustav Pohl: Erdstrahlen als Krankheitserreger, J. Hubertus-Verlag, Diessen vor München 1932 – weitere Ausführungen dazu siehe Werner Betz: Kräfte aus dem Nichts, a. a. O.
[13] Dr. Peter Kneissl: Mein Untersberg, Groß-Gerau 2017

Ein denkwürdiges Erlebnis

Es liegt wirklich schon sehr viele Jahre zurück, und nun sitze ich hier und sichte uralte Fotos und Negativ-Filmstreifen. Oh hätte ich damals nur geahnt, dass ich die irgendwann brauchen würde! Aber einerseits hatte ich wohl dem Erlebnis keine so große Bedeutung beigemessen, andererseits sind mir viele Fotos aus dieser Zeit ärgerlicherweise bei einer Trennung abhanden gekommen, so dass ich mir gar nicht sicher bin, ob ich das Gesuchte jemals wieder finden werde. Daher ziehe ich jetzt meine gesammelten Terminplaner zu Rate, die ich akribisch aufbewahre. Dabei muss ich allerdings feststellen, dass ich diese damals noch nicht so akribisch genau führte und mir die nachträgliche Datierung des Ereignisses dadurch nicht gerade einfacher gemacht wird. Zumindest kann ich den in Frage kommenden Zeitraum auf die Jahre 1983 bis 1986 eingrenzen. Aus der Erinnerung meine ich ziemlich sicher sagen zu können, dass es sogar am Beginn dieser Periode war, da im April 1983 der erste einer Reihe von Kurzurlaube in Belgien eingetragen ist. Doch der genaue Zeitpunkt ist letztlich nicht so wichtig, wir begeben uns auf jeden Fall jetzt um knapp 40 Jahre zurück ...

1983 verbrachte ich mit meiner Begleiterin ein paar Tage in der belgischen Stadt Brügge und die Osterfeiertage des darauffolgenden Jahres nutzten wir zu einem Kurzaufenthalt in der Kleinstadt Tielt, ebenfalls in der Region Flandern gelegen, nicht weit der traditionsreichen Provinzhauptstadt. Wie aus der folgenden Geschichte gleich ersichtlich sein wird, liegt es deshalb nahe, dass diese in das Jahr 1983 datiert werden muss. Die Stadt bietet sehr viele interessante Sehenswürdigkeiten, doch wir nutzten die Tage auch für kleinere Ausflüge ins Umland, dabei natürlich auch zur nahen Nordsee, die auch im April ihre Reize hat. Ein Ausflug geriet jedoch etwas länger, denn die Neugier lockte uns nach Calais im benachbarten Frankreich, wo zu dieser Zeit noch die legendären Hovercraft-Fähren ihren Weg nach Dover antraten. Diese Luftkissenfahrzeuge waren die schnellste Fährverbindung zwischen England und dem europäischen Festland und wir wollten es uns nicht entgehen lassen, ihre Ankunft und Abfahrt einmal live zu erleben.

Die Autobahn *Route des Estuaires*, die von Belgien bis nach Spanien führt, gab es meines Wissens noch gar nicht, doch wir hätten ohnehin den Weg über die Nebenstraßen gewählt, weil wir auf den wenig befahrenen Strecken die Landschaft genießen wollten und darauf hofften, die eine oder andere kleine Sehenswürdigkeit am Wegrand zu entdecken. Doch die Strecke war relativ unattraktiv, wir sahen nichts dergleichen, was uns zum Anhalten animiert hätte. Es gab damals noch richtige Grenzübergänge innerhalb Europas, doch in der kleinen Kabine dort saß nur gelangweilter Beamter, die Schranke war zur Durchfahrt offen. Navigationssysteme gab es noch nicht, so dass wir uns an einer Straßenkarte orientierten und dabei immer den Straßen möglichst nahe der Küste folgten, um vielleicht ab und zu einen Blick aufs Meer erhaschen zu können. Ich will mich auch diesbezüglich nicht festnageln lassen, aber es müsste die D119 gewesen sein, die wir in Frankreich Richtung Calais befuhren. Und dort – kurz bevor wir am Ziel angekommen waren – wurden unsere Hoffnungen doch noch erfüllt, wir erblickten rechts vor uns eine richtige kleine Idylle.

Dort zweigte eine Straße ab, an der links und rechts Häuser standen. Es war nur diese Reihe Häuser und sie sahen völlig anders aus als die in den Orten, die wir vorher durchquert hatten. Sie waren unverputzt und auf den Dächern zeugten die Kamine von Öfen, welche die Zimmer erwärmten. An den Häusern war Wäsche zum Trocknen aufgehängt. Die Straße war weder geteert noch gepflastert, aber es befanden sich Menschen auf ihr. Kinder spielten dort, doch die Kleidung der Menschen, die wir sahen, deutete auf ein ärmliches Leben hin, soweit ich mich erinnern kann, trugen die Kinder zumindest nicht einmal Schuhe. Wir waren an der Straßeneinmündung stehen geblieben und beobachteten das Szenario vom Auto aus. Die Leute schienen uns überhaupt nicht zu beachten, waren sie doch auch noch ein Stück von uns entfernt. Auszusteigen und dorthin zu gehen trauten wir uns nicht. Nicht etwa, weil wir Angst gehabt hätten, sondern weil wir uns unwahrscheinlich fremd und fehl am Platz vorkamen. Ja, die Straße machte den Eindruck, als hätte sie noch nie ein Auto gesehen.

Aber zumindest wollten wir diese merkwürdige Wohngegend für unser Urlaubsalbum festhalten. Daher stieg ich aus, um ein Foto zu machen und knipste mit meiner Sucherkamera, den Blick in die Straße gerichtet. Während der Weiterfahrt überlegten wir, was wir da wohl gesehen hatten. Auffällig war, dass es die einzige Straße war, an der wir vorbei gekommen waren. Es hatte sich also nicht um ein Dorf gehandelt, und die nächste Ortschaft war noch nicht einmal in Sichtweite, obwohl sie nicht weit weg gewesen sein konnte, wie ich heute feststelle, wenn ich einen Blick auf die Karte werfe. War es ein Arbeiterviertel, welches zu einer Fabrik gehörte, die vielleicht dahinter lag und daher von uns nicht gesehen wurde? Oder handelte es sich um ein Armenviertel, außerhalb des Dorfes gelegen, weil man sich dessen schämte? Wir waren uns völlig unschlüssig, denn so etwas hatten wir beide noch nie gesehen – außer vielleicht in Filmen, die in historischen Zeiten spielen. Ja, es hätte uns nicht gewundert, wenn dort eine Kutsche gefahren wäre, es hätte zu der Umgebung gepasst.

Schon kurz darauf waren wir in Calais angekommen und bestaunten die Hovercrafts in ihrem Hafen. Ich kann mich nicht mehr erinnern, ob wir für die Rückfahrt den gleichen Weg gewählt hatten, es ist schon zu lange her, doch ist uns auf dieser Strecke nichts Ungewöhnliches aufgefallen. Vielleicht war unsere Aufmerksamkeit auch noch zu sehr bei den Luftkissenfähren, so dass wir der Route nicht so viel Beachtung schenkten. Dennoch ging uns das Gesehene nicht aus dem Sinn und wir überlegten später noch einmal – und hatten weiterhin keine plausible Erklärung dafür. Aber wir hatten ja zumindest ein Foto davon, konnten es also später noch einmal anschauen.

So dachten wir jedenfalls! Doch die Realität sah anders aus. Damals musste man ja noch warten, bis man nach ein paar Tagen den entwickelten Film und die Fotos abholen konnte. Wir waren also sehr gespannt, was wir zu sehen bekommen würden, doch als wir die Fotos sichteten, staunten wir nicht schlecht. Da waren die Fotos unseres

Ausflugs, einschließlich der Bilder von dem ankommenden und dann im Hafen parkenden Hovercraft, doch keines von dieser merkwürdigen Straße. Ein Versehen des Labors? Neugierig hielt ich die Filmstreifen gegen das Licht in der Hoffnung, das Bild zu finden. Doch vor Bildern mit dem Hovercraft war … nichts! Auf dem Negativ war absolut nichts zu sehen, doch da mir auch die Filmstreifen nicht mehr vorliegen, kann ich nicht sagen, ob es weiß oder schwarz war – also ob es unbelichtet oder völlig überbelichtet war. Das ist natürlich ärgerlich, denn ich hätte den Negativstreifen hier gerne als Beweis abgebildet, doch ich versichere, dass es so war. Wahrscheinlich habe ich das Negativ deshalb nicht mehr so genau in Erinnerung, weil ich mich in dem Moment nur darüber ärgerte, dass genau bei diesem Foto die Kamera versagt hatte. Eine andere Erklärung dafür hatte ich nicht.

Als wir im darauffolgenden Jahr wieder ein paar Tage in Belgien Urlaub machten, kam uns natürlich wieder unser Erlebnis auf dem Weg nach Calais und das vermurkste Foto in den Sinn. Daher hatten wir die Idee, den Weg einfach nochmal abzufahren und uns das Ganze nochmal anzuschauen, auch das Foto zu wiederholen. So konnten wir auch nochmals die Hovercrafts sehen und davon träumen, mit so einem Ding innerhalb einer halben Stunde in Dover zu landen. Wir setzten dies auch in die Tat um, hatten den Weg ja noch in Erinnerung, den wir im letzten Jahr gefahren waren. Auf der letzten Teilstrecke achteten wir sorgsam auf die Umgebung, wollten doch den interessanten Anblick nicht verpassen. Doch wie genau wir auch hinschauten, die Straße mit den altertümlichen Häusern und den ärmlich aussehenden Leuten war nicht auszumachen. Sie war wie vom Erdboden verschluckt!

Wir waren uns ziemlich sicher, die Stelle wieder gefunden zu haben, doch es sah völlig anders aus. Wo im letzten Jahr die Häuser standen, war eine sandige Fläche und keine Spur einer Straße oder einer Bebauung. Das konnte doch nicht sein! Oder doch? Wir überlegten, was hier im Verlauf des Jahres geschehen sein könnte. Die einzige Erklärung, die uns zu diesem Zeitpunkt einfiel, war die, dass man dieses ärmliche

Viertel einfach platt gemacht und die Menschen umgesiedelt hatte. Vielleicht waren die Häuser zu baufällig gewesen oder man wollte auf diesem jetzt brach liegenden Gelände Industrie ansiedeln? Dann hatten ja ein paar Häuser von armen Leuten noch nie eine Rolle gespielt, die sollten doch froh sein, wenn sie eine schöne Neubauwohnung bekamen, ob sie das wollten, spielt doch keine Rolle. Eine andere Idee hatten wir nicht, aber war es wirklich so gewesen?

Ich habe dieses Erlebnis nie vergessen und einige Dinge – wie der Anblick der Straße – habe ich noch sehr gut im Gedächtnis. Doch erst viele Jahre später kam mir ein Gedanke, der vielleicht eine viel wahrscheinlichere Erklärung dafür liefert. Ich hatte immer wieder davon gelesen, dass Menschen beispielsweise Dörfer oder Häuser aus der Vergangenheit sehen oder bereits verstorbenen Menschen begegnen, gar ganze Gruppen sehen, die nicht in unsere Zeit zu gehören scheinen. So zuletzt in einem Artikel von Lars A. Fischinger.[14] War uns etwas Ähnliches widerfahren? Hatten wir einen Blick in eine vergangene Zeit werfen dürfen, hatten wir Häuser und Menschen gesehen, die es dort vor 150 oder mehr Jahren gegeben hat? Das würde erklären, dass sie uns bereits auf dem Rückweg nicht mehr aufgefallen sind und auch ein Jahr später nichts mehr davon zu sehen war.

Doch was war mit der Kamera los? Ich kenne kaum Berichte, nach denen jemand versucht hätte, Fotos einer solchen Szene zu machen. Die meisten Menschen wissen offenbar gar nicht, wie ihnen geschieht – genauso wie es uns ergangen war – und kommen gar nicht auf die Idee zu fotografieren. Zudem sind viele Berichte schon älter und im Gegensatz zur heutigen Zeit der Smartphones hatte man früher nicht immer gleich eine Kamera zur Hand. Doch Fischinger berichtet in dem gleichen Artikel von einem Fall, in dem sogar rund 25 Touristen eine Gruppe von 16 römischen Legionären in den Ruinen der Stadt Blida (3. Jahrhundert v. Chr., südlich der algerischen Hauptstadt Algier) fotografiert hatten. Besser gesagt fotografieren wollten, denn auch sie hatten keinen der Soldaten auf dem Film. Jedoch wird berichtet, dass

---

[14] Lars A. Fischinger: Blicke ins Jenseits, ZEUS, Ausgabe 4 (Hrsg. Gerd Kirvel)

zumindest die Ruinen auf den Fotos zu sehen waren. Die können doch nicht alle Halluzinationen gehabt haben![15]

In dem Bericht der *Weekly World News* zu dem Vorfall wird ein kanadischer Forscher auf dem Gebiet des Paranormalen, Dr. Howard Moser, erwähnt. Er vertritt die Überzeugung, dass die römischen Soldaten nicht etwa nur in den Köpfen der Touristen erschienen sind, sondern dass es Menschen aus Fleisch und Blut waren – von den Touristen aber zeitversetzt wahrgenommen wurden. Sie hatten also in eine Zeit geblickt, in der die Legionäre tatsächlich an diesem Ort waren.

Wenn man nach diesen Vorfällen im Internet recherchiert, findet man die Geschichten, findet Namen von Zeugen, Berichte in Boulevardblättern, die sich auf fantastische Geschichten spezialisiert haben (wie in dem vorliegenden Fall), doch man kann die Quellen kaum bis an ihren Ursprung verfolgen und belegen. Das führt natürlich dazu, dass die Fälle in Foren heiß diskutiert werden, Skeptiker die Vorfälle anzweifeln und anführen, das hätte sich jemand aus den Fingern gesaugt.

Aber wir haben doch vor fast 40 Jahren das Gleiche erlebt! Das ist für mich sehr greifbar, doch es wirft auch viele Fragen auf. Was passiert bei einem solchen Erlebnis mit oder in den Fotoapparaten? Auch wenn ich es selbst erlebt habe und somit aus eigener Erfahrung sprechen kann, so kann ich dennoch nicht einmal sagen, ob die Kamera eine Fehlfunktion hatte oder ob sie etwas wahrgenommen hat, was sie einfach nicht auf dem Film aufzeichnen konnte. Ich halte beides für möglich. Fehlfunktionen von Kameras und anderen – vor allem elektronischen Geräten – haben wir auch schon an anderen dieser „speziellen" Orte hinnehmen müssen. Und die Frage, ob bestimmte Dinge oder Phänomene einfach nicht auf Film zu bannen sind und warum das so ist, werden wir erst beantworten können, wenn wir die physikalische Struktur eines solchen Platzes – wir können ihn auch Portal nennen – erforscht haben.

---

[15] Weekly World News, Ausgabe vom 30.10.1990

Wenn diese Menschen – wie auch ich – vor einem solchen Portal zu einer anderen Dimension standen, so ist den Menschen derzeit immer noch unverständlich, wie so etwas sein kann, denn wir können diese fremden Welten im Normalfall doch nicht sehen oder spüren. Der Sach-Autor Thorsten Läsker erklärt es in seinem gerade erschienenen Buch „Paranormales Deutschland" mit folgenden Worten, die man, wie wir meinen, besser nicht wählen kann und die wir uns gut einprägen sollten:

> *„Vermutlich existieren diese Paralleluniversen auf einer anderen Schwingungsebene oder Frequenz und sind daher zumeist unsichtbar, obwohl sie sich möglicherweise direkt neben einem befinden. Zum Greifen nahe sozusagen. Doch hin und wieder kommt es offensichtlich dennoch zu kleineren Überlappungen, Rissen oder Öffnungen. Und plötzlich wird das Fremdartige sichtbar und kann mitunter sogar betreten werden, wenn auch oftmals unfreiwillig."* [16]

Thorsten Läsker verfügt durch seine frühere Tätigkeit als Pressesprecher und Zweigstellenleiter des einstigen VfgP (Verein für grenzwissenschaftliche Phänomene) über eine 25-jährige Erfahrung im paranormalen Bereich und beschreibt in seinem Buch etliche weitere von ihm selbst untersuchte Fälle, die sich mit unseren Erfahrungen und Recherchen durchaus decken.

Inzwischen stelle ich mir aber eine noch ganz andere Frage: Was wäre geschehen, wenn wir in diese Straße gegangen wären? Wären wir am Ende in diesem Portal verschwunden oder wären wir wieder heil heraus gekommen? Ab wann hätten uns die Leute wahrgenommen? Vielleicht wären wir ihnen genauso fremd vorgekommen wir sie uns und sie hätten einen Riesenschreck bekommen, wenn sie unser Auto wahrgenommen hätten. Hätten wir sie berühren oder mit ihnen sprechen können? Nun bereue ich es schon ein wenig, dass wir es damals nicht versucht haben – dass wir uns nicht getraut haben ...

---

[16] Thorsten Läsker: Paranormales Deutschland, Groß-Gerau 2021

Was wissen die Militärs?

Wir tasten uns langsam und in kleinen Schritten an das Phänomen der Portale heran, doch bekanntlich ist es schwierig, etwas zu erforschen, von dem man nicht genau weiß, wie es aussieht. Wir versuchen dabei, schwächere Indizien durch stärkere Belege zu untermauern, und insbesondere suchen wir nach greifbaren und messbaren Anhaltspunkten wie beispielsweise den erwähnten Energiespots. Leider hatten wir bisher weder in Algerien noch in Belgien die Möglichkeit zu prüfen, ob an den Orten, an denen der Blick in die Vergangenheit möglich ist, solche Spots vorhanden sind. Mühsam kämpfen wir uns also voran, doch immer wieder stoßen wir auf Zusammenhänge, die in uns das Gefühl aufkommen lassen, dass Wissenschaftler auf diesem Gebiet schon viel weiter waren oder sind – wir wissen nur nichts davon.

Das bezieht sich insbesondere auf das Gebiet der militärischen Forschung, die bekanntlich der zivilen Forschung immer weit voraus ist. Auch wenn diese Forschungen größtenteils im Geheimen durchgeführt werden, so weiß man doch zumindest, dass es sie gibt. Tatsächlich sollen in geheimen militärischen Forschungslabors bereits theoretische und praktische Entwicklungen im Gange sein, die in der heutigen Zivilforschung und -Industrie noch als Utopie betrachtet werden.[17] Das ist natürlich auch mir bekannt und daher wurde ich hellhörig, als Rainer Feistle beim Tischgespräch am Vorabend des Untersberg-Kongresses in Böhen (Allgäu) 2017 von einem seltsamen Ereignis erzählte. Er bezog sich dabei auf einen Bericht, den er aus erster Hand

---

[17] Adolf Schneider: Vorsprung der geheimen Militärforschung, NET Journal, November/Dezember 2002. Auszüge aus einem Referat von Theodore C. Loder (Professor für Ozeanographie an der University of New Hampshire). Dort Verweis auf Originalquelle: Loder, Theodore C., III: "Outside the Box", Space and Terrestrial Transportation and Energy Technologies for the 21st Century", Institute for the Study of Earth, Ocean and Space, University of New Hampshire, Durham, NH 03824, http://www.borderlands.de/net_pdf/NET1102S38-39

von einem englischen Fallschirmjäger und Mitglied einer kleinen Eliteeinheit (2. Weltkrieg) namens Armin bei einem Treffen im Jonastal erhalten hatte. Dieser gab an, an der Invasion der Alliierten beteiligt gewesen zu sein und schilderte folgenden Vorfall:

Als die amerikanischen Soldaten nach Thüringen vorrückten, befand sich dort, vor der Wachsenburg, eine deutsche Infanterie-Einheit, bestehend aus ca. 1.100 bis 1.200 Soldaten mit Panzern. Diese ließ sich ohne Gegenwehr von den heranrückenden Truppen einkreisen und auf der Wachsenburg hisste man eine weiße Fahne als Zeichen der Kapitulation. Dann bat aber der Kommandant dieser Einheit die US-Truppen um eine dreitägige Waffenruhe, die gewährt wurde. Der Engländer war als Beobachtungsposten an der Ostseite der Wachsenburg stationiert und beobachtete die deutsche Einheit. Als der dritte Tag anbrach, so versichert er, war die komplette Einheit mitsamt den Panzern jedoch verschwunden. Das einzige was noch zu sehen war, waren kreisrunde Spuren von Panzern auf einer riesigen Wiese.[18]

Dokumentiert ist, dass US-Truppen am 4. April 1945 „zögernd und schießend" die Wachsenburg besetzten, von der eine weiße Fahne wehte. Nicht überall in der Region war es so kampflos abgelaufen, am 7. April kam es bei Struth (Gemeinde Rodeberg) zwischen deutschen Truppen und der 3. US-Armee unter Generalleutnant George S. Patton zu den schwersten Kampfhandlungen in Thüringen.[19] Berichte über diese Zeit finden sich viele im Netz, doch ein Hinweis auf eine verschwundene Einheit ist nirgendwo zu entdecken, was auch verständlich ist, ist es doch zu unglaublich als dass es in einem offiziellen Kriegsbericht erwähnt werden könnte. Also bleibt uns nur der Bericht des – nach Auskunft von Rainer Feistle inzwischen verstorbenen – Soldaten als Anhaltspunkt. Das reichte aber, um in uns den Wunsch zu wecken, selbst den Ort des Geschehens aufsuchen zu wollen.

---

[18] Rainer Feistle im Tischgespräch (etwa ab Minute 22:40:
https://www.youtube.com/watch?v=Tcj5O9irH8g
[19] https://de.wikipedia.org/wiki/Schlacht_bei_Struth

Die Wachsenburg liegt nicht weit von Arnstadt entfernt, wo wir im Juli 2017 kurz weilten und an das ich schlechte Erinnerungen hatte. Das hielt uns jedoch nicht davon ab, Ende Oktober des gleichen Jahres diese Burg, eine der so genannten *Drei Gleichen* zu besuchen. Als erstes hielten wir natürlich nach einer großen Wiese in der Nähe der Burg Ausschau. Nähere Ortsangaben hatte mir Rainer Feistle nicht machen können, also war es eher ein Stochern im Nebel. Wir hätten bestimmt einen ganzen Tag benötigt, um das ganze Areal zu vermessen, daher durchquerten wir die Wiese auf mehreren Diagonalen, jedoch ohne spektakuläres Ergebnis. War es die falsche Wiese oder hatten wir den Energiespot verfehlt? Wir waren uns nicht sicher und fuhren deshalb weiter zur Wachsenburg. Vielleicht hatten wir dort mehr Erfolg?

Abb. 17: Sonja und ich bei den Messungen auf den riesigen Wiesen –
Es ist kaum möglich, jeden Quadratmeter zu untersuchen.
(Foto: Gisela Ermel)

Und was wir nun am wenigsten erwartet hätten – dort zeigten sich starke Felder direkt hinter dem Tor, an dem gepflasterten Weg, der weiter zu den Gebäuden der Burg hoch führte. Wir hatten eine weitere, interessante Erfahrung, doch es passte irgendwie nichts zusammen. Auf der Wachsenburg waren Soldaten zum Zweck der Luftraumüberwachung stationiert, Berichte über ungewöhnliche Vorfälle gibt es keine, und die Wiesen waren wirklich riesig. Wenn hier eine ganze Einheit verschwunden sein soll, müsste ein entsprechendes Portal ebenfalls riesige Ausmaße haben und dürfte uns kaum entgangen sein. Doch egal wie groß es nun auch sein mag, wenn die Geschichte stimmt, dann muss es doch gezielt für diese militärische Aktion genutzt worden sein. Wie ist das überhaupt möglich?

Die Militärforscher des so genannten Dritten Reiches hatten bekanntlich einige bahnbrechende Entdeckungen gemacht, die ihrer Zeit weit voraus waren und nach Kriegsende zum Teil weiterentwickelt wurden. So bildete ihre Raketentechnik bekanntlich später die Grundlage für die zivile Raumfahrt der USA, doch es wird auch spekuliert, dass es Forschungen gab, über die wir heute immer noch wenig Kenntnis haben und die im Geheimen von den Großmächten weiter betrieben wurden. Dazu gehört ein seltsames Gebilde in Form einer Glocke, dessen Zweck bis heute nicht bekannt ist. Dass es dieses – aufgrund seiner Form „Glocke" genannte – Gerät gegeben hat, steht außer Frage. Doch handelte es sich wirklich um ein Fluggerät mit einem futuristischen Antrieb, der Gerüchten zufolge auf einem elektrisch aufgeladenen Wirbel basierte? Was auch immer man sich darunter vorstellen soll, es gibt noch andere Theorien.

Um eine weitere Geheimwaffe Hitlers soll es sich gehandelt haben, doch über ihre Wirkungsweise gibt es widersprüchliche Aussagen. In einem YouTube Video, welches inzwischen nicht mehr verfügbar ist, aber auch in anderen Quellen fanden wir den Hinweis, es soll sich um eine Zeitmaschine gehandelt haben. Das widerspricht sich nicht, denn wer eine solche besitzt, hat in der Tat eine Wunderwaffe in der Hand – wenn er sie beherrscht. War es diese „Waffe", die bei der Wachsenburg eingesetzt wurde, um eine ganze Einheit verschwinden zu lassen? Wenn ja, dann war sie sicherlich noch nicht ausgereift, denn dann wäre der Krieg anders ausgegangen. Doch darüber zu spekulieren, liegt mir jetzt fern, es geht hier nur um die Technik. Alles auszuführen, was über dieses Wunderding inzwischen bekannt ist – ohne dass jedoch das Rätsel vollständig gelöst wäre –, würde ein langes Kapitel füllen, doch einige technische Details erscheinen uns besonders wichtig und erwähnenswert.

Abb. 18: Eines der Fotos von der „Glocke", die im weltweiten Web kursieren und immer wieder in Veröffentlichungen auftauchen. Ihre Herkunft lässt sich nicht zurückverfolgen, doch nach allem was bekannt ist, scheinen sie authentisch zu sein.[20]

Natürlich ist es immer ein wenig wie „Stille Post", wenn Informationen in einer ganzen Kette von Veröffentlichungen auftauchen, von der sich jeweils eine auf die vorhergehende bezieht. Die Primärquellen

---

[20] Dieses Foto ist der Website http://www.lavieenc.fr/ entnommen.

sind meist nur noch schwer oder überhaupt nicht mehr auszumachen. So auch in dem vorliegenden Fall, dennoch erlauben auch wir uns, aus den Aussagen des „Augenzeugen" zu zitieren, auch wenn wir diese Kette nicht zurückverfolgen können.[21] Wichtig erscheint uns darin nämlich eine Information, die nach einigen Details zur Konstruktion folgt: „... *Des Weiteren wird von einer Hochspannung geschrieben, die vermutlich an den inneren Trommeln angeschlossen wurde. Wegen der hohen Stromspannung waren die paramagnetischen Fluide in der Lage, durch eine Raumverzerrung die Schwerkraft aufzuheben. Gleichzeitig wurde mit Hilfe der rotierenden Zylinder ein elektromagnetischer Wirbel erzeugt und damit ein Effekt erreicht, der für die Levitation verantwortlich ist.*"

Die Aufhebung der Schwerkraft oder Beeinflussung der Gravitation wird in dem Zusammenhang immer wieder erwähnt, mal als neue Antriebstechnologie (Antigravitation) und mal als Basis der Zeitmaschine. Hier sind sich die Quellen offenbar nicht so sicher, was auch nicht verwunderlich ist, denn die ganze Wahrheit haben Augenzeugen, die in dem Bereich gearbeitet haben, mit Sicherheit nicht erfahren. Diese Informationen aus zweiter und dritter Hand wären natürlich aus den schon genannten Gründen wertlos, wenn sich nicht schon Wissenschaftler die Aufgabe gestellt hätten, diese nachzuprüfen. Eine interessante Ausarbeitung dazu von Inge Schneider und Dipl.-Ing. Rolf-Günter Hauk finden wir im NET-Jornal.[22] Hier werden ausführlich die bekannten Informationen über die Technik und die Möglichkeiten eines Verwendungszwecks durchleuchtet. War es eine Geheimwaffe, die noch bedeutender als die Atombombe war, oder eine Art Brutreaktor, in dem spaltbares Material erzeugt werden sollte? Die Frage bleibt offen, vielleicht weil ein wesentlicher Punkt bisher ungeklärt ist.

---

[21] Hartmut Großer: Der Geheime Krieg, Groß-Gerau 2016

[22] Inge Schneider und Dipl.-Ing. Rolf-Günter Hauk: Die „Glocke" – ein ewiges Mysterium oder kommen wir der Wahrheit näher?, NET-Journal März/April 2015, http://www.borderlands.de/net_pdf/NET0315S14-20.pdf, weitere Primärquellen siehe dort

Die Autoren des Artikels stützen sich in weiten Teilen auf die Ausarbeitungen des polnischen Journalisten und Militärhistorikers Igor Witkowski, nicht ohne jedoch seine Aussagen kritisch zu hinterfragen und anderen gegenüber zu stellen. Witkowski hat zahlreiche Bücher mit dem Schwerpunkt Geschichte des Zweiten Weltkriegs veröffentlicht und sich aus technischer Sicht eingehend mit der Geschichte der so genannten Wunderwaffen auseinandersetzt. Er kommt zu folgender wesentlichen Erkenntnis:

Seine Berechnungen ergaben, dass durch die Überlagerung der Rotationsgeschwindigkeit der Trommel und der Beschleunigung, die durch die Hochspannung hervorgerufen wird, auf Geschwindigkeiten von mehreren hunderttausend Umdrehungen pro Sekunde beschleunigt werden konnte. Durch diese hohe Geschwindigkeit konnten enorme Antigravitationseffekte auftreten. Der Gewichtsverlust bei mehreren zehntausend Umdrehungen pro Minute ist experimentell nachgewiesen.[23] Hinzu kommt, dass die ausreichend schnelle Rotation eines Objektes die Raumzeit krümmt, was inzwischen von der Nasa mit Hilfe des Satelliten „Gravity Probe B" bestätigt wurde.[24] Auch wenn Witkowski und andere viele Argumente für eine Verwendung der „Glocke" zur Verringerung der Gravitation anführen, können sie nicht alle konstruktiven Details und ihren Zweck erklären. Liegt das vielleicht daran, dass sich ihnen der tatsächliche Zweck immer noch verschloss, weil ihnen der Weitblick fehlte? War die „Glocke" ein Hilfsmittel, um Portale in eine andere Zeit oder eine andere Dimension zu öffnen?

Gerüchten zufolge befand sich das geheime Gerät zumindest zeitweise in den unterirdischen Anlagen im Jonastal, also ganz in der Nähe von Arnstadt und der Wachsenburg. Wurde im April 1945 ein einmaliger Praxistext mit ihm durchgeführt?

---

[23] Jewgeni Jewgenjewitsch Podkletnow, russischer Chemiker und Materialwissenschaftler sowie japanische Experimente
[24] https://www.spiegel.de/wissenschaft/weltall/verbogene-raumzeit-satelliten-messung-gibt-einstein-recht-a-477292.html

Die Gravitation am Untersberg

Der Untersberg, jenes Massiv in den Berchtesgadener Alpen, auf der deutsch-österreichischen Grenze gelegen, wo Menschen verschwinden und nach unterschiedlich langen Zeiträumen wieder auftauchen, ist inzwischen weit über die Grenzen Europas hinaus bekannt. Zunächst hielt man diese Geschichten für Sagen und Mythen aus alten Zeiten, doch sie hören nicht auf, man berichtet bis heute über diese merkwürdigen Zeitphänomene. Inzwischen gibt es zahlreiche Veröffentlichungen darüber, es werden regelmäßig Kongresse durchgeführt, bei denen Menschen zu Wort kommen, die sich unter verschiedenen Sichtweisen mit dem Berg beschäftigen, und die Untersberg-Geschichten sind Gegenstand ganzer Roman-Reihen.

Abb. 19: Blick auf den Untersberg vom Kehlsteinhaus auf dem Obersalzberg (Gemarkung Berchtesgaden).

Eine davon ist die Reihe „Steine der Macht" von Stan Wolf, der selbst über seine Werke sagt, dass sie nur zu einem kleinen Teil seiner Fantasie entspringen, im übrigen auf Tatsachen beruhen. Welche Passagen erfunden sind, darüber mögen die Leser und Leserinnen selbst urteilen. Das ist nicht immer einfach und man muss dabei die tatsächlichen und historischen Gegebenheiten im Auge haben, denn diese bieten viele Anhaltspunkte. So schreibt Wolf in Band 8 der Reihe, dass in der NS-Zeit Gravitationsmaschinen und Gravitationsveränderungsgeräte zum Untersberg transportiert wurden. Dichtung oder Wahrheit? Wenn wir uns das vorherige Kapitel vor Augen halten, so gewinnt diese Aussage an Wahrscheinlichkeit. Er zitiert weiterhin den General der Waffen-SS, Hans Kammler, mit den Worten: *„Wichtig waren für uns eigentlich nur die Beherrschung der Zeit und die steuerbaren Dimensionstore".*[25] Sind das tatsächlich Kammlers Worte?

In Wolfs Romanen lebt der General, der die Verantwortung für viele technische Programme der NS-Zeit innehatte, unter Ausnutzung der Zeitanomalien noch heute im Untersberg und kommt nur hin und wieder nach draußen, was den Romanen einen gewissen Fantasy-Touch verleiht. Genau das macht es natürlich schwer, den Umfang des realen Hintergrunds abzuschätzen. Wir sind hier wieder auf die Auswertung von Indizien angewiesen, von denen uns der bereits erwähnte Autor Hartmut Großer in einem seiner Bücher ein weiteres liefert.[26] Demnach nutzen die Amerikaner die HAARP-Technologie unter anderem dazu, künstliche Gravitationsanomalien zu schaffen. Das sind gefährliche Experimente, denn sie können offenbar in das Wetter eingreifen, Erdbeben oder Wirbelstürme auslösen. Sie sollen aber angeblich vor allem zur Raum-Zeit-Kontrolle genutzt werden, man will mit Hilfe der Anomalien Tore in andere Zeiten und Dimensionen öffnen, was bis zu einem gewissen Grad bereits gelungen sein soll. Wurden die Grundlagen für diese Technologie bereits in den 1940er Jahren in Deutschland

---

[25] Stan Wolf: Steine der Macht Band 8, Seiten 139-141
[26] Hartmut Großer: Waffensystem HAARP – Das gefährlichste elektronische Werkzeug des irdischen Militärs, Groß-Gerau 2019

geschaffen? Und welche Rolle spielt dabei ausgerechnet der Untersberg?

Wie wir weiter bei Großer erfahren, eignen sich zur Untersuchung von Gravitationswellen und deren Kontrolle am besten Orte, an denen natürliche Gravitationsanomalien vorhanden sind. Vielleicht war es das, was die Forscher der NS-Zeit veranlasste, sich den Berg für ihre Gravitationsexperimente auszuwählen. Doch was veranlasst uns zu der Annahme, dass es dort am Untersberg solche geben könnte? Bisher haben wir doch nur von Zeitanomalien und Zeitphänomenen gesprochen. Aber genau das ist es, was uns zu dem Rückschluss kommen ließ, dass hier ein Zusammenhang besteht. Wir hatten uns schon seit einiger Zeit gefragt, ob es denn überhaupt sein kann, dass die Zeit in einem Berg oder an einem anderen Ort langsamer vergeht als in der Welt ringsherum. Man kann es sich nur schwer vorstellen, auch wenn es nur ganz minimal sein soll, wie wäre das möglich? Seit Albert Einstein wissen wir, dass die Lichtgeschwindigkeit konstant und die Zeit relativ ist, was natürlich viel komplizierter ist als es sich in wenigen Worten ausdrücken lässt. So finden wir in der Physik die ganz simple Feststellung *„Die Gravitation beeinflusst den Ablauf der Zeit!"* Doch was bedeutet das?

Weitgehend bekannt ist der Effekt der Zeitdilatation, nämlich dass eine relativ zum Beobachter bewegte Uhr aus seiner Sicht langsamer geht als seine eigene. Doch wir interessieren uns nun für die gravitative Zeitdilatation, ein Phänomen der allgemeinen Relativitätstheorie. Man bezeichnet hiermit den Effekt, dass eine Uhr in einem Gravitationsfeld langsamer läuft als außerhalb desselben. Auf der Erde vergeht die Zeit also langsamer als auf dem Mond. Auch dieses Phänomen ist inzwischen experimentell nachgewiesen und Erläuterungen hierzu findet man inzwischen in gut verständlicher Form in populärwissenschaftlichen Büchern.[27]

---

[27] Mischler, Janick P.: Einstein, Quantenspuk und die Weltformel, edition winterwork, 2012

Doch welche Bedeutung haben diese Erkenntnisse der modernen Physik für die beschriebenen Phänomene? Wenn man davon ausgeht, dass die Geschichten über Zeitphänomene am bzw. im Untersberg wahr sind, dann müssen sie einen physikalischen Ursprung haben, weil die Zeit nun mal physikalischen Gesetzen unterliegt. Als Ursache wäre eine starke Gravitationsanomalie denkbar, die sich dort an bestimmten Plätzen auf dem Berg oder im Berg so konzentriert, dass sie den Verlauf der Zeit erheblich verlangsamt. Soweit die physikalischer Erklärung, doch wir wissen noch zu wenig über die Gravitation, um eine Erklärung dafür zu haben, welche Kräfte diese so stark beeinflussen können, dass Zeitphänomene wie am Untersberg die Folge sind. Eine solche Ungewissheit bildet natürlich einen guten Nährboden für Spekulationen, vielleicht auch für die folgende, wenn es denn nur eine solche ist.

Im Oktober 2018 schickte mir eine Leserin kommentarlos einen Link zu einem YouTube-Video. Ich gehe immer davon aus, dass so etwas nicht ohne Grund geschieht, schaue hinein und sehe ein „Interview mit einem echten Men in Black der behauptet Zeitreisender zu sein".[28] Das klingt bestimmt auch für Sie auf den ersten Blick nach jemandem, der sich wichtigmachen möchte, ist es nicht so? Solche Videos sind natürlich sehr umstritten, das bringt schon der Titel mit sich, denn „Men in Black" ist für viele Menschen eine Fiktion – Fake – einfach Blödsinn. Aber schauen wir mal, was uns der Whistleblower zu sagen hat. Der Sprecher auf dem Kanal Eburd.com gesteht gleich zu Anfang ein, dass er seine Informationen zu großen Teilen aus dem Internet hat oder von Leuten zugetragen bekommt – also auf den ersten Blick mal äußerst zweifelhafte Quellen? Doch schauen wir uns erst einmal den Inhalt an.

Ein gewisser *EBURD* hat also einen deutschen ehemaligen Man in Black schriftlich interviewt, der zunächst einmal die Struktur und die Aufgaben dieser internationalen Organisation erklärt. Doch darum

---

[28] https://www.youtube.com/watch?v=nLr3mqNnMhY&feature=share

geht es hier nicht – interessant wurde es für mich etwa ab der 13. Minute. Der Interviewte erklärt dort, dass er – nachdem er in der Organisation allgemeine Aufgaben wie die Einschüchterung von UFO-Zeugen hatte – in einer Spezialeinheit tätig war, die sich mit der Erforschung von Zeitreisen beschäftigt. Er behauptet, dass es eine seiner Aufgaben war, Orte mit Zeitphänomenen zu untersuchen und dass er in diesem Zusammenhang auch kleinere Zeitreisen unternommen hat. Dazu wurde er auch zum Untersberg geschickt.

Abb. 20: Untersuchen die Men in Black dort oben Zeitphänomene?

Jetzt kommt die erste Behauptung, die mich aufhorchen ließ: Wie selbstverständlich erklärt er, dass mit Hilfe der am Untersberg vorhandenen natürlichen Gravitationsanomalien Zeitreisen sowie auch Reisen in andere Dimensionen und Parallelwelten möglich sind.

Er erklärt sehr sachlich, spricht über seine Zweifel an den Geschichten, vielleicht versucht er dadurch, glaubhaft zu wirken? Aber hatte er nur zufällig die gleiche Idee, die wir bereits hatten?

Dann behauptet er, dass eine so genannten Einstein-Rosen-Brücke – also ein sehr gravitationsreiches, theoretisches Gebilde – auch auf der Erde möglich ist und hierfür verantwortlich ist. Wir kennen das besser unter der Bezeichnung „Wurmloch" und bisher konnte es noch nie nachgewiesen werden. Aber wie kommt man drauf, dass gerade am Untersberg solch ein Wurmloch aktiv ist? Angeblich war es eine Messung des *Deutschen Elektronen-Synchroton DESY* in Hamburg von hochaktiven Plasmawellen, die verstärkt im Alpenraum, am Untersberg, auftraten und auf eine Einstein-Rosen-Brücke hindeuteten.

Anschließend erzählt der Whistle-Blower von seinen Erlebnissen, den Gefahren dort, und erwähnt unter anderem, dass das GPS sowie Handy und Funkgerät dort völlig verrückt spielten. Hat der zu viele Romane von Marcus Levski und Stan Wolf gelesen oder hat er das alles selbst erlebt? Einige eigene Erlebnisse deuten darauf hin, dass diese Ausführungen nicht unbedingt seiner Fantasie entspringen müssen, sondern auch einen realen Hintergrund haben könnten.

Stan Wolf lässt bekanntlich offen, wie weit tatsächliche Ereignisse und eigene Erlebnisse in seine Romane einfließen, doch wenn der Whistle-Blower die Wahrheit sagt, dann haben ihn seine Auftraggeber zu einem Dimensionstor geschickt, das von ihm sogar sehr genau beschrieben wird und an dem bereits die Forscher in der NS-Zeit ihre Experimente betrieben haben. Das würde sich wieder mit den Aussagen Wolfs decken, der sich darin unter anderem auf Schilderungen älterer Anwohner beruft, welche von den Aktivitäten der Wehrmacht dort berichteten. Gegenseitiges Abschreiben, Zufall oder ein Indiz? Wir nehmen es zur Kenntnis und suchen nach weiteren Hinweisen, die uns zu den Portalen führen ...

Abb. 21: High-Tech im Desy Institut. [29] Hier werden mit Hilfe der so genannten Bündelkompression Spitzenströme von einigen tausend Ampere erzeugt, die für die Arbeit mit dem Röntgenelektronenstrahl-Laser benötigt werden.[30]

---

[29] https://de.wikipedia.org/wiki/Datei:Desy_flash_bunch_compressor.jpg (GNU-Lizenz für freie Dokumentation, Veröffentlichung mit freundlicher Genehmigung DESY, Hamburg)

[30] https://photon-science.desy.de/facilities/flash/the_free_electron_laser/how_it_works/bunch_compression/index_eng.html

Physikalische Anomalien

Als wir mit unseren Untersuchungen am Untersberg begannen, konzentrierten sich diese zunächst auf das Aufspüren von Impulsen im Bereich der niederfrequenten elektromagnetischen VLF-Wellen, insbesondere im Zusammenhang mit historischen Gebäuden und alten Kraftplätzen. Dabei war am Untersberg sehr auffällig, dass diese Impulse nicht überall aus der gleichen Richtung kommen, sondern offenbar ihren Ursprung im Berg selbst haben und von diesem rundum abgestrahlt werden, während sie im Inneren – soweit wir das in kleineren Höhlen nachprüfen konnten – kaum auftreten. Damals wussten wir jedoch noch nicht, welche Überraschungen der Berg für uns bereithielt, er war ja noch Neuland für uns. Zunächst einmal mussten wir uns ja herantasten, uns fehlte noch die Orientierung. Daher hatten wir wohl auch im Herbst 2014 das *Nixloch* völlig verfehlt, waren stattdessen ziellos umher geirrt und offenbar die völlig falschen Leute nach dem Weg gefragt.

Das *Nixloch* zählt zu den schon am längsten bekannten Höhlen des Berchtesgadener Landes und liegt nahe Hallthurm, der Einstieg befindet sich bei den Ruinen der ehemaligen Festung. Es gibt Berichte, dass auch hier Menschen schon Zeitanomalien erlebt hätten oder sonderbare Funde zutage förderten, daher interessierten wir uns dafür. Doch nachdem ein Besuch dort zunächst einmal nicht zustande gekommen war, wollte ich im Sommer 2015 sichergehen, dass wir es diesmal finden und hatte die GPS-Koordinaten aus einem Geo-Catching-Portal ermittelt. Die Angabe dort lautete N 47° 42.136 E 012° 56.202, das sollte doch hilfreich sein, auch wenn in einem Kommentar vermerkt war, dass das Auffinden wegen springender Koordinaten etwas schwierig sei – jedoch nicht immer. Mit GPS sollte es sich doch finden lassen – wir gingen hinter der Forsthütte in den Wald und folgten dem Navi. Es führte uns vom Weg ab in den Wald, und damit begann das Dilemma. Wenn ich dachte, wir müssen nach links, ging es nach ein paar Metern nach rechts – schickte uns das Navi nach vorn, so sollten wir nach einigen Metern wieder zurück laufen. Wir fanden einen kleinen Eingang in den Fels, doch die Koordinaten waren andere, und uns erschien es unwahrscheinlich, dass dies der Einstieg sein sollte.

Irgendwann, nachdem wir bereits zweimal im Kreis gelaufen waren, streikten Sonja und I., die uns auf dieser Tour begleitete – Zigarettenpause! Wir setzten uns neben einer Mauer der Ruinen auf den Boden, ich nahm das Navi wieder zur Hand und musste feststellen, dass die Anzeige umhersprang, obwohl wir uns überhaupt nicht bewegten, die Anzahl der empfangenen Satelliten wurde permanent mit zwölf angezeigt. Während wir noch da saßen, kam ein Wanderer. Er war besser ausgestattet als wir – mit einem bebilderten Führer – und er identifizierte den kleinen Eingang, den wir zuvor schon gesehen hatten und in dessen Sichtweite wir saßen, als das Nixloch.

Abb. 22: Nachdem wir das Nixloch erst einmal gefunden hatten, stellte sich heraus, dass der Einstieg in den oberen Teil der Höhle gar nicht so schwierig ist.

Wenn man durch das kleine Loch in die Höhle steigt, erscheint diese auf den ersten Blick nicht sehr groß. Doch dieser Eindruck täuscht, sie setzt sich in verschiedenen Gängen fort und wenn man über die Felsen steigt, muss man schon vorsichtig sein, denn dahinter geht es steil nach unten. Wir beließen es dabei, uns in dem oberen, gut begehbaren Bereich umzusehen. Drinnen waren erwartungsgemäß die Impulse nur schwach messbar, auch draußen wenig auffällig, aber zumindest stärker. Merkwürdig fanden wir jedoch die Tatsache, dass die Koordinaten partout nicht angezeigt wurden, so oft wir es auch probierten. Die Anzeige des Navi sprang permanent – es hatte uns mehrfach rund um das Loch herum im Kreis geführt. Da erinnerte ich mich an den Eintrag in dem Geo-Catching-Portal, das hatte also auch schon vor uns jemand erfahren müssen. Also eine GPS-Anomalie? Wie kann diese zustande kommen? Hat das Kraftfeld, welches die Impulse um den Berg aufbauen, vielleicht Auswirkungen, die wir noch nicht erklären können? Oder wirkt hier noch eine ganz andere Kraft? Wie wir inzwischen wissen, lautet die Antwort … ja!

Die Gravitation scheint eine unbekannte, seltsame Größe am Untersberg darzustellen. Sie kann nicht nur bewirken, dass die Zeit langsamer vergeht – auch wenn wir uns das gar nicht so richtig in der Praxis vorstellen können. Nein, sie kann auch elektromagnetische Wellen, also auch Funkwellen, von ihrer Bahn ablenken. Könnte das die Erklärung für unsere merkwürdige Erfahrung sein? Gibt es am Nixloch eine Gravitationsanomalie, die in der Lage ist, die Funkwellen der GPS-Sender so abzulenken, dass das Navi keine brauchbare Anzeige mehr liefert? Das Nixloch hatte ja unser Interesse geweckt, weil dort auch schon Zeitanomalien aufgetreten sein sollen. Wir wissen nicht, wie groß diese Abweichungen sein müssen, damit diese bewirken, dass für einen Menschen, der in die Höhle steigt, die Zeit spürbar langsamer vergeht als draußen. Doch aus den Überlieferungen dieser Geschichten ist bekannt, dass der Effekt nicht immer auftritt. Unterliegen solche Anomalien also Schwankungen?

Um es vorwegzunehmen – wir waren am übernächsten Tag wieder da, zusammen mit einigen anderen, darunter der Wiener Forscher Mario Rank, und wollten diesen Effekt vorführen, weil wir natürlich davon erzählt hatten. Aber es war der typische Vorführeffekt – auf dem Display wurden die richtigen Koordinaten angezeigt, die Anzeige stand still und keine wesentlichen Schwankungen waren bemerkbar. Ach ja, war das nicht bereits in dem Kommentar auf dem Geo-Catching-Portal vermerkt gewesen – das Navi spinnt nicht immer! Doch das war nicht die einzige Merkwürdigkeit, die uns hier begegnete. Wir hatten dort mit einer EMF-Analyser-App das Magnetfeld gemessen und uns darüber gewundert, dass die Anzeige nicht die gewohnten, relativ linear verlaufenden Linien wiedergab, sondern dass sich diese in einer Art Sägezahnkurve ständig auf und ab bewegten und dabei noch erhebliche Schwankungen in der Intensität aufwiesen. Und wer hätte es gedacht – auch diese Anomalie war bei späteren Besuchen nicht mehr nachzuvollziehen.

Dabei muss man wissen, dass die VLF-Impulse, die wir regelmäßig messen, sowie auch die Energiefelder an den verschiedenen Orten bei wiederholten Messungen, auch in größeren Abständen, immer wieder nachweisbar waren. Diese Messungen sind also reproduzierbar, was bei diesen Anomalien nun offensichtlich nicht der Fall ist. Als ich 2018 mit einem Filmteam zu Aufnahmen für einen Dokumentarfilm den Ort aufsuchte, konnte ich meine Liste gleich um einen weiteren Effekt erweitern. Der Kameramann startete seine High-Tech Profi-Filmkamera und setzte sogleich die Kopfhörer wieder ab, weil er dort etwas Ungewohntes hörte. Es war ein Tackern, ähnlich wie die hörbare Störung eines eingeschalteten Handys auf eine Übertragungsanlage. Auch das Ausschalten unserer Handys brachte keine Besserung, doch dann stellten wir fest, dass es nur zu hören war, wenn das Mikrofon in eine bestimmte Richtung zeigte. Nämlich in die Richtung, aus der die VLF-Impulse kamen, vom Untersbergmassiv her. Da die Störung jedoch nicht lange anhielt, konnten wir die Dreharbeiten doch noch ungestört fortsetzen, aber der Berg hatte uns ein weiteres Rätsel aufgegeben.

Doch das war noch nicht alles, was uns der Untersberg zu bieten hatte. Eine weitere kleine Höhle hatte uns neugierig gemacht – die *Froasenhöhle*, was soviel wie Geisterhöhle bedeutet. Eigentlich handelt es sich aber nicht um eine Höhle, sondern um einen künstlich geschaffenen, kurzen Stollen. Er befindet sich in einem kleinen Tal hinter dem Örtchen Fürstenbrunn, man erreicht ihn zu Fuß vom dortigen Untersberg-Museum aus in wenigen Minuten. Der deutsche Sozialpädagoge, Autor und Heimatforscher Rainer Limpöck – auch bekannt als der „Alpenschamane" – beschäftigt sich seit vielen Jahren vorwiegend mit dem Untersberg. Eine Leserin gab ihm den Hinweis, dass ihr ein alter Einheimischer berichtet hat, der Stollen sei 1944 als Luftschutzbunker für die Fürstenbrunner Bevölkerung angelegt worden.[31] Wir waren im Herbst 2014 und im August 2015 dort und können auch an dieser Stelle von ganz unterschiedlichen Erfahrungen berichten.

Abb. 23: Sonja im September 2014 bei der Erkundung der Froasenhöhle.

---

[31] http://www.untersberg.org/html/froasenhohle.html

Bei unserem Besuch der Froasenhöhle 2014 hatten wir uns ein wenig umgesehen und konnten aber keine auffälligen Beobachtungen machen. Wir hatten uns aber schon damals über den seltsamen Verlauf des Stollens gewundert, für den wir keine Erklärung hatten. Er geht ein Stück gerade in den Berg, macht nach wenigen Metern einen Knick nach links, verläuft wieder einige Meter geradeaus und teilt sich dann nochmals in zwei kurze Abschnitte, die nach wenigen Metern enden. Die Gesamtlänge beträgt nur etwa 30 Meter und die Anlage machte auf uns den Eindruck, als sei sie nicht komplett fertig geworden. Der Eingang befindet sich in einigen Metern Höhe am Berghang links des Tals. Der Hang war mit Laub bedeckt, das im September bereits etwas feucht und rutschig war. Daher bestand das größte Abenteuer für uns darin, nach dem Beucht dort die paar Meter wieder nach unten zu gelangen. Kurz gesagt, wir haben uns dämlich angestellt, sind aber letztlich nach einer gefühlten Ewigkeit wieder heil unten angekommen.

Ein knappes Jahr später beschäftigte uns dort jedoch etwas völlig anderes. Wir waren zu dritt, Sonja kannte den Stollen noch vom vorigen Jahr und I. war neu in unserem Team, wir hatten sie erst in diesem Jahr bei einem Kongress kennengelernt. Wir stiegen den Hang hoch, ich packte das Notebook für unsere Messungen aus und die beiden Frauen gingen schonmal vor. Doch kaum waren sie im Eingang verschwunden, waren sie auch schon wieder draußen. Ihre einhellige Meinung war: Hier gehen wir nicht rein! Sie wirkten erschrocken und ich konnte mir nicht vorstellen, was ihnen widerfahren war. Ich ging die paar Schritte bis zum Stolleneingang und da spürte ich es auch. Unser Gefühl sagte uns, dass eine ganz merkwürdige Atmosphäre dort herrschte. Das konnten wir nun weder durch Messungen bestätigen noch in sonst einer Weise nachprüfen, aber wir wurden dieses seltsame Gefühl nicht los, sowohl im Inneren als auch unmittelbar vor der Höhle.

Das musste es sein, wovon andere Besucher – darunter der Sachbuchautor Reinhard Habeck – schon berichtet hatten und was der

Geisterhöhle ihren Namen gegeben hatte.[32] Bei uns ware es einfach nur dieses seltsame, nicht erklärbare Gefühl, das uns davon abhielt den Stollen zu betreten, aber Habeck berichtete darüber hinaus von Nebelschwaden, die sich auf den Fotos seiner Digitalkamera manifestierten. Auch er war nicht alleine in der Höhle, aber auch seine Begleiter hatten dieses beklemmende Gefühl. Als er ein wenig später nochmal nach drinnen ging, war dieses Gefühl verschwunden, er versichert „die Geistserhöhle war wieder eine ganz normale Höhle". Zu erwähnen ist aus seinem Bericht noch, dass während des gesamten Aufenthalts ein Digital-Camcorder eingeschaltet war, am Abend beim Sichten des Filmmaterials jedoch nur das Betreten und das Verlassen der Höhle zu sehen war, die Zeit in der Höhle fehlte auf der Aufzeichnung komplett. Doch jetzt zurück zu unseren eigenen Erlebnissen.

Als wir ratlos vor der Höhle standen, kam I. auf die Idee, ein Pendel an einer Steinspitze direkt am Stolleneingang aufzuhängen. Dabei erlebten wir die Überraschung. So oft sie auch das Pendel festhielt – ruhig stellte und wartete, bis es still stand – es dauerte immer nur kurze Zeit, dann begann es von selbst wieder zu pendeln. Dabei handelte es sich um ein kleines Pendel, welches nicht den Effekt des Foucaultschen Pendels aufweist, welches sich aufgrund der Erdrotation in kreisförmige Bewegungen versetzt. Dabei muss es sich um ein langes Fadenpendel mit einer großen Pendelmasse handeln, mit einem kleinen Pendel funktioniert es nicht, wie Sie selbst ohne weiteres in ihrem Wohnzimmer oder anderswo nachprüfen können – es wird sich nicht in Bewegung setzen. Was also hat dieses Pendel am Eingang des kleinen Stollens in Bewegung versetzt? Eine Anomalie, die auch mechanische Auswirkungen hat – da kommt mir als erstes wieder die Gravitation in den Sinn, die solches möglich machen könnte.

Die beiden Frauen wollten den Stollen nach wie vor nicht betreten, doch ich hatte eigentlich nicht die Absicht, bedingungslos vor dieser seltsamen Kraft zu kapitulieren. Ich stellte die Antenne, die wir für unsere Messungen verwendeten, auf der Höhe des Eingangs ab und begab

---

32 Reinhard Habeck: Kräfte die es nicht geben dürfte, Wien 2010

mich mit dem Notebook in den Stollen, bis hinter den ersten Knick. So war ich nicht mehr von außen zu sehen, hatte aber selbst das Gefühl, dass ich mich in Sicherheit befand, weil ich ja das einfallende Licht vom Eingang her sehen konnte, also gar nicht so weit weg war. Ich sagte, ich wolle eine Messung vornehmen und war mir absolut sicher, dass mir keine der beiden folgen würde. Drinnen setzte ich mich auf den Boden und packte meinen Coelestin-Kristall aus. Er gehört zu meiner Ausrüstung, seit ich von Nigel Mortimer, einem englischen Autor, Medium und Portalforscher erfahren hatte, dass dieser als Hilfsmittel zur Öffnung von Portalen beitragen soll. Ich hatte noch keine derartige Erfahrung gemacht, dachte mir aber „es kann ja nicht schaden", nahm den Kristall in beide Hände und ging in eine Meditation ...

Abb. 24: Blick von innen zum Eingang der Froasenhöhle, der hinter dem Knick liegt und einen schwachen Lichtschein hereinlässt.

Ich weiß nicht, wie lange ich meditiert hatte, als ich plötzlich von den Stimmen meiner beiden Begleiterinnen zurück gerufen wurde. Sie befanden sich immer noch vor dem Eingang und ich hörte Sonjas Stimme: „Werner … alles in Ordnung bei Dir?" Ich bejahte, packte meine Sachen zusammen und ging wieder nach draußen. Dort fragte Sonja, was ich denn so lange da drinnen gemacht habe. Ich antwortete: „Ich habe ein wenig mit dem Coelestin meditiert" und sie entsetzt: „Bist Du wahnsinnig?" Sie hatte wohl im Nachhinein noch Angst, ich hätte ja auch verschwinden können, doch ich beruhigte sie, dass doch alles in Ordnung sei. Das überzeugte die Beiden und sie trauten sich sogar wieder ein paar Schritte nach drinnen – und sie gingen plötzlich weiter, als hätten sie hier niemals ein beängstigendes Gefühl gehabt. Das versicherten sie mir auch und beteuerten, es sei nicht mehr wie vorher. Auch hing das Pendel jetzt ruhig, aber was war geschehen? Reinhard Habeck hatte eine ähnlich Erfahrung gemacht, aber ohne Coelestin und Meditation – so lässt sich nicht sagen, ob ich die Höhle „beruhigt" hatte oder ob sich die Atmosphäre ohnehin wieder bereinigt hätte. Aber eine interessante Erfahrung war es allemal.

All das Gehörte und Erlebte – dazu das, was wir sonst noch über den Untersberg wissen – lässt uns allerdings an dem Zweck des Stollens als Luftschutzbunker zweifeln. Könnte es nicht sein, dass die Gravitationsforscher, die im Auftrag Hitlers nach Toren in andere Zeiten und Dimensionen suchten, diesen in den Berg gesprengt haben, um ihrem Ziel näher zu kommen? Waren darin technische Anlagen installiert, mit denen sie Versuche zur Beeinflussung der Gravitation ausgeführt haben, weil sie wussten, dass an diesem Ort natürliche Anomalien auftreten können?

Wie wir alle wissen, hätten solche Forschungen nach dem Kriegsende in Deutschland zunächst nicht mehr fortgeführt werden können, weil ihnen sämtliche Grundlagen entzogen waren. Doch waren die deutschen Wissenschaftler und Ingenieure wirklich die einzigen, die diese Zusammenhänge erkannt hatten oder gab es auch noch anderswo in der Welt genauso kluge Köpfe?

Ein folgenschweres Experiment

Wenn die Welt neuen technischen Errungenschaften und Entwicklungen entgegen sieht, ist es ja meistens so, dass nicht nur die Wissenschaftler eines einzigen Landes daran arbeiten, sondern oft entsteht ein regelrechter Wettlauf mit dem Ziel, wer denn nun als erster den entscheidenden Durchbruch schaffen wird. Bestes Beispiel dafür sind die Anfänge der Weltraumfahrt, in denen die Großmächte im Osten und im Westen lange Zeit Kopf an Kopf lagen und sich in ihren Ergebnissen zu übertrumpfen versuchten. Wir wissen auch, dass die Amerikaner ihren Vorsprung nicht zuletzt deutschen Ingenieuren und Wissenschaftlern zu verdanken hatten. Es liegt also auf der Hand, zu vermuten, dass die Amerikaner nach Kriegsende auch Zugriff auf die Ergebnisse der deutschen Gravitationsforschung hatten, aber waren sie auf diesem Gebiet vielleicht sogar aufgrund eigener Forschungen bereits einen Schritt voraus?

Das deutsche Projekt „Glocke" startete angeblich Anfang 1942 und die ersten Versuche sollen Anfang 1944 durchgeführt worden sein. In Amerika soll jedoch schon im Oktober 1943 ein Experiment durchgeführt worden sein, welches dem Stadium dieser Versuche um Längen voraus war. Gegenstand dieses Experiments war ein komplettes Kriegsschiff, nämlich der Geleitzerstörer *USS Eldridge (DE-173)* mit einer Gesamtlänge von 93 Metern und einer Breite von 11,2 Metern. Das Schiff war erst im gleichen Jahr gebaut und am 27. August 1943 in Dienst gestellt worden, es war also nagelneu. Offiziell soll der Zweck des Experiments gewesen sein, das Schiff für die relativ neue Technik der Radarortung unsichtbar zu machen. Anderen Quellen zufolge sollte ein Entmagnetisierungsverfahren für Schiffsrümpfe getestet werden, um Schiffe vor den mit Magnetzündern versehenen Torpedos der deutschen U-Boote zu schützen.

Bei diesem als „Philadelphia-Experiment" bekannten Vorfall soll das Schiff einem starken Kraftfeld ausgesetzt worden sein. Man spricht davon, dass zu diesem Zweck auf Deck riesige Generatoren installiert worden seien, um starke Magnetfelder zu erzeugen.[33,34] In anderen Publikationen wird näher erläutert, dass diese den Strom für riesige Elektromagnete erzeugten, die außen am Schiffsrumpf angebracht waren. Als man das Experiment startete, geschahen – angeblich unerwartet – schreckliche Dinge: Das Schiff wurde komplett unsichtbar, es verschwand einfach und für die Dauer von etwa 15 Minuten war nur sein Kielabdruck im Wasser zu sehen. Während dieser Zeit soll es kurzfristig im 370 Kilometer entfernten Kriegshafen von Norfolk aufgetaucht sein und sich anschließend wieder für den Rücktransport nach Philadelphia entmaterialisiert haben.

Sämtliche Informationen über dieses Geschehen beruhen laut den meisten Berichten auf den Aussagen eines einzigen vorgeblichen Augenzeugen, des Matrosen Carlos Meredith Allende alias Carl Allen. Er war Matrose auf der *SS Andrew Furuseth*, die in der Marinewerft von Philadelphia gegenüber der *USS Eldridge* lag und konnte nach seiner Darstellung das mysteriöse Ereignis aus nächster Nähe beobachten. Diese Informationen vertraute er fast 13 Jahre nach dem Vorfall dem amerikanischen Astronomen und Ufo-Forscher Morris K. Jessup an, der offenbar sehr interessiert daran war. Kurz bevor dieser jedoch im April 1959 einem Freund, dem Meeresbiologen Dr. Jessup Manson Valentine, all seine Erkenntnisse über das Experiment weitergeben konnte, starb er unter mysteriösen Umständen, sein Tod wurde als Selbstmord eingestuft.[35]

Wir haben jetzt einige Artikel über das Ereignis herangezogen und warnen bereits jetzt: Wer diese aufmerksam liest, wird gleich widersprüchliche Schilderungen des Vorfalls finden und dabei feststellen, wie der Ablauf von den Autoren unterschiedlich ausgeschmückt und

---

[33] https://www.focus.de/wissen/mensch/geschichte/tid-27649/das-philadelphia-experiment-ein-schiff-das-durch-die-hoelle-ging_aid_836584.html
[34] https://www.welt.de/geschichte/zweiter-weltkrieg/article113530508/Hat-die-US-Navy-1943-ein-Schiff-teleportiert.html
[35] https://en.wikipedia.org/wiki/Morris_K._Jessup

abgeändert wurde. So soll laut Wikipedia nach Aussage des Augenzeugen Carl Allen das Schiff USS Eldridge im Oktober 1943 auf hoher See unsichtbar gemacht worden sein – und nicht in der Marinewerft von Philadelphia. Allen wurde angeblich Augenzeuge, als er auf einem Schiff der Handelsmarine im gleichen Konvoi fuhr.[36] Von dem Vorfall im Hafen von Philadelphia, bei dem das Schiff verschwunden und im Marinestützpunkt Norfolk aufgetaucht sein soll, soll er nur gehört haben. In manchen Berichten heißt es, das Schiff habe nach dem Einschalten der Generatoren geflackert und sei mit einem Lichtblitz verschwunden, andere erwähnen einen immer dichter werdenden, grünlich leuchtenden Nebel. Doch hinsichtlich der Auswirkungen auf die Beteiligten sind alle Schilderungen ähnlich, die Menschen an Bord müssen Fürchterliches erlebt haben. Sie waren entweder tot, verändert, verbrannt oder spurlos verschwunden, hatten geistigen Schaden genommen oder sind später an schweren Erkrankungen gestorben.

Auch wenn das Buch „The Philadelphia Experiment" von Charles Berlitz und William L. Moore bereits 1979 geschrieben wurde – und kurz darauf schon in deutscher Übersetzung erschienen ist –, so ist es noch heute jedem zu empfehlen, auch wenn es heute vielleicht noch ein paar weiterführende Erkenntnisse gibt.[37] Wir wollen hier auch keine vollständige Abhandlung des gesamten Sachverhaltes wiedergeben, das würde den Rahmen des Buches sprengen. Einige Widersprüche in den Veröffentlichungen sind offensichtlich, so dass Nikola Tesla nicht der angebliche wissenschaftliche Leiter des Experiments gewesen sein kann, weil er bereits am 7. Januar 1943 gestorben war. Was Albert Einsteins Beteiligung an dem Projekt betrifft, so wird als Gegenargument angeführt, dass er nie in seinem Leben an konkreten militärischen Projekten mitgearbeitet hat. Doch wenn seine Theorien – insbesondere die Einheitliche Feldtheorie – tatsächlich die Basis für diese Forschungen bildeten, so wäre sein Interesse verständlich.

---

[36] https://de.wikipedia.org/wiki/Philadelphia-Experiment
[37] Charles Berlitz und William L. Moore: Das Philadelphia Experiment, München 1982

Laut Berlitz und Moore gab es sogar mehr als den einen Augenzeugen. Wenn wir also nun den Vorfall nicht in das Reich der Fantasie verweisen, dann müssen wir uns die Frage stellen: Was ist hier tatsächlich geschehen? Dass ein Schiff bei dem Versuch, es zu entmagnetisieren oder vor dem feindlichen Radar zu verbergen, „aus Versehen" komplett weggebeamt wird, erscheint äußerst unwahrscheinlich. Die Details über diesen Vorfall ließen in uns einen ganz anderen Verdacht aufkommen: Hat man hier versucht, mit Hilfe starker Kraftfelder ein Portal zu öffnen oder ein künstliches Portal zu erzeugen? Dann war es das erklärte Ziel des Experiments, das Schiff zumindest kurzfristig in eine andere Zeit oder an einen anderen Ort zu bringen.

Natürlich war hier etwas gewaltig schief gegangen, worunter vor allem die auf dem Schiff anwesenden Matrosen zu leiden hatten. Einige waren angeblich hinterher mit dem Stahl des Rumpfes und der Aufbauten verschmolzen, genau wie andere Gegenstände, man erklärte das damit, dass sich die Materie nach der Teleportation nicht wieder korrekt zusammengesetzt hatte. Eine gezielte Teleportation im quantenmechanischen Sinn war es mit Sicherheit nicht, diese ist den Physikern erst sehr viele Jahre später gelungen, die Übertragung von dreidimensionalen Quantenzuständen gar erst in jüngster Vergangenheit.[38] Die Voraussetzungen sind völlig andere als sie in Philadelphia je hätten geschaffen werden können. Aber was geschieht mit einem menschlichen Körper, wenn er mit brachialer Gewalt – sprich unter Aufwendung hoher Energie – in ein Portal gezwungen wird? Das kann bis heute noch kein Wissenschaftler theoretisch berechnen und erklären. Wir kennen die physikalische Struktur einer Einstein-Rosen-Brücke in der Theorie, doch offenbar kann noch niemand ihre Auswirkungen auf den Menschen abschätzen.

Das liegt daran, dass wir es hier in erster Linie mit Energie zu tun haben, und zwar in einer gewaltigen Konzentration. Dass sich Energie auf Organismen auswirkt, wissen wir natürlich. Auch die „Glocke"

---

[38] https://www.oeaw.ac.at/detail/news/qutrit-komplexe-quantenteleportation-erstmals-gelungen-1/

hatte eine Reihe von negativen gesundheitlichen und biologischen Auswirkungen auf die Wissenschaftler, so zum Beispiel:

- Kribbeln auf der Haut, Stechen in den Muskeln, Kopfschmerzen, metallischer Geschmack im Mund, Schlafstörungen, Schwindelgefühl, Gedächtnisverlust, Muskelkrämpfe, Geschwüre.

Ach ja, einige davon können wir doch aus unseren Erfahrungen bestätigen. Insbesondere Kopfschmerzen und Schwindelgefühl sind bei uns immer ein sicheres Anzeichen dafür, dass wir uns in einem Spot mit hoher Energie befinden. Dabei sind das Punkte, deren Energiepotential „nur" etwa 10.000 Mal höher ist als das gewohnte natürliche. Nicht auszudenken, was mit dem menschlichen Organismus geschieht, wenn er Energien ausgesetzt wird, wie sie die „Glocke" oder die Generatoren auf der USS Eldridge abgegeben haben.

Berlitz und Moore haben natürlich Verständnis für die Zweifel, die hinsichtlich der Aussagen eines weiteren Zeugen, den sie in ihrem Buch erwähnen – und von dem nicht einmal der Name bekannt ist – aufkommen könnten. Sie wägen objektiv ab, wie glaubhaft seine Behauptung ist, dass einige der in das Experiment verwickelten Männer in eine andere Welt übergegangen seien und seltsame, fremdartige Wesen gesehen und mit ihnen gesprochen hätten. Bei aller Skepsis, aber aufgrund all dem, was wir inzwischen herausgefunden haben, halten sich unsere Zweifel an der Glaubwürdigkeit dieser Aussage in Grenzen. Hatten die Amerikaner bereits 1943 einen Blick in eine andere Dimension geworfen, während die deutschen Forschungen noch in den Kinderschuhen steckten?

Kann man Portale öffnen?

Über diese Frage haben schon viele Menschen sinniert, wie man im letzten Kapitel lesen konnte waren darunter offenbar deutsche sowie amerikanische Wissenschaftler und Ingenieure, dazu kommen unzählige Esoteriker, die hierfür andere Methoden vorschlagen. Diese haben alle eins gemeinsam, sie sind davon überzeugt, dass man Portale öffnen kann und dass die Frage nur ist, WIE das möglich ist. Für Techniker liegt natürlich der Gedanke nahe, dass dies unter Aufwendung hoher Energie möglich sein muss. Wir haben hierfür Beispiele angeführt, doch auch wenn wir ihnen einen gewissen Wahrheitsgehalt zugestehen wollen, wissen wir nicht, was mit der Panzereinheit vor der Wachsenburg geschehen ist. Landete diese vielleicht in einer völlig anderen Zeit und kam nie zurück? Vom Philadelphia Experiment kennen wir den Ausgang und es ist denkbar, dass auch der deutsche Test ebensolche fatalen Folgen hatte. Also müsste die brachiale Methode entweder noch erheblich verfeinert werden, oder sie ist gänzlich untauglich.

Doch gibt es noch andere Ideen, die wir kennen? Das Internet weiß nach der Meinung vieler Zeitgenossen alles und insbesondere viele Menschen, die sich auf YouTube präsentieren, glauben das von sich selbst und präsentieren ihre Meinungen und Erkenntnisse mit entsprechender Überzeugung. Das heißt ja nicht, dass diese richtig sein müssen, aber zumindest kann man sie sich anschauen um dann selbst zu urteilen. Wir haben das bereits vor längerer Zeit gemacht, mit dem Ergebnis, dass einige der Videos, die wir sahen, bereits heute nicht mehr verfügbar sind. Dennoch wollen wir hier einige unserer Suchergebnisse vorstellen.

Im Jahr 2017 hatte ich einen Hinweis auf ein Video erhalten, in dem ein Mann behauptet, dass es ihm gelungen sei, ein Portal mittels einer Frequenz von 525 Hertz zu öffnen. In dem Video sah man einen Lautsprecher auf einem Bett liegen, der einen Dauerton in dieser Frequenz von sich gab, darüber sah man eine Art „Loch" im Raum, in oder hinter dem relativ deutlich eine Landschaft zu erkennen war. Sie können es leider nicht mehr nachprüfen, weil dieses Video inzwischen gelöscht ist, doch unser Eindruck deckte sich mit dem, der in zahlreichen Kommentaren darunter zum Ausdruck gebracht wurde – das sah sehr nach einem Fake aus. Zu offensichtlich war dieses Fenster mit der Landschaft offenbar nachträglich in den Film eingebaut worden. Wenn es so einfach wäre, könnten wir ja alle nach Belieben wann immer wir Lust darauf haben, einen Blick nach „drüben" werfen.

Im nächsten Video wird zunächst die ganze Familie vorgestellt, bevor der Familienvater mit Hilfe eines LED-beleuchteten Bluetooth-Lautsprechers, der einen Ton von 525 Hertz abstrahlt, seine Experimente durchführt. Sein Versuchsaufbau war wohl von dem oben genannten Video oder einem ähnlichen inspiriert, doch bei ihm erschien nichts. Das ist auch sein Fazit am Ende und die Tatsache hat ihn wohl auch zu dem Titel *„528hz and 525hz opens Dimensional portal? Debunked"* veranlasst.[39] Als unwahr „entlarvt" hat er damit seiner Meinung nach die Behauptung der anderen Filmemacher, dass man mit diesen Frequenzen Portale öffnen könne.

Ein weiterer, der es genau wissen und die Behauptung nachprüfen wollte, zeigt sein Video *„528hz and 525hz tone attempted portal opening recreation video"* ebenfalls auf Youtube – mit dem gleichen, nämlich keinem Erfolg.[40] Laut der Videobeschreibung wollte er es nachprüfen, doch es ist ihm nicht gelungen, es war lediglich eine vermehrte Anzahl von Orbs zu verzeichnen. Die Orbs oder auch so genannten Geisterflecke – leuchtende, mehr oder weniger runde Flecke in Fotos oder Filmen – lassen sich nicht immer mit Unschärfen oder Spiegelungen erklären, daher wird ihr Ursprung häufig auch in Energiekugeln vermutet, welche auf dem Bild dann als Leuchtflecke zu sehen sind. Leider konnte ich diese aber auf meinem Monitor auch bei mehrmaligem Betrachten des Videos nicht erkennen.

---

[39] https://www.youtube.com/watch?v=yViN8coDLh4
[40] https://www.youtube.com/watch?v=04VK60xzdPE

Ein weiteres Video, auf dem bei einer Frequenz von 528 Hertz ein heller, senkrechter Lichtstrahl über dem Lautsprecher schwebte, ist ebenfalls nicht mehr verfügbar. Es war nach meiner Erinnerung weniger ein Strahl, eher ein heller Nebel, der sich in sich bewegt. Es ist aber gut denkbar, dass auch der später technisch in das Video eingefügt wurde. Jedenfalls ist auffällig, dass die Videos, auf welchen entsprechende Effekte zu sehen waren, nicht mehr aufgerufen werden können. Genauso wie das nächste, in welchem bei einem Ton mit einer Frequenz von 432 Hertz ein dunkler Punkt über dem Lautsprecher schwebte. Eine aktuelle Suche ergab dann aber doch noch ein neueres Video mit dem Titel *„OPENING A REAL SOUND FREQUENCY PORTAL (GATEWAY TO SEDONA)"*, in dem ein junger Mann in marktschreierischer Manier eine „Portalöffnung" auf die beschriebene Weise vorführt.[41] Auch durch dieses blickt man wie in dem zuerst beschriebenen Video wie durch ein rundes Fenster mit einem leuchtenden Rahmen und sieht dort eine idyllische Flusslandschaft. Die Szene läuft hinter dem Fenster wie ein Film ab, doch ich habe auch hier das Gefühl, ich bin im „falschen Film".

Wie kommen die selbsternannten Portalöffner überhaupt auf diese Frequenzen? Sie sind natürlich nicht völlig aus der Luft gegriffen, sondern es handelt sich dabei um Frequenzen, welchen man besondere Eigenschaften zuschreibt. Was hat es damit auf sich? So wirken Töne, die auf dem Kammerton 432 Hertz[42] basieren, insbesondere nach den Erkenntnissen der alternativen Medizin sehr harmonisch auf den Körper, unterstützen die Synchronisation der Gehirnhälften und fördern den gesunden Zellstoffwechsel.[43] Die Frequenz von 528 Hertz indessen gehört zu den so genannten Solfeggiofrequenzen, denen heilende Wirkung zugeschrieben wird. Speziell diese Frequenz findet in der moder-

---

[41] https://www.youtube.com/watch?v=GSVvar2x0jo

[42] In der Musik der westlichen Welt wird der Kammerton A1 auf einen willkürlich festgelegten Referenzton mit 440 Hz, gestimmt.

[43] https://www.paracelsus.de/magazin/ausgabe/201606/kammerton-432-hz-die-frequenz-fuer-eine-harmonische-welt

nen Molekularbiologie als Reparaturfrequenz für beschädigte DNA-Stränge Verwendung.[44] Test sollen tatsächlich gezeigt haben, dass die Klänge genau gleich schwingen wie Teile der menschlichen DNA und sie dadurch beeinflussen und verändern können. Diese Wirkungen sind biologisch und medizinisch messbar und nachprüfbar, ein Zusammenhang mit der Öffnung von Portalen ist für uns jedoch nicht erkennbar.

Aber nun muss ich gestehen, trotz unserer Zweifel haben wir es uns nicht nehmen lassen, das Ganze mit einer kleinen Bluetooth-Box selbst auszuprobieren. Man soll ja nichts unversucht lassen und wer weiß, was wir vielleicht sonst versäumt hätten. Außerdem haben wir gegenüber den Leuten in den YouTube-Filmchen einen großen Vorteil, wir kennen aus den von uns vorgenommenen Messungen – zumindest in gewissen Bereichen – die physikalischen Gegebenheiten der Plätze. Wenn wir also die Lautsprecherbox an einer Stelle platzieren, dann ist das ein Punkt, an dem wir ein erhöhtes Energiefeld gemessen haben – und somit einen kleinen Hinweis auf ein eventuell vorhandenes Portal vermuten. Wir gehen nämlich davon aus, dass man ein Portal nur öffnen kann, wenn auch eins vorhanden ist. Ansonsten müsste man ja zunächst eines erzeugen. Wir bezweifeln zwar nicht, dass auch das möglich ist, aber dafür sind mit Sicherheit andere Maßnahmen als eine kleine Bluetooth-Box erforderlich.

Wir haben also bei unseren Exkursionen an einigen dieser Stellen mit den genannten Frequenzen experimentiert, haben dabei die Lautsprecherbox exakt auf den Energiespots in diesen Frequenzen zum Klingen gebracht, aber ohne sichtbares Ergebnis. Keine Fenster mit Blick in andere Zeiten oder Länder, keine hellen oder dunklen Flecken über dem Lautsprecher und auch keine Nebel oder Leuchterscheinun-

---

44 Dr. med. Albin Perz auf seiner Website:
https://www.perz.at/?de/patienteninformation/solfeggios – Dort Verweis auf
A. Davidson: The Royal R. Rife Report, Borderline Sciences 1988 und das Buch von
Dr. Joseph Poleo und Dr. Leonard Horowitz: Healing Codes for the Biological
Apocalypse

gen. Nichts dergleichen zeigte sich uns, aber das soll uns nicht abhalten, auch in Zukunft immer mal wieder den kleinen Test zu machen, wenn wir uns an einer entsprechenden Stelle aufhalten.

Abb. 25: Unsere blaue Bluetooth-Box im Garten der Kirche von Rennes-le-Château, auf der Tasche mit der Antenne. Im Hintergrund das Mausoleum für Bérenger Saunière (nicht mehr an der ursprünglichen Stätte des Grabes). Davor sitzend Elisabeth Heiß, unsere Templerforscherin im Team.

An der Stelle muss ich auch nochmal an unser Erlebnis bei der Froasenhöhle am Untersberg anknüpfen. Warum war Sonja eigentlich so erschrocken, als ich sagte, dass ich im Stollen mit dem Coelestin meditiert habe? Dazu muss ich wieder ein paar Jahre zurückgehen, laut meinen Aufzeichnungen bis in das Jahr 2012, als wir gerade an den „Kräften aus dem Nichts" arbeiteten. Wir hatten damals regen Schriftwechsel und Gedankenaustausch mit dem englischen Autor und Medium Nigel Mortimer, für den ich deutsche Übersetzungen einiger seiner Texte herausgegeben hatte. Ich hatte gerade das Buch „Steinspuren"[45] meiner freien Mitarbeiterin Daniela Mattes verlegt und wir sprachen mit Nigel über den Coelestin und ihm war dieses Mineral nicht unbekannt.

Von ihm hatten wir daraufhin die Information bekommen, dass der Coelestin mit Portalen im Zusammenhang steht, weil diese durch eine chemische Reaktion in Verbindung mit den Steinen geöffnet werden können. In England seien sie auch überall rund um die Steinkreise und Portale zu finden. Das wusste Sonja natürlich auch und das macht ihre Reaktion verständlich. Ist also der Coelestin eine weitere potentielle Möglichkeit, um Portale zu öffnen?

Abb. 26: Mein Coelestin, der uns auf den Exkursionen immer begleitet.

Natürlich ist die Wortähnlichkeit von *Coelestin* und „... *et Porta Coeli*" kein Zufall. Der Name des Steins leitet sich vom lateinischen „coelestis" ab und bedeutet „himmelblau" oder eben „himmlisch".[46]

---

[45] Daniela Mattes: Steinspuren, Groß-Gerau 2012
[46] https://www.edelsteine.net/coelestin/

Die „Blauen Äpfel"

Der Coelestin ist ein Mineral aus der Klasse der Sulfate und kommt recht häufig vor, weltweit sind bisher über 1.000 Fundorte bekannt. Er tritt vorwiegend in verschiedenen Blautönen auf, kann aber auch weiß oder gelblich, ja sogar farblos sein. Die Kristalle sind durchsichtig bis durchscheinend, prismatisch oder tafelig im Zentimeter-Bereich, aber es wurden auch schon Kristalle in einer Größe von bis zu einem Meter gefunden. Der Coelestin kristallisiert im orthorhombischen Kristallsystem mit der Zusammensetzung $Sr[SO_4]$, ist also chemisch gesehen ein Strontiumsulfat.[47] Daher ist er ein wichtiger Rohstoff für die Gewinnung von Strontium. Dieses ist sehr reaktionsfreudig, es ist nach Barium und Radium das reaktivste Erdalkalimetall. Daher gilt Strontium auch als feuergefährlich, Strontiumpulver entzündet sich aufgrund seiner Reaktivität spontan in der Luft.

Soweit ein wenig Materialkunde ... Aufgrund dieser Eigenschaften findet Strontium auch als Gettermaterial in Elektronenröhren Verwendung. Ein Getter dient dazu, ein Vakuum möglichst lange zu erhalten. An seiner Oberfläche gehen Gasmoleküle mit den Atomen des Gettermaterials eine direkte chemische Verbindung ein oder sie werden durch Sorption festgehalten, also „eingefangen". Aber nicht nur das reine Strontium ist sehr reaktionsfreudig, sondern auch in seiner Verbindung im Kristall ist es das. Der Coelestin ist unter anderem deshalb als Schmuckstein unbrauchbar, seine Empfindlichkeit gegenüber Säuren führt dazu, dass schon der Körperschweiß die Oberfläche angreift. Die Idee, dass dieser Stein durch eine chemische Reaktion Portale öffnen kann, kommt also nicht von ungefähr. Aber wie soll das geschehen? Und könnte unser kleiner Coelestin für diesen Zweck ausreichen? Auf die erste Frage werden wir keine Antwort geben können, solange wir nicht wissen, wie genau solch ein Portal überhaupt „funktioniert". Auch hat Nigel dazu keine näheren Angaben gemacht. Bei der zweiten

---

[47] https://de.wikipedia.org/wiki/Coelestin_(Mineral)

Frage haben wir da aber schon eher einen Hinweis darauf, dass sie mit „nein" beantwortet werden muss.

Dazu müssen wir jedoch zunächst wieder einen Sprung zurück machen, nach Rennes-le-Château, wo unsere Geschichte begann. Wie bereits erwähnt kursieren über den Dorfpfarrer Bérenger Saunière zahlreiche mysteriöse Geschichten, die versuchen, seinen sagenhaften Reichtum zu erklären. Tatsache ist, dass er die Dorfkirche erheblich umgestaltete und im Zuge der Sanierungsarbeiten umfangreiche Baumaßnahmen vornahm. Dabei soll er bei Arbeiten am Altar festgestellt haben, dass eine der hölzernen Altarsäulen hohl ist und Dokumente in sich barg, die einer seiner Amtsvorgänger, Antoine Bigou, dort versteckt hatte. Zwei davon sollen sogar von Bigou selbst verfasst sein, in der Literatur über Rennes-le-Château sind sie als das „Kleine Manuskript" und das „Große Manuskript" hinreichend besprochen.[48]

Diese Texte enthielten zwei Geschichten aus dem Neuen Testament in lateinischer Sprache, die jedoch durch Hinzufügen von Buchstaben und anderen Manipulationen verändert worden waren. Saunière erkannte, dass es sich dabei um mit einem im 17. Jahrhundert in Gebrauch befindlichen Code-System verschlüsselte Texte handelte, deren Dechiffrierung gar nicht so einfach war. Er erhielt Unterstützung durch einen Linguistiker, doch auch die entschlüsselten Texte waren nicht sehr aufschlussreich. So fand sich im „Großen Manuskript" folgende Botschaft: *„BERGERE PAS DE TENTATION QUE POUSSIN TENIERS GARDENT LA CLEF PAX 681 PAR LA CROIX ET CE CHEVAL DE DIEU J'ACHEVE CE DAEMON DE GARDIEN A MIDI POMMES BLEUES"* – auf Deutsch: *„Schäferin keine Versuchung, dass Poussin, Teniers den Schlüssel besitzen/bewahren, Friede 681, beim Kreuz und diesem Pferd Gottes beende (zerstöre/überwinde) ich diesen Dämon von Wächter zu Mittag, blaue Äpfel".*

Ein absolut verwirrender und unverständlicher Text, der für den Leser keinen Sinn ergibt. Über ihn haben sich schon viele Autoren den

---

[48] Thomas Ritter: Rennes-le-Château – Rätsel in den Pyrenäen, Lübeck 2002

Kopf zerbrochen, weil sie versteckte Hinweise auf das von Saunière angeblich gefundene Schatzdepot oder andere Geheimnisse darin vermuteten. Andere meinen, es sei einfach nur ein Hinweis auf ein Lichtphänomen, welches um den 17. Januar in der Kirche sichtbar wird. Auch wir rätselten natürlich kräftig mit, als wir zum ersten Mal mit den Geschichten um den Pfarrer konfrontiert waren, kamen aber wie alle anderen auf kein brauchbares Ergebnis – sonst hätten wir ja den Schatz vielleicht gefunden? Wir haben jedoch mit diesen Überlegungen nicht viel Zeit verbracht, denn wir waren bald zu der Überzeugung gekommen, dass erstens den Schatz sowieso wahrscheinlich niemals mehr jemand finden würde – wenn es ihn denn überhaupt gibt – und dass es zweitens in der Region viel interessantere Dinge zu entdecken gibt. Wir waren nämlich durch Udo Vits inzwischen auch auf die Geschichte von Jean de Rignies und der Domaine de la Sals aufmerksam geworden, die uns vom ersten Moment an faszinierte und bis heute nicht losgelassen hat.

Abb. 27: Das Haus an der Salsquelle, das Jean de Rignies viele Jahre lang bewohnte, im Jahr 2014. (Foto: Udo Vits)

Die Geschichte von Jean und seinem außerirdischen „Informant" namens Lilor haben wir inzwischen in unserem Buch „Riss in der Matrix – Begegnung mit einer anderen Dimension" aufgearbeitet und mit sehr vielen Details veröffentlicht.[49] Dort findet man die handschriftlichen Aufzeichnungen von Jean, die ihm der außerirdische UFO-Kommandant, dem er auf seinen Wanderungen rund um die Domaine immer wieder begegnet ist, diktiert hat. Das Besondere an diesen Aufzeichnungen ist, dass es sich zu großen Teilen um mathematische und physikalische Formeln und Erläuterungen handelt, die Jean zu diesem Zeitpunkt gar nicht kennen konnte. Aus den Texten geht hervor, dass ihm Lilor Fehler in Einsteins Theorien und andere Denkfehler der „irdischen" Wissenschaftler erklärt hat.

Aber Lilor hat Jean nach dessen Angaben etwa 1985/1986 auch auf die „Fours" (Glasöfen) aufmerksam gemacht, seltsame Megalithbauten im Wald, von denen zumindest einer sonderbare Verglasungen im Inneren der Kuppel aufweist, die nach einer uns vorliegenden Expertise bei Temperaturen von 2.000 bis 2.500° Celsius entstanden sein müssen. Außerdem erzählte er ihm von einer unterirdischen UFO-Basis, die sich von hier bis unter den benachbarten Pic de Bugarach erstrecken soll. Ein hinzugezogener Radiästhet ortete an einer Stelle, ungefähr 50 Meter von dem „Glasofen" entfernt, ein großes metallisches Objekt im Untergrund und machte dazu folgende Angaben:

Das Objekt liegt in einer Tiefe von etwa 25 Metern und hat eine Länge von 30 Metern und eine Breite von 15 Metern. Die Höhe beträgt 3 Meter (an der höchsten Stelle des gewölbten Gebildes), wobei alle Maße auf Schätzungen beruhen. In östlicher Richtung läuft das Gebilde über eine Länge von etwa 8 Meter pfeilförmig aus. Dabei handelt es sich vermutlich kaum um ein natürliches Objekt, sondern viel eher um eine Konstruktion. Später überprüfte Jean die Angaben gemeinsam mit einem Freund, der zuvor bei der NASA in den USA beschäftigt gewesen war. Dieser Freund verfügte seinerseits über Beziehungen zu Bekannten, die in Toulouse bei den französischen Forschungsstellen

---

[49] Werner Betz, Sonja Ampssler, Udo Vits: Riss in der Matrix, Groß-Gerau 2019

arbeiteten und ihm ein Protonenmagnetometer zur Verfügung stellten. Mit diesem Gerät wurde die Stelle erneut vermessen. Im Ergebnis bestätigten diese Messungen das Vorhandensein eines Objekts. Insbesondere über die Tiefe, in der das Objekt liegen soll, gibt es jedoch widersprüchliche Angaben. Aber die Tatsache, dass noch niemand jemals versucht hat, sich dorthin zu graben oder zu bohren, macht es zu einem der spannendsten Ziele, die wir kennen. Immer wieder zieht es uns bei unseren Besuchen an der Salsquelle dorthin und wir stellen uns vor, was wir denn nun finden würden, wenn wir es schaffen würden, bis dorthin vorzudringen.

Dieses Ziel ist jedoch immer noch in weiter Ferne, erst bei unserem letzten Besuch im Juni 2019 habe ich mich selbst wieder davon überzeugen können, dass wir schon größte Probleme haben würden, wenn wir einen Bagger oder eine Bohreinrichtung dort oben in den Wald schaffen wollten. Eigentlich keine große Aufgabe, wenn man berücksichtigt, mit welch einfachen Hilfsmitteln Tausende von Ägypter dereinst die Cheops-Pyramide errichtet haben sollen. Die würden das sogar mit dem Spaten schaffen ... Aber in Ermangelung ägyptischer Sklaven müssen wir andere Wege gehen. In all den Jahren haben wir uns nicht entmutigen lassen, sondern immer wieder überlegt, wie wir die Angaben von Jean ohne großen technischen Aufwand überprüfen könnten. Inzwischen hatte ich Kontakt zu dem bereits erwähnten Nigel Mortimer in England und kam auf die Idee, ihn einfach einmal „schauen" zu lassen, was er da im Boden sieht. Natürlich wissen wir, dass ein so gewonnenes Bild nicht mit dem Ergebnis einer wissenschaftlichen Untersuchung gleichkommt, doch wir dachten, es kann ja nicht schaden, eine weitere Meinung einzuholen.

Also übermittelte ich Nigel ein Foto der kleinen Megalithanlage, das ich im Mai 2012 aufgenommen hatte, kurz nachdem diese eingezäunt worden war. Als Information gab ich ihm dazu, dass dort ein UFO vergraben sein soll und bat ihn zu prüfen, ob er das bestätigen kann. Die Antwort ließ nicht lange auf sich warten und war recht umfangreich und ich gebe Sie anschließend in den wesentlichen Auszügen und weitgehend wörtlich wieder, um Missverständnisse zu vermeiden. Für uns war sie fast durchweg sehr überraschend, doch urteilt selbst ...

*Abb. 28: Nach unsachgemäßer Restaurierung eingezäunt –
der „Glasofen" im Mai 2012.*

Zu diesem Foto hatte Nigel folgende Gedanken:

- *Es handelt sich um einen Ort, der etwas verbirgt, das für unser allgemeines Wissen und unseren menschlichen Verstand derzeit nicht zugänglich ist.*
- *Wenn ich mich auf die Möglichkeit konzentriere, dass dort ein echtes UFO im Boden vergraben ist, wird mir eine blaue, kristalline Form gezeigt, die wie eine glänzende Plastik aussieht, kein typisches Raumschiff mit Schrauben und Muttern oder eine fliegende Untertasse, sondern dieses blaue Objekt, das mit einer Lebendigkeit zu leuchten scheint (wieder ein blauer Farbton).*

- *Ich sehe nichts in diesem Objekt – keine Bedienelemente, keine Wesen, keinen Platz zum Sitzen, aber ich habe das Gefühl, dass es an diesem Ort begraben ist.*
- *Wenn ich auf dem Foto nach dem Boden suchen würde, wo es sich „versteckt", würde ich nicht hinter diesen Holzkonstruktionen, sondern in Richtung der Bäume am oberen Bildrand gehen. (Das ist nach den Angaben von Jean völlig richtig. Anm. d. Verf.)*
- *Wenn dieses Objekt lokalisiert worden ist (es ist noch nicht von Menschen gefunden worden), wird es der letzte der „blauen Äpfel" sein, der aus dem heiligen Hain fällt.*
- *Es handelt sich um einen der „blauen Äpfel". 1967 wurde in der Gegend von Südafrika ein weiterer „blauer Apfel" gefunden.*
- *„Blaue Äpfel" sind in diesem Gebiet seit 1100 n. Chr. in der Folklore verschlüsselt, aber nur in einer sehr geheimen Sekte und geheimen Überlieferungen.*

Abb. 29: Eine verglaste Ziegelwand in dem Megalithbauwerk
an der Salsquelle.

Warum waren wir von Nigels Aussagen so überrascht? Zum einen hat er uns seine Fähigkeiten dadurch bestätigt, dass er sofort gesehen hat, wo der Platz ist. Er war aufgrund eines Missverständnisses davon ausgegangen, dass dieser hinter der Überdachung liegt (also auf der rechten Seite vom Betrachter aus gesehen), hat dies aber sofort korrigiert. Zum anderen – und das ist noch viel verblüffender – müssen wir davon ausgehen, dass er noch nie von dem „Großen Manuskript" gehört hatte, in dem die „blauen Äpfel" erwähnt sind. Dennoch benutzt er genau diesen Ausdruck für das Objekt, das hier, 13 Kilometer Luftlinie von Rennes-le-Château entfernt, im Boden liegen soll. Doch was könnte es seinen Aussagen zufolge, die ja auch ein wenig verklausuliert klingen, denn nun sein?

Es ist auf keinen Fall ein „richtiges" UFO, so wie er und auch wir uns das vorgestellt haben. Eher scheint es ein Kristall oder ein aus Kristallen bestehendes Objekt zu sein. Dennoch verwirft er den Gedanken nicht, dass es etwas mit UFOs zu tun hat. Ein blauer Kristall anstatt eines UFOs – vielleicht ein Coelestin – oder ist das jetzt zu weit hergeholt? In den Midi-Pyrénées sind zumindest Coelestin-Vorkommen keine Seltenheit und von einem Augenzeugen wissen wir, dass er auch in Stollen bzw. Höhlen in der Umgebung der Salsquelle schon lokalisiert wurde. Und was hat der Kristall mit UFOs zu tun? Hier gibt uns ein anderer Seher einen Tipp, nämlich der „schlafende Prophet" Edgar Cayce, der in den 1920er Jahren in seinen Visionen Atlantis als kontinentgroße Region sah, dabei von Schiffen und Fluggeräten berichtet, die durch eine mysteriöse Art von Energiekristall angetrieben wurden.[50] Vision oder Fiktion? Wir erinnern uns an die Aussage von Nigel Mortimer, dass der Coelestin eine Hilfe sei, um Portale zu öffnen.

Meint Cayce vielleicht mit dem Kristall als Antrieb keinen „Antrieb", um sich im herkömmlichen Sinn fortzubewegen, sondern eine Fortbewegung durch die Nutzung von Portalen? Wäre das nicht eine viel komfortablere Möglichkeit, um von einem Ort zum anderen zu gelangen?

---

[50] Jim Marrs: Die geheime Geschichte der Menschheit – Wie Wesen von fremden Sternen unsere Geschichte bestimmen, Rottenburg 2015

Das klingt jetzt im doppeldeutigen Sinn sehr „abgefahren", doch auf Nachfrage hatte Nigel auch hier noch einen Tipp für uns. Er schickte er mir die Beschreibung eines mir bis dahin völlig unbekannten Buches mit dem Titel „Blue Apples".[51]

Der Autor William Henry ist Amerikaner, investigativer Mythologe, Kunsthistoriker und Fernsehmoderator.[52] Bekannt ist er unter anderem als die spirituelle Stimme und beratender Produzent des weltweit erfolgreichen History Channel-Programms *Ancient Aliens* und Moderator der Gaia-Fernsehserie *The Awakened Soul*. Als wir nun zeitnah recherchieren wollten, mussten wir feststellen, dass besagtes Buch nicht mehr erhältlich ist. Daher zitiere ich – mit dem entsprechenden Vorbehalt – Nigels Nachricht:

„In BLAUE APPLES finden Sie das größte Geheimnis des Christentums, seine Ursprünge mit den Sternentor-Geheimnissen der Götter des alten Sumerias und Ägyptens. Der antiken Legende zufolge beziehen sich die BLAUEN APPLES auf eine erstaunliche übernatürliche Kraft und den Schlüssel zur spirituellen Befreiung der Menschheit. Josua, Moses, Nimrod, Mari, Nebukadnezar, Jesus und alle Alchimisten der Antike kannten das Geheimnis der Blauen Äpfel. Warum ist dieses Wissen auch heute noch ein Geheimnis? Begleiten Sie den untersuchenden Mythologen und Autor William Henry bei der Präsentation der unerzählten Geschichte der Blauen Äpfel und der spirituellen Lehren einer verlorenen und uralten Kultur erleuchteter Wesen, die als die Anunnaki oder die ‚Leuchtenden' bekannt sind."

Wow! Eine „erstaunliche übernatürliche Kraft" im Zusammenhang mit den „Sternentor-Geheimnissen der Götter". wir werden unsere Suche nach einem Exemplar fortsetzen! Aber auch wenn uns die Originalquelle im Moment verschlossen bleibt, führt uns allein der Hinweis auf die Sternentore auf eine weitere lohnende Spur, der bereits mehrere Autorenkollegen mit interessanten Erkenntnissen gefolgt sind.

---

[51] William Henry: Blue Apples, 2003
[52] https://www.williamhenry.net/about/

Sternentore

In vielen Teilen der Welt – möglicherweise sogar in allen Teilen – gibt es Mythen und Überlieferungen, die behaupten, es gab einst Tore, durch die man eine fremde Örtlichkeit betreten konnte, Tore, die unvermutet auftauchen und verschwinden konnten oder nur zu bestimmten Terminen präsent waren. Mitunter taten sie sich von selbst auf, in andere wurde man durch Zwerge, Mönche oder andere Wesen hinein gelockt. Jenseits der Tore befanden sich die Besucher in einem Innenraum (Gänge, „helle, funkelnde Säle"), einer unbekannten oder fremdartigen Landschaft oder in einer Örtlichkeit mit anderer Jahreszeit als „vor" dem Tor. Beim Besuch auf der anderen Seite konnte die Zeit normal verstreichen, es konnte zu viel Zeit vergehen oder überhaupt keine oder weniger Zeit. Man konnte nach dem Besuch der anderen Torseite an gleicher Stelle zurückkommen oder an einer anderen Stelle, mitunter sehr weit entfernt, von der aus man sich erst nach dem Heimweg durchfragen musste.[53]

Am bekanntesten sind aufgrund zahlreicher Veröffentlichungen die Geschichten vom bereits erwähnten Untersberg, doch die Geschichten vieler anderer Überlieferungen verlaufen ähnlich. Diese Tore befanden – oder befinden? – sich meist an Felswänden, vor Bergen, in Brunnen, Teichen oder auf Wiesen. Es wird aber auch berichtet, dass Dinge oder Geschehnisse aus anderen Zeiten oder Jahreszeiten sich auf dieser Seite der Tore manifestierten, so wie es mir bei meinem Erlebnis nahe Calais widerfahren ist. Immer wieder stoßen wir dabei auf Legenden über so genannte Schneewunder, so wie in der Gemeinde Röllbach um unterfränkischen Landkreis Miltenberg. Die dortige Maria-Schnee-Kapelle soll auf den Fund einer Marienstatue zurückgehen, der auch die Wallfahrt begründete, der Grundriss der Kapelle jedoch

---

[53] Weitere Ausführungen sowie eine Reihe von Beispielen dazu in:
Gisela Ermel: Tore durch Raum und Zeit: Von Mountaingates, Watergates und Toren zu fremden Welten: Geheimnisse in uralten Mythen, eBook, Groß-Gerau 2012

soll durch ein Schneewunder mitten im August vorgegeben worden sein. Hatte sich hier ein Tor zu einer anderen Zeit aufgetan oder sind diese Legenden nur Kopien einer viel älteren Überlieferung, wonach Maria durch einen Schneefall in der Nacht auf den 5. August den Platz für die römische Kirche Santa Maria Maggiore angezeigt habe, die unter Papst Liberius im vierten Jahrhundert auf dem Esquilin erbaut und 432 unter Papst Sixtus III als eine der ersten Marienkirchen geweiht wurde?[54]

Abb. 30: In der Laurentiuskapelle, etwas außerhalb der kleinen Gemeinde Bütthard im Landkreis Würzburg wird eine Kopie Kopie des römischen Maria-Schnee-Bildes verehrt. Hat es auch hier einst im August geschneit?

In Europa führten diese Art von Erscheinungen oder Wunder in vielen Fällen zum Bau von Kapellen und zur Gründung von Wallfahrten, doch andere Kulturkreise zeigen diese „Tore" noch auf ganz andere Weise an. So gibt es in Süd- und Mittelamerika Portale in Form von

---

[54] https://wallfahrt.bistum-wuerzburg.de/wallfahrtsorte/region-wuerzburg/buetthard/

richtigen Toren oder auch solchen, die nur durch eine Nische – zum Beispiel in einer Felswand – angedeutet sind. So berichtet Walter-Jörg Langbein von seinen Reisen gleich über mehrere Beispiele, die ihm dort begegnet sind. In Mexico City hörte er von einem Archäologen, irgendwo in der „Unterwelt" von Palenque gäbe es ein Tor zu einem unterirdischen Gang. Man müsse das Fundament einer eingestürzten Pyramide ausgraben, dann werde man im Schutt der Ruine eine Treppe finden, die in die Tiefe führt. So gelange man in einen Gang, der mit zahlreichen Nischen ausgestattet sei, am Ende des Ganges aber komme man an ein massives Tor. *„Wenn es einem gelingt, durch dieses Tor hindurch zu kommen, steht man wieder vor sich einen langen Gang. Wenn man diesem Gang folgt, kommt man irgendwo wieder zurück ans Tageslicht, aber nicht in der Gegenwart, sondern irgendwo in der Vergangenheit. Menschen, die diesen Weg beschreiten, scheinen spurlos zu verschwinden. Sie tauchen zwar wieder auf, aber in der Vergangenheit."* – So weit der von Langbein zitierte Archäologe.[55]

Ein anderes Tor in die Vergangenheit, welches nicht unter Trümmern einer Pyramide verborgen liegt, konnte er selbst in Augenschein nehmen, und zwar die *Puerta de Hayu Marca* unweit des Titicacasees in der Gebirgsregion von Hayu Marca im südlichen Peru, unweit der Stadt Puno. Dieses „Tor der Götter/Geister" wurde von unbekannten Steinmetzen in eine natürliche Felswand gemeißelt. Es befindet sich in einer – wie er sie bezeichnet – „steinernen Monsterwand" natürlichen Ursprungs und wir können nachvollziehen, wie beeindruckt er war, als er dieses Portal zum ersten Mal mit eigenen Augen gesehen hat. Seine Schilderung aus eigener Betrachtung spricht Bände: *„Über eine Breite von 14 Metern und eine Höhe von sieben Metern wurde der gewachsene Fels massiv bearbeitet. Man hat – wer auch immer – den Stein geglättet, ja poliert. Das eigentliche Tor ist kleiner. Rechts und links wird*

---

55 Dieses und andere Beispiele in:
http://www.ein-buch-lesen.de/2020/06/544-tore-in-andere-welten.html?fbclid=
IwAR25F59Z6uK4a-C_12C6EECSFslgAtSgaUnz2_BwjNAQ3kpjkEblcZ99cLs
und weiteren Veröffentlichungen von Walter-Jörg Langbein

*es von aus der Distanz wie Säulen aussehenden Vertiefungen eingerahmt.
Die Abgrenzung nach oben wirkt irgendwie unfertig."*

*Abb. 31: Wohin führt dieses „Stargate" in Peru? Kamen aus der steiner-
nen Wand einst fremdartige Götter? (Foto Walter-Jörg Langbein)*

Der Bericht von Walter-Jörg Langbein ist deshalb von besonderer
Bedeutung, weil er nicht nur dieses Tor mit eigenen Augen gesehen
und vermessen hat, sondern auch weil er vor Ort authentische Berichte
gesammelt hat, die dadurch eine besondere Aussagekraft haben, dass
sie nicht schon durch mehrere Hände gegangen sind. Lest daher hier
im Wortlaut unverändert, was ihm eine alte Dame, die unweit des
Tores auf einem Feld arbeitenden Männern Trinkwasser und Süßkar-
toffeln brachte, mit Hilfe eines Dolmetschers anvertraute:

„So erfuhr ich, dass es mündlich überlieferte Legenden gibt, die sich um das steinerne Tor ranken. Demnach kamen einst aus der steinernen Wand fremdartige Götter. Diese mächtigen Wesen kontaktierten Menschen am Titicacasee. Einige wenige wurden ihre Vertrauten. Und nur die engsten Vertrauten erhielten das Privileg, auch das Tor in der Felswand benutzen zu dürfen. Sie konnten dann die Heimat der Götter aufsuchen, aber auch in die Vergangenheit reisen.

Eines Tages entschwanden die Götter mit ihren Vertrauten durch das Tor und blieben lange Zeit verschwunden. Gelegentlich kehrten sie für Stippvisiten zurück. Sie hielten sich aber nie mehr länger auf. Wie das von zahlreichen Göttinnen und Göttern überliefert wird, die in grauer Vorzeit zu den Menschen kamen, so versprachen auch die Götter vom steinernen Tor, sie würden dereinst wieder erscheinen.

Wenn mein Dolmetscher richtig übersetzte, dann war die Heimat der Götter zwar unbeschreiblich weit entfernt, sie lag aber auch direkt hinter dem Tor. Man konnte Ewigkeiten reisen, um irgendwann einmal in der Heimat der Götter anzukommen. Man konnte aber auch die „Abkürzung" durch das Tor nehmen. War man erst einmal durch das Tor aus Stein gekommen, dann befand man sich nach einem Schritt schon in der Welt der kosmischen Besucher. Durch das gleiche Tor konnte man aber auch in vergangene Zeiten reisen. So zumindest übersetzte mir der Dolmetscher die Aussagen der alten Dame."

Dem möchten wir zunächst nichts weiter hinzufügen, denn diese Worte sprechen für sich ... Es wird uns verborgen bleiben, ob die Götter jemals ihr Versprechen eingelöst haben und erneut durch das Tor kamen, doch diese Überlieferungen häufen sich sehr auffällig, und das in verschiedenen Regionen unserer Welt. Es würde hier den Rahmen sprengen, sie alle aufzuführen, doch die eine oder andere wird noch Erwähnung finden. Das trifft genauso für die zitierten Berichte über Portale in Stein oder in Überlieferungen zu. Auch diese stehen nur beispielhaft und könnten beliebig fortgesetzt werden, hier verweisen wir die Veröffentlichungen von Gisela Ermel, Walter-Jörg Langbein und anderen, die aus erster Hand darüber berichten können.

Portale im Fokus der Templer

Im Zuge unserer Recherchen haben wir immer wieder festgestellt, wie wichtig diese Übergänge für die Menschen waren – nicht nur jenseits des Atlantiks. Auch in Europa müssen sie eine solche Bedeutung gehabt haben, dass sie offenbar schon vor mehr als 800 Jahren die Neugier und den Forschergeist der Menschen geweckt haben. Entsprechende Hinweise fanden wir – man könnte es fast schon vermuten – am Ausgangspunkt unserer Forschungen, im Département Aude in den französischen Pyrenäen. Kehren wir also zunächst einmal wieder zurück nach Rennes-le-Château ...

Terribilis est locus iste – Wollte der Dorfpfarrer von Rennes-le-Château mit diesem Bibelzitat über der Tür seiner Kirche einen Hinweis auf ein Portal geben, welches sich in der Nähe oder in unmittelbarer Umgebung befindet? Falls das so ist, wäre zunächst einmal naheliegend, dass sich dieses irgendwo bei der Kirche befindet. Dort gibt es auch tatsächlich einige Besonderheiten, die uns bei unseren Messungen ein wenig verwirrt haben, aber eben Kleinigkeiten und bisher kein Durchbruch. Daher ist nicht auszuschließen und vielleicht sogar zu vermuten, dass Saunière in größeren Dimensionen dachte. Ein wichtiger Hinweis darauf findet sich – wie wir meinen – in der Tatsache, dass er ein besonderes Interesse an der weiteren Umgebung zu haben schien. Neben ausgedehnten Wanderungen, von denen gerne berichtet wird, zeugt davon ein Fernglas, das auf dem *Tour Magdala*, den er sich als „Arbeitszimmer" gebaut hatte, das laut dem Autor Gérard de Sède fest montiert war.

Belege gibt es für diese Behauptung keine und so vermutet Udo Vits auch in seinem bereits erwähnten Buch, dass es nicht starr montiert, sondern drehbar war. De Sède geht sogar noch weiter, er behauptet nämlich zu wissen, wohin das Teleskop gerichtet war, nämlich in Richtung des Château de Blanchefort bzw. auf die spärlichen Überreste, die davon noch vorhanden sind. Auch diese Behauptung zweifelt Udo mit gutem Grund an, denn de Sède gibt mit keine Silbe nur einen kleinen

Anhaltspunkt über die Quelle dieser Information. Hatte er sie von jemandem, der das Fernrohr mit eigenen Augen gesehen hatte oder hat er lediglich aufgrund des Fotos versucht, die Richtung zu bestimmen? Das würde natürlich große Abweichungen zulassen und das Objekt seines Interesses könnte irgendwo zwischen nordöstlicher und südöstlicher Richtung liegen, denn aus dem Foto ist nicht zu erkennen, welchen Winkel die Blickrichtung des Fernrohrs mit der Außenmauer des Turmes bildet, weil es ja nur eine zweidimensionale Abbildung zeigt. Doch egal, ob Saunière nun in die Ruinen des Château schaute oder einen anderen Punkt anpeilte – er hatte Weitblick!

Abb. 32: Ein historisches Foto zeigt, dass Saunières Fernglas auf dem Tour Magdala nicht nur ein Gerücht war.[56]

Der Abbé Saunière hatte also großes Interesse, eine bestimmte Stelle, die er von hier aus einsehen konnte, im Auge zu behalten, vielleicht hatte er sogar den Turm nur zu diesem Zweck bauen lassen? Doch was könnte das gewesen sein? Wir spekulieren jetzt einmal genauso kühn wie de Sède und drehen die Peilrichtung nach und nach von Nordost nach Südost, schauen welche Orte dann ins Bild rücken.

---

[56] Aus Udo Vits: Der Muezzin von Rennes-le-Château, Groß-Gerau 2004

Nachdem wir etwa 35 Grad nach Südost gedreht haben, fällt unser Blick in Richtung Sougraigne und das Salstal, bis hin zur „Domaine de l'Eau Salée", dem alljährlichen Ziel unserer Exkursionen in die Pyrenäen. Natürlich könnte man willkürlich noch andere Orte suchen, doch man muss auch bedenken, dass die hügelige Landschaft nicht überall hin freie Sicht lässt, nur die unmittelbare Umgebung ist recht gut einzusehen. Aber wir wissen auch, dass bei klarer Sicht Rennes-le-Château das einzige Dorf ist, welches von dem Haus an der Salsquelle aus zu sehen ist. Umgekehrt kann man selbstverständlich auch von Saunières Turm aus bis in das obere Salstal schauen. Doch ergibt das einen Sinn?

Wir wissen, dass Saunière aus dem „Großen Manuskript" nach dessen Dechiffrierung von den „Blauen Äpfeln" erfahren hatte. Doch wusste er mehr darüber, auch über die Fähigkeiten, die ihnen nachgesagt werden? Aber was hätte ihm in diesem Zusammenhang das Fernglas genutzt, der oder die Kristalle liegen ja im Boden, wer weiß wie tief, und Aktivitäten am Boden wie zum Beispiel Grabungen hätte er damit nicht beobachten können. Wir wissen aber auch aus Udos Schilderungen von Leuchterscheinungen in diesem Terrain, außerdem von bedrohlichen Geräuschen und fliegenden Lichtern, die sich sogar innerhalb des Hauses manifestierten. Seine markantesten Erlebnisse hat er in unserem gemeinsamen Buch „Riss in der Matrix" festgehalten, in dem er auch von früheren Sichtungen durch Jean de Rignies und seine Familie berichtet.

Sind es UFO-Sichtungen oder „nur" unerklärliche Lichter? Wenn es dort oben ein Portal geben sollte, welches Flugobjekten ermöglicht, sich zwischen verschiedenen Welten oder Dimensionen zu bewegen, und wenn dieses, so wie es Jean von Lilor erfahren hat, schon uralt ist, dann waren die Lichter mit Sicherheit auch schon zu Saunières Zeit zu beobachten. Vielleicht waren sie für die Bevölkerung an der Tagesordnung und die einfachen Bauern stuften sie in die Kategorie „Blitze" ein, aber der Pfarrer wusste es möglicherweise besser. Er hatte vielleicht auch davon Kenntnis, dass die Lichter oder Erscheinungen schon viel früher bekannt waren, Aufmerksamkeit erregt hatten oder sogar im Fokus von eingeweihten, „wissenden" Menschen standen, die sich dafür interessierten, was dahinter steckte. Und zwar sehr viel früher, nämlich in einer Zeit vor etwa 800 Jahren ...

Abb. 33: Unser Team bei einer Erkundung des oberen Salstals, das einst ein sehr umstrittenes Gebiet war.

Auf der Website *http://schatzsucher.over-blog.de/* ist das so genannte Varrache-Dossier veröffentlicht, das im Wesentlichen mittels Auszügen aus den Départements-Archiven und den Archives-Nationales die Geschichte des Sals-Tales, der Sals-Quelle und der Ortschaft Sougraigne rekonstruiert, versehen mit Anmerkungen von Udo Vits mit Erkenntnissen aufgrund seiner eigenen Recherchen.[57] Wir wollen hier jedoch davon Abstand nehmen, diese Historie aufzuarbeiten, das würde ein komplettes Buch füllen, das vielleicht auch einmal geschrieben werden wird. Uns ist jedoch aufgefallen, dass dieses karge Gebiet zwischen der Ortschaft Sougraigne und dem Pic de Bugarach – der

---

[57] http://schatzsucher.over-blog.de/article-das-varache-dossier-80653895.html

ebenfalls eine eigene Geschichte hat, die mit vielen Berichten über Höhlen, Schätze, Leuchterscheinungen und UFOs gespickt ist und ebenfalls ein eigenes Buch füllen würde – schon früh im Mittelpunkt regionaler Machtkämpfe stand. Deren Hintergründe waren in späteren Zeiten so verworren, dass es ab dem 19. Jahrhundert unmöglich war, die tatsächlichen Eigentümer des Areals zu identifizieren.

Aber auch wenn die neuere Geschichte der Sals und ihre wahren Eigentümer ein Fall für Sherlock Holmes wäre – und wir sind nicht sicher, ob er ihn lösen könnte – wollen wir doch ein wenig weiter zurückgehen und zur Orientierung zunächst ein paar historische Eckdaten aus dem Dossier anführen:

- Im 12. Jahrhundert entbrannte um das Château Blanchefort (von dem de Sède der Meinung war, es habe im Visier von Saunières Fernrohr gestanden) ein Kampf ohne Pardon, zwischen seinem Herren, Bertrand de Blanchefort, und der Benediktiner-Abtei von Alet, die es sich anzueignen gedachte.
- 1119 griff der Papst Calixt II persönlich in den Rechtsstreit ein und entschied zugunsten der Abtei.
- Bertrand de Blanchefort nahm die Waffen, und nach elf Kampfjahren zwang er 1130 den Papst nachzugeben.
- Zwischen 1132 und 1137 machten Arnaud, Bertrand und Raimond de Blanchefort eine Spende an den Templerorden, dem sie von da an die Lehen Pieusse, Villarzel und Esperaza überließen.
- 1147 richteten sich die Templer am Bézu und im ganzen Aude ein, auf einem Gebiet, das vom Haus de A'Niort abgetreten wurde. Die Templer siedelten sich also im Razès Dank ihrer Verbindungen zu zwei bedeutenden Familien des Landes, Blanchefort und A'Niort, an.
- 1319, zwölf Jahre nach der Zerstörung des Ordens, verschwanden die letzten Templer von Bézu unter mysteriösen Umständen.

Weder die Könige, noch die Päpste haben darin Erfolg gehabt, sich des betroffenen Grundbesitzes zu bemächtigen. Erst ab dem 15. Jahrhundert, nach der Verbindung der Familie de Voisins mit der Familie von Hautpoul, war der gesamte Grundbesitz des weitläufigen Terrain um die Salsquelle in denselben Händen vereinigt. Danach wurde es erst richtig spannend, was die Eigentumsverhältnisse betrifft – und was sich bis heute fortgesetzt hat – aber so schwer es auch fällt, wir werden diese aufregende Zeit nicht näher behandeln, sondern uns auf die Aktivitäten während der Templerzeit konzentrieren.

Der Orden der Tempelritter, der im Jahr 1118 gegründet worden war, erhielt also schon sehr früh durch seine engen Verbindungen zu den Familien Blanchefort und A'Niort umfangreiche Besitzungen in der Grafschaft Razès und darüber hinaus, wovon noch heute zahlreiche Spuren in der gesamten Region Zeugnis ablegen. Die Ländereien umfassten auch das Gebiet des Salstales. Auch wenn in einer Notiz von 1635, in der erstmals Jean de Montesquieu als Eigentümer dieses *Vallée de Salines* genannt wird, zu lesen ist, dass „alles Brachland" war, so muss es doch für die Templer schon viel früher trotzdem von Interesse gewesen sein. Laut den Auszügen aus den Archiven ließ Francois de Montesquieu das Land ab dem Jahr 1752 urbar machen und schuf die *Domaine de la Sals*, jedoch gehen wir davon aus, dass die Grundlagen für die Domaine bereits durch den Orden geschaffen wurden und die ältesten noch heute sichtbaren Gebäudereste auf die Ritter zurückgehen. Insbesondere sind das die Ruinen der offiziell als des „Corps du Garde", also „Wachposten" bezeichneten Gebäude oberhalb der Domaine – auch häufig als „Komturei" tituliert – sowie das Wohnhaus der Domaine.

Was wollten – oder besser gesagt suchten – die Templer in dieser abgelegenen Ecke des Salstals? Natürlich war die Quelle des sehr salzhaltigen Wassers für sie von Interesse, denn Salz war wertvoll. Im Mittelalter wurden dafür hohe Summen bezahlt und ein Hinweis auf seinen Wert gibt uns die Bezeichnung „Weißes Gold", der noch heute ein Begriff ist. Die Salzgewinnung in Deutschland hat ihren Ursprung im 12. Jahrhundert, als man in der Lage war, die dicken Salzschichten im Berchtesgadener Land bergmännisch abzubauen. Vorher war Speisesalz für den Normalbürger unerschwinglich. Man kann also mit Bestimmtheit davon ausgehen, dass die Templer dieses Salz, das dort einfach mit dem Wasser aus dem Berg herausfloss, wirtschaftlich ausbeuteten. Es wird auch über bergmännische Tätigkeit im Salstal berichtet und über schwer zugängliche Stollen aus der Templerzeit, was zu Spekulationen über verborgene Schätze geführt hat. Aber nicht Goldfunde, sondern der Mangan- und Kobaltabbau in der Region waren eine weitere gute Einnahmequelle des Ordens. Am Rande des Fußwegs zum Château Blanchefort konnten wir uns selbst davon überzeugen, uralte Kobaltminen ziehen hier heute Mineraliensammler an und natürlich befinden sich auch in meiner Sammlung ein paar Bröckchen Kobalt, die dort ihren Ursprung haben.

Abb. 34: Die Ruinen der „Komturei", Reste von Lagerräumen des Templerpostens an der Salsquelle?

Dieses „Brachland" war also für den bekanntermaßen auch wirtschaftlich sehr aktiven Orden schon interessant. Das würde eigentlich ausreichen, um sein Interesse an dem Gebiet zu rechtfertigen, aber wir vermuten dennoch mehr dahinter. Warum? Sie hatten sich dort auf sehr geschichtsträchtigem Boden niedergelassen, wenn man den Schilderungen von Jean de Rignies glauben darf.

Ihnen zufolge befinden sich in unmittelbarer Nähe der Ruinen im Boden die Überreste einer geheimnisvollen Stadt namens *Othanica*, gegründet von Überlebenden des untergegangenen Atlantis.[58] Dorthin geschickt hatte ihn sein geistiger Führer Maitre Philippe de Lyon in einem Traum – für den nüchtern denkenden Menschen kein schlagender Beweis, doch vielleicht nach unserem heutigen Wissensstand ein Indiz? Erinnern wir uns doch daran, dass Cayce aus seinen Visionen von Energiekristallen berichtete, die in Atlantis zum Antrieb von Schiffen und Fluggeräten dienten. Hatten die Atlanter den „Blauen Apfel" an die Sals gebracht?

Wie können verschiedene Aussagen von medial begabten Menschen, die voneinander nichts wissen, die sogar zu verschiedenen Zeiten lebten, derart übereinstimmen, wenn sie nicht auf einem Körnchen Wahrheit beruhen? Nun sind auch wir nicht gerade leichtgläubig, aber erstens passt einfach schon zuviel zusammen, und zweitens sind wir bei unseren Recherchen auf greifbare Hinweise gestoßen, die uns annehmen lassen, dass die Templer noch viel mehr wussten als es bis jetzt den Anschein hat. Hatten sie vielleicht nicht nur Kenntnis von den atlantischen Ruinen im Boden, sondern auch von den „Blauen Äpfeln", von dem UFO-Stützpunkt oder gar von einem Portal? Die Megalith-Anlagen mit den Verglasungen waren zu ihrer Zeit bereits vorhanden und sie waren mit Sicherheit bei der Erkundung des Geländes auf diese gestoßen. Hatten sie ihre Entdeckung einfach ignoriert oder konnten sie die seltsamen Bauten zuordnen? Auch wenn sie fast 900 Jahre vor uns lebten, so dürfen wir nicht den Fehler machen, sie für dumm zu halten. Sie haben uns handfeste Hinweise hinterlassen, die uns darauf schließen lassen, dass sie sogar klüger waren als wir ...

---

[58] Betz/Ampssler/Vits: Riss in der Matrix, a.a.O.

Kirchen als Versuchslabore

Mit dieser vielversprechenden Ankündigung wollen wir nun unseren Ausflug ins Mittelalter mit unseren Erkenntnissen an Kirchen und Kapellen verbinden. Bevor wir hierfür nochmals in die Pyrenäen zurückkehren, wenden wir unseren Blick ins heimische Deutschland, wo wir erstmals auf jene Spuren gestoßen waren, welche das Wissen der Templer offenbaren. Es ist nicht schwer zu erraten, wo sie diese Spuren gelegt haben, man könnte hier ganz schnell auf Kirchen kommen. Doch die nächste Vermutung, die sich jetzt gerade in Euren Köpfen manifestiert, ist mit großer Wahrscheinlichkeit falsch, das können wir jetzt schon sagen. Es sind nämlich nicht die großen gotischen Kathedralen, auch wenn sich der Gedanke als erstes aufdrängt. Dieser neue Baustil revolutionierte die Kirchenarchitektur und auch wenn erste gotische Merkmale wie das Rippengewölbe bereits im 11. Jahrhundert in England und in der Normandie aufgetreten waren, bringt man gerne die Entwicklung der Hochgotik mit den Templern in Verbindung und schreibt ihnen große Einflüsse auf diesen Baustil zu.

Trotzdem waren es nicht diese Kathedralen, welche uns die größte Überraschung bei unseren Recherchen bescherten, sondern es waren die kleinen Kirchen und Kapellen, die von dem Templerorden selbst errichtet worden waren. Zum ersten Mal waren wir mit dieser Besonderheit in der *Drüggelter Kapelle* im Sauerland konfrontiert worden. Wir haben bereits in „Kräfte aus dem Nichts?"[59] darüber berichtet, doch noch ohne die Erkenntnisse zu haben, die wir heute besitzen. Damals war es ein merkwürdiges Erlebnis, aber heute ergibt es für uns erst einen Sinn. Damals hatte uns die Tatsache, dass die Architektur des Gebäudes – eventuell auch die Wirkung der Säulen in diesem Zusammenhang – offenbar einen Einfluss auf bestehende Kraftlinien hat, überrascht. Wir hatten bereits damals die Vermutung, dass sich der Effekt in anderen Kapellen wiederholen könnte, nachdem wir die gleiche

---

[59] Werner Betz: Kräfte aus dem Nichts?, a.a.O.

Erfahrung in der *Matthiaskapelle* in Kobern-Gondorf an der Mosel machen konnten. Und tatsächlich wurde uns das seither, in unterschiedlicher Form, immer wieder bestätigt.

Schöne Beispiele hierfür fanden wir bereits im Aude, also springen wir wieder zurück in die Pyrenäen. In „Riss in der Matrix"[60] erwähnt Udo Vits in seinem Beitrag unsere Messungen an der Kapelle *Saint-Salvayre* in der Nähe von Alet-le-Bains. Diese kleine Kirche in der Form eines Kreuzes mit vier symmetrischen Armen, die ihren Ursprung im 12. Jahrhundert hat, ähnelt auf den ersten Blick den beiden Templerkapellen in Deutschland in keiner Weise. Sie hat eine völlig andere Architektur, der Grundriss ist ein ganz anderer, und die Säulen im Innenraum fehlen auch. Und doch zeigte die Rute ein merkwürdiges Phänomen an.

Abb. 35: Beim Rundgang mit der Rute um die Kirche Saint-Salvayre konnten wir feststellen, dass sich hier nur zwei Kraftlinien kreuzen und nicht sechs, wie es im Inneren den Anschein hatte. (Foto: Udo Vits, 2016)

---

[60] Betz/Ampssler/Vits: Riss in der Matrix, a.a.O.

Im Inneren der Kapelle schien es so, als ob das Gebäude in jeder Richtung von drei Kraftlinien durchzogen wird, die sich kreuzen, doch geht man um das Gebäude herum, so ergibt sich ein abweichendes Bild. Dort sind nur zwei Kraftlinien festzustellen, auf deren Kreuzungspunkt die Kapelle steht. In dem Fall werden also vorhandene Kraftlinien nicht – wie in den anderen Kapellen – gegeneinander „verschoben", sondern sie werden offenbar im Inneren in drei Linien geteilt, die sich hinter dem Bauwerk dann wieder zu einer einzelnen Linien vereinigen.

Und es wird noch verrückter! Und zwar im knapp 40 Kilometer Luftlinie entfernten Örtchen Rieux-Minervois. Die dortige Kirche *Notre-Dame de l'Assomption* wird aufgrund verschiedener Hinweise ebenfalls dem Templerorden zugeschrieben. Sie ähnelt wieder mehr den weiter oben erwähnten Kapellen, in ihr finden sich auch wieder Säulen, doch die Besonderheit findet sich in ihrem Grundriss. Sie ist in der Form eines Heptagons errichtet, also eines gleichmäßigen Siebenecks. Nicht nur dessen Berechnung und Konstruktion ist schwierig, sondern offenbar auch die radiästhetische Handhabung, wie wir feststellen konnten. Die Säulen darin haben zwar – so wie wir es schon fast erwartet hatten – die Auswirkung, dass die Kraftlinien innerhalb des Säulenkreises gegenüber dem Bereich außerhalb versetzt oder verschoben sind, aber die Überraschung kam am Ende.

Wir haben es ja beim Heptagon mit einer ungeraden Anzahl von Säulen zu tun, anders als bei den sechs- oder achteckigen Anordnungen, die wir in den anderen Kapellen vorfinden. Als ich mit der Rute losging, war der Effekt zwischen den Säulen auch noch regelmäßig. Wir kamen schnell zu der Erkenntnis: „Aha, wie bei den anderen Kapellen auch." Aber dann kam ich ins letzte der sieben Felder. Dort schlugen die Ruten sofort aus, als ich an der Säule vorbei war, dann gingen sie auseinander, um kurz darauf wieder auszuschlagen. Hier waren also gleich zwei Linien entstanden, so dass es wieder acht waren. Das hatten wir nicht erwartet! Was hatte das zu bedeuten, steckt eine Absicht dahinter?

Abb. 36: Das Innere der Kirche in Rieux Minervois mit ihrer außergewöhnlichen Architektur.

Man sagt, dass die Templer gerne oktogonale oder runde Kirchenbauten nach dem Vorbild der runden Grabeskirche in Jerusalem errichtet hätten, aber das Heptagon ist äußerst ungewöhnlich. Eine eindeutige Erklärung dafür hat man noch nicht gefunden. Ob die Zahl sieben hier etwas mit den „Sieben Säulen der Weisheit", die im Mittelalter oft als eine Umschreibung Mariens verstanden wurden, zu tun hat, bleibt unklar. Andere Forscher teilen die Siebenzahl in ‚drei' und ‚vier'; die ‚drei' stünde für die Trinität (d. h. letztlich für das Unbegrenzte oder den Geist), die ‚vier' (das Quadrat, also das Begrenzte) stünde dagegen für die Erde (d. h. für das Materielle). Auch spielt die Sieben eine große Rolle in der Apokalypse des Johannes. Einen eindeutigen Beleg für eine derartige symbolische Ausdeutung der Kirche gibt es jedoch nicht.[61] Auch rätselhafte Darstellungen an den Kapitellen im Inneren der Kirche geben darüber keinen weiteren Aufschluss.

Abb. 37: „Trompetenbläser", die zwei Instrumente gleichzeitig spielen und andere Figuren tragen nicht viel zur Deutung der Symbolik bei.

---

[61] https://de.wikipedia.org/wiki/Notre-Dame_de_l%E2%80%99Assomption_(Rieux-Minervois)

Aber gibt es überhaupt einen solchen Zusammenhang oder steckt etwas ganz anderes dahinter? Je mehr wir uns mit den radiästhetischen Auswirkungen der Templerkapellen beschäftigen, umso stärker wird unsere Vermutung, dass das der Hauptzweck dieser Gebäude gewesen sein könnte. Haben die Konstrukteure hier mit geomantischen Kräften experimentiert – und wenn ja, was war der Sinn und Zweck dieser Experimente? Das mag ein wenig spekulativ klingen, doch wir haben weitere Anhaltspunkte dafür, dass die Templer von diesen Energien wussten. Als wir das zum ersten Mal bemerkten, hatten wir noch keine Ahnung davon, wie weit das gehen würde, denn wir waren noch am Anfang unserer Suche nach ungewöhnlichen VLF-Signalen. Außerdem war es nicht einmal eine Kirche oder Kapelle, sondern ein ganz gewöhnliches Gebäude, in welchem wir ein überraschendes Messergebnis erhielten. Wobei das Gebäude so „gewöhnlich" nun auch nicht war, es handelte sich nämlich um das Gebäude der Domaine an der Salsquelle.

Die ganze Geschichte ist in unserem bereits mehrfach erwähnten Buch „Kräfte aus dem Nichts?" nachzulesen, daher fassen wir hier nur noch einmal kurz zusammen: Elektromagnetische Signale im Bereich von 20,75 bis 21,1 kHz kommen von verschiedenen Seiten, laufen in der Mitte des Raums zusammen und ändern in der Raummitte ihre Richtung von der Horizontalen in die Vertikale, als würden sie den Raum nach oben „verlassen".

Udo Vits, der noch sehr guten Kontakt zu Renée Vanooteghems († 2020), der Lebensgefährtin von Jean de Rignies (1919 – 2001), hatte, wusste aus ihren Schilderungen von einer „strahlend hellen Lichtsäule", die des Öfteren mitten im Raum erschien sowie von scheibenförmigen roten Lichtern, die sich in unregelmäßigen Abständen in einem Raum der Domaine manifestierten und von den Bewohnern scherzhaft als „Flying Camemberts" bezeichnet wurden. Handelt es sich bei dem Gebäude an der Salsquelle um eine der ersten „Versuchsstationen" der Templer?

Nach all dem, was wir jetzt wissen, könnte man doch wirklich meinen, sie hätten dort und in weiteren Bauten – bzw. mit deren Hilfe – regelrecht experimentiert, um Kräfte zu aktivieren oder diese zu beeinflussen. Wenn das so war, dann handelte es sich um ein groß angelegtes Forschungsprogramm, dessen Auswirkungen und Ergebnisse wir heute noch – im wahrsten Sinne des Wortes – „spüren" können, wofür wir gleich noch ein weiteres Beispiel sehen.

Abb. 38: Die ursprüngliche Größe des Kamins im „Salon" der Domaine de la Sals deutet daraufhin, dass dies früher der zentrale Raum des Gebäudes gewesen ist

Von den Pyrenäen in den Odenwald

Es sind bisher Hypothesen, für die lediglich Indizien sprechen, doch um den Gedanken weiter zu verfolgen, fassen wir die Annahmen kurz zusammen:

- Die Templer wussten von der Kolonie der Atlanter an der Salsquelle und hatten nicht nur wegen der Salzgewinnung ein verstärktes Interesse an dem Terrain.
- Sie hatten außerdem Kenntnis von Portalen und wussten von den „Blauen Steinen".
- Durch ihre Kontakte zu verschiedensten Orden und Bünden sowie zu Gelehrten im Vorderen Orient waren sie in deren hermetische Lehren eingeweiht und an dieses Wissen gelangt.[62]
- Mit Hilfe dieses Wissens waren sie in der Lage, mit Kräften und Energien zu arbeiten und nahmen erste Versuche vor.
- Nachdem diese Versuche erfolgreich waren, trugen sie ihr Wissen in andere Länder, so auch nach Deutschland, um es praktisch anzuwenden.

Wenn wir den Zeitstrahl betrachten, in dem das Ganze abgelaufen ist, so unterstützt das die Plausibilität unserer Annahme:

- 1118/21 – Gründung des Templerordens
- ab 1147 – verstärkte Präsenz und Aktivitäten des Ordens am Bézu und im Aude
- nach 1150 (2. Hälfte des 12. Jahrh.) – Bau der Kirche Notre-Dame in Rieux-Minervois (Siebeneck)
- 12. Jahrhundert – Bau der Kirche Saint-Salvayre (Kreuzform)
- 1226/27 – erste Erwähnung der Drüggelter Kapelle (Zwölfeck)
- 1220/40 – Bau der Matthiaskapelle in Kobern-Gondorf (Sechseck)
- Ende 12./Anfang 13. Jahrhundert – Bau der Achatiuskapelle in Grünsfeldhausen (Achteck)

---

[62] Oslo, Allan: Die Geheimlehre der Tempelritter, Patmos Verlag, Düsseldorf 2007

Chronologisch passt dieser Ablauf, wobei man noch weitere Kirchen und Kapellen hinzufügen könnte, wir uns jedoch auf die beschränken, die wir näher untersucht haben. Dabei stellen wir bereits fest, dass die Entwicklung nicht langsam, also Stück für Stück, voranging, sondern dass offenbar verschiedene Bautechniken parallel angewendet wurden. Diese führten sogar – zumindest teilweise – zu ähnlichen oder gar zu gleichen Ergebnissen. Probierten die Baumeister unterschiedliche Nuancen aus, um eine bessere „Ausbeute" zu erreichen? Doch was war das Ziel des ganzen Aufwandes? Ach ja, gehen wir noch einmal zur zweiten unserer Annahmen zurück: Die Templer hatten Kenntnis von Portalen! Waren ihre Versuche darauf ausgerichtet, diese zu aktivieren?

Vielleicht ist es Eurer Aufmerksamkeit nicht entgangen, dass in unserem Zeitstrahl am Ende eine Kapelle genannt ist, die bisher im Buch noch nicht erwähnt wurde, die Kapelle *St. Achatius* in Grünsfeldhausen. Auf diese sind wir erst im Sommer 2020 gestoßen, als wir unsere Odenwald-Tour zusammenstellten, die uns unter anderem nach Amorbach und Schneeberg führte. Als Templerkapelle mit einer interessanten Gründungslegende erschien sie uns einen Besuch wert, bei weiterer Recherche stießen wir sogar auf einen Hinweis, dass es bis in heutige Zeit Berichte über Zeitanomalien gebe, die dort auftreten sollen. Der Bericht entstammt jedoch einer Website mit sehr vagen Quellenangaben und die weiteren Angaben lassen vermuten, dass es sich sogar um eine Verwechslung handelt, dass nämlich die nicht weit entfernte *Sigismundkapelle* in Oberwittighausen gemeint ist. Aber dennoch spannend und dazu noch eine weitere Templerkapelle, die wir daraufhin ebenfalls auf unseren Reiseplan setzten.

Unser Weg führte uns zunächst zur Kapelle *St. Achatius* in Grünsfeldhausen. Sie befindet sich direkt am Ortseingang und wir mussten nicht suchen, obwohl sie in einer Senke liegt und daher nicht von weitem sichtbar ist. Man nimmt aufgrund älterer Fundamentreste unter dem Fußboden und der unmittelbaren Lage der Kapelle am Grünbach nimmt man an, dass sich an ihrer Stelle in vorchristlicher Zeit ein

Quellenheiligtum befand, das später als Taufkirche genutzt wurde.[63] Im Hinblick auf ihren achteckigen Grundriss wird wieder auf die Anlehnung an die Grabeskirche in Jerusalem hingewiesen, doch diese Erklärung scheint uns gerade in dem speziellen zu einfach, wir erkannten gleich, dass wir es hier mit einer ganz besonderen Architektur zu tun haben.

Abb. 39: Die Kapelle St. Achatius vereint gleich drei oktogonale Elemente in ihrem Grundriss.

---

[63] https://de.wikipedia.org/wiki/St._Achatius_(Gr%C3%BCnsfeldhausen)

Bereits von außen erkannten wir, dass hier drei achteckige Elemente miteinander vereint sind, wobei der oktogonale Grundriss des Turms erst an der Dachtraufe des Gebäudes beginnt. Als wir drinnen waren, suchten wir das dritte Achteck vergebens, es ist von innen nicht zu erkennen. Nun begannen wir mit unseren Untersuchungen. Die Messung der VLF-Signale ergab nichts Auffälliges, doch parallel dazu ließen wir die GPS-App laufen. Diese sollte, selbst bei nur acht empfangenen Satelliten, weitgehend konstante Werte anzeigen, doch wir beobachten diese immer eine Zeit lang, um Anomalien zu erkennen.

In diesem Fall mussten wir gar nicht lange warten, sondern konnten sofort sehen, dass Längen- und Breitenangaben permanent schwankten. Üblicherweise nehmen anfängliche Schwankungen der Anzeige ab, wenn sich die Zahl der empfangenen Satelliten einpendelt, aber das war hier nicht der Fall. Wir hatten eine Abweichung von 12 bis 48 Metern, die auch nach einiger Zeit nicht geringer wurde. Die Kirche schien zu „wandern".

Doch nicht nur das, auch die auf dem gleichen Weg ermittelte Höhenangabe blieb nicht auf einem Wert stehen. Sie bewegte sich mehr oder weniger schnell, schwankte, zeigte im Endeffekt Werte zwischen 212 und 260 Metern an. Also auch hier ergibt sich eine Differenz von bis zu 48 Metern, die nicht zu erklären ist. Außerdem zeigte das GPS eine Geschwindigkeit von bis zu 27 km/h an, mit der wir uns angeblich bewegten. Die Kapelle stand jedoch fest am Boden, da waren wir uns sicher – also musste es das GPS-System sein, das verrückt spielte. Doch darin hatten wir Erfahrung durch unser Erlebnis 2015 am Untersberg, als wir das Nixloch suchten. Spielte uns auch hier, bei der Achatiuskapelle, die Gravitation einen Streich? Nun erstaunt es natürlich nicht, dass sowohl vom Nixloch als auch von dieser Kapelle von Zeitanomalien berichtet wird. Schade ist allerdings, dass von beiden Orten keinerlei Quellen bekannt sind, die einen speziellen Fall dokumentieren und belegen. Aber so handelt es sich einmal mehr lediglich um Geschichten, die man vom Hörensagen kennt.

Da wir nicht vom Anfang unserer Forschungen an auf die GPS-Abweichungen fixiert waren – darauf hatte uns erst der Untersberg gebracht – liegen uns nicht von allen Orten entsprechende Erkenntnisse vor. Wir werden unsere Datenbank dazu nach und nach erweitern, wenn wir die Plätze erneut aufsuchen, doch wir wissen auch von den letzten Exkursionen bereits, dass dieses Phänomen nicht überall zu beobachten ist. Sehr auffällig war es an diesem Bau mit seinen drei Achtecken und so stellt sich natürlich die Frage, ob es da Zusammenhänge gibt. Wenn die Kapelle auf einem vorchristlichen Quellenheiligtum errichtet ist, so ist das ja keine Besonderheit, wie wir wissen. Auch die Templer wussten mit Sicherheit bereits, dass an diesen Plätzen besondere Kräfte wirken und haben den Standort gezielt ausgewählt, weil sie diese nutzen wollten. Doch wie wollten sie das bewirken?

Das Achteck spielt bei der Bauweise offenbar eine besondere Rolle, und nicht nur bei der Achatiuskapelle, sondern auch bei anderen Bauwerken. An der Stelle fiel uns natürlich gleich wieder das *Castel del Monte* ein, jene Burg, die der Stauferkaiser Friedrich II. in der ersten Hälfte des 13. Jahrhunderts in Apulien errichten ließ und über die Geheimnisse deren achteckigen Grundrisses sich schon viele kluge Leute den Kopf zerbrochen haben. Auch wenn wir bereits in „Kräfte aus dem Nichts?" bereits eingehend auf das Bauwerk eingegangen waren, so erwähnen wir es hier noch einmal, denn im Zusammenhang mit den inzwischen gewonnenen Erkenntnissen erschließen sich uns völlig neue Zusammenhänge. Die Bauzeit fällt bestimmt nicht zufällig genau in die Zeit, in der auch viele Templerkapellen mit diesen sonderbaren Eigenschaften errichtet wurden, zumal die Verbindungen zu deren Orden unbestritten sind. Hatte doch bereits im Jahr 1184 sein Großvater Friedrich I. die in Jerusalem etablierten Templer unter seinen Schutz gestellt und diese privilegiert.

Wenn wir uns den Grundriss des *Castel del Monte* jetzt noch einmal näher anschauen, so erkennen wir plötzlich mehr darin als eine interessante, ja eigenwillige architektonische Leistung. Wir sehen in dem achteckigen Turm mit den an jeder Ecke angehängten Türmchen den

Ansatz einer fraktalen Geometrie, oder wir vergleichen den Grundriss mit einer kristallinen Struktur. Steckt vielleicht wirklich dieser Gedanke dahinter, hat man versucht, durch die Vielecke (6, 7, 8 oder 12) in den Grundrissen Kristalle nachzuahmen? Das setzt voraus, dass die Konstrukteure – oder sollte man lieber Forscher sagen? – von der Wirkung der Kristalle oder aber dieser Formen gewusst oder zumindest geahnt haben. Doch von welcher Wirkung sprechen wir überhaupt, was wissen wir darüber?

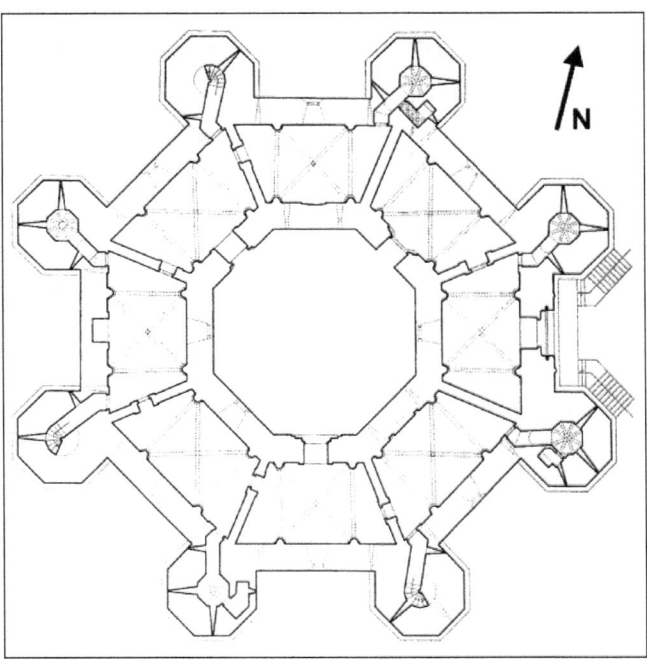

Abb. 40: Der Grundriss des Castel del Monte erweckt den Anschein eines großen Kristalls.[64] Eines der Rätsel dieses Gebäude ist das äußerst raffinierte Gangsystem, von dem es durchzogen ist. Man konnte nicht von jedem Eingang aus in jeden Raum gelangen, zwei der Räume sind nur durch einen einzigen Zugang zu erreichen.

---

[64] https://commons.wikimedia.org/wiki/File:Casteldelmontepln.png (gemeinfrei)

Vielecke und die Antigravitation

Diese Fragen wollten wir nicht offen stehen lassen, daher begaben wir uns wieder einmal auf Recherchetour. Allerdings nicht nach Frankreich oder in irgendwelche heimischen Kirchen und Kapellen, sondern ins weltweite Internet, wo wir auf Aufklärung hofften. Auch wenn das an trüben Novembertagen im warmen Büro angenehmer ist als die Forschung vor Ort in diesen Zeiten, so ist es doch mitunter schwieriger, insbesondere wenn man nicht genau weiß, wonach man suchen soll. Daher dauerte es auch einige Zeit, bis wir die ersten Hinweise auf Zusammenhänge fanden, und erwartungsgemäß stellten wir fest: Es gibt sie tatsächlich! Wir fanden einen Artikel der beiden Autoren Grazyna Fosar und Franz Bludorf, der sich mit einer äußerst auffälligen hexagonalen Struktur auseinandersetzt.[65]

Es handelt sich um eine der geheimsten Militärbasen Australiens, die Naval Communication Station Harold E. Holt am North West Cape an der Westküste des fünften Kontinents. Die Anlage erscheint etwas ungewöhnlich, man sieht dort eine Antennenanlage, angeordnet in einer mehrfach hexagonalen (sechseckigen) Form. Laut offiziellen Quellen dienen die Antennen als VLF-Kommunikationsbasis (VLF = Very Low Frequency). Dieser Frequenzbereich des elektromagnetischen Spektrums wird bekanntermaßen weltweit u. a. zur Kommunikation mit U-Booten eingesetzt. Es gibt zahlreiche solcher Anlagen, doch diese hier zeichnet sich durch ihre besondere Form aus. Durch die hexagonale Anordnung von Antennen kann die Fokussierung eines Richtstrahls verbessert werden, was insbesonders bei der Kommunikation mit schnell bewegten Objekten von großer Bedeutung ist.[66]

---

[65] Grazyna Fosar und Franz Bludorf: „Antigravitation im Einsatz – Geheimprojekte zur Weltraumverteidigung" in Matrix3000, Band 44, März/April 2008

[66] Bezugnahme auf ein wissenschaftliches Papier, das auf dem 5. Internationalen Symposium zum Thema Wireless Personal Multimedia Communications im Jahre 2002 veröffentlicht wurde, Einzelheiten hierzu konnten nicht ermittelt werden.

Doch halt – ergibt sich hier nicht ein Widerspruch? U-Boote bewegen sich doch nicht so schnell fort, dass ein solcher Kunstgriff für die Kommunikation notwendig wäre. Man vermutet daher einen ganz anderen Hintergrund der Anlage, man nimmt nämlich an, die spezielle Konstruktion der Antennenanlage sei prädestiniert für Weltraumaufklärung, insbesondere auch zur Kommunikation mit schnell bewegten Objekten (auch unbekannten Ursprungs) im Orbit. Diese Erklärung leuchtet ein, doch ist es wirklich die ganze Wahrheit oder ist diese noch viel fantastischer?

Abb. 41: Die „Naval Communication Station Harold E. Holt" am North West Cape, Australien.[67]

[67] Google Earth, © 2020 CNES/Airbus Data SIO. NOAA. U.S. Navy, NGA. GEBCO

Der russische Entomologe (Insektenforscher) Viktor S. Grebennikow hat bei der Untersuchung von Bienenstöcken, die bekanntlich aus sechseckigen Waben aufgebaut sind, einen rätselhaften Effekt festgestellt, den er *Cavity Structural Effect* (Hohlraumstruktureffekt), kurz CSE, nannte.[68] Dieser äußerte sich nach seinen Angaben in seltsamen körperlichen Symptomen und Wahrnehmungsverzerrungen, sobald er im Gelände an einer Stelle stand, unter der sich Nester wilder Bienen befanden. Diese subjektiven Empfindungen konnte er unter Laborbedingungen reproduzieren, sogar mit künstlich hergestellten, sechseckigen Wabenstrukturen. Nach einiger Zeit fand Grebennikow, mehr durch Zufall, heraus, dass kleinere Gegenstände oberhalb derartiger Wabenstrukturen zu schweben begannen. Er schloss daraus, dass von den Waben ein Effekt ausgeht, der die Schwerkraft abschirmen bzw. dieser entgegenwirken kann, dass also hexagonale Wabenstrukturen eine Antigravitationswirkung haben.

Grebennikow machte Furore mit seiner auf diesem Prinzip beruhenden Flugmaschine, die jedoch bis heute sehr umstritten ist und deren Existenz angezweifelt wird. Dazu trug wesentlich bei, dass die Veröffentlichung seines Buchmanuskripts, in dem er alle Beweise offenlegen wollte, in Russland angeblich verboten wurde bzw. erst dann genehmigt wurde, nachdem er alle Details zur Konstruktion des Gerätes entfernt hatte. Wir können nicht nachprüfen, ob es funktioniert, aber wir können hören, was die Physik zu folgender Frage sagt: Kann eine geometrische Form wie das Sechseck physikalische Kräfte (Antigravitation) hervorrufen?

Wissenschaftler haben hierzu unterschiedliche Erklärungen, aber diese laufen im Grunde auf dasselbe hinaus: Es hat mit der freien Energie im Kosmos zu tun. Und hier kommt der in der Wissenschaft allgemein anerkannte Casimir-Effekt (benannt nach dem bereits erwähnten Physiker Hendrick Casimir) ins Spiel. Dieser quantentheoretisch

---

[68] Quelle laut Fosar/Bludorf in Matrix3000 Nr. 44: Grebennikow, Viktor S.: Moi Mir. Soviets-kaja Sibir. Novosibirsk, 630048. 1997

deutbare Effekt der Mikrophysik bewirkt, dass auf zwei parallele, leitfähige Platten im Vakuum eine Kraft wirkt, die beide zusammendrückt. Inzwischen haben Physiker herausgefunden, dass dieser Effekt bei bestimmten Materialkombinationen (z. B. Gold, Brombenzol und Quarz) auch abstoßende Wirkung haben kann.[69]

Fosar und Bludorf führen weiterhin an, dass der Casimir-Effekt voraussagt, dass eine geometrische Form auch auf die Entstehung von Antigravitationskräften Einfluss haben kann. Eine wissenschaftliche Arbeit hierzu existiert offenbar leider noch nicht, zumindest konnten wir keine finden. Wir werden aber dran bleiben, denn wir suchen ja auch noch nach einer Erklärung dafür, dass sich unsere GPS-App in der Achatiuskapelle so sonderbar verhalten hat. Hat es vielleicht mit der Form des Bauwerks zu tun? In diesem Fall ist er achteckig, doch auch an anderen Kapellen mit vieleckigen Grundrissen mussten wir doch schon über unerklärliche Ergebnisse unserer Messungen rätseln. Und können die Physiker vielleicht schon jetzt – oder in absehbarer Zeit – die Erklärung dafür liefern?

Auch wenn das nun ein sehr offenes Ende für dieses Thema ist und ein wenig hypothetisch erscheinen mag, möchten wir an dieser Stelle nochmals an die Aussagen von Lilor zum Kenntnisstand unserer irdischen Physik erinnern.[70] Wir sind bereits weiter oben darauf eingegangen, doch auch an dieser Stelle sollte insbesondere Lilors Aussage beachtet werden, dass die Frage der Wechselwirkungen zwischen der Gravitation und den anderen physikalischen Kräften zum gegenwärtigen Stand unserer Wissenschaft noch nicht gelöst ist.

---

[69] https://www.weltderphysik.de/gebiet/materie/news/2009/casimir-kraft-kann-auch-abstossend-wirken/
[70] Betz/Ampssler/Vits: Riss in der Matrix, a.a.O.

Seltsame Erlebnisse im Salstal

Nun sind wir wieder bei Lilor und seinem Kontaktmann Jean de Rignies an der Sals angelangt, wo wir auch noch einen Moment verbleiben wollen. Wir haben bereits über einige Erlebnisse von Jean berichtet, die uns zu dem Schluss kommen ließen, dass wir in dem alten Haus an der Quelle eigentlich gar nicht so gerne auf Dauer wohnen oder leben wollten. Die Dinge, die dort und in der Umgebung passieren und von denen auch unser Freund Udo schon aus eigener Erfahrung berichtet hat, sind wirklich nur etwas für starke Nerven, insbesondere unter dem Aspekt, dort alleine und völlig auf sich selbst gestellt zu sein. Ob man da so beruhigt schlafen kann, auch wenn man sich nachts einfach die Decke über den Kopf zieht, bezweifeln wir, auch wenn wir es gerne einmal ausprobieren würden, dafür ist unsere Neugier groß genug.

Manch einer mag zwar denken „was kann schon groß passieren", daher möchten wir an dieser Stelle noch einen weiteren Bericht von Jeans Erlebnisse anhängen, gefunden in dem spanischen Magazin *Expedientes secretos*[71], das mit der Fernsehprogramm-Zeitschrift *Tele Indiscreta* geliefert wurde. Ein Erscheinungsdatum ist auf den uns vorliegenden Scans nicht erkennbar, die beiden Ausgaben mit den Berichten tragen die Nummerierung „No. 52" und „No. 53". In No. 52 wird unter anderm über die folgenden Vorfälle berichtet:

Ein Fall von Teleportation

Es war ein Tag im Mai 1970 und de Rignies fuhr, zusammen mit seiner ältesten Tochter Genevieve, 33 Jahre alt, in Richtung des Berges Le Bézu, um einige Freunde zu besuchen. Als sie in „Rennes-les-Bains" ankamen, sagte er zu seiner Tochter: „Wenn es eine Straße gäbe, die aus der Stadt

---

[71] „Expedientes secretos" wurde mit der Fernsehprogramm-Zeitschrift „Tele Indiscreta" geliefert und erschien erstmals im Oktober 1996. Das Magazin befasste sich mit Themen wie UFOs, Begegnungen mit Außerirdischen und anderen Geheimnissen befasste.

führte und geradeaus weiterginge, würden wir sofort ankommen, während wir bei all den Kurven mindestens anderthalb Stunden benötigen."

Es war halb drei und der Kilometerstand betrug 380. Sein Auto fuhr unerwartet in eine Nebelbank, die so dicht war, dass sie stoppen mussten, da die Straße sehr kurvenreich war. Plötzlich zerstreute sich die Nebelbank und für beide überraschend, befanden sie sich schon an ihrem Ziel. Vater und Tochter sahen sich fassungslos an. Es sind gerade einmal ein paar Sekunden vergangen und der Kilometerstand ist gleichgeblieben.

Unsichtbare Wände

Nach dem Vorfall der Teletransportation vergingen einige Jahre, in denen nichts Seltsames passierte. Aber eines Abends, als er von dem Spaziergang mit seinen Hunden zurückkam, taten die Hunde etwas Ungewöhnliches. Dort, in der Mitte des Feldes, standen sie auf ihren Hinterbeinen, während sie ihre Vorderbeine gegen eine unsichtbare „Wand" lehnten. Dieses Mal gab es zwei Zeugen dieser einzigartigen Begebenheit: Jean de Rignies und sein Sohn. Keiner von beiden konnte erklären, was sie mit ihren Augen gesehen hatten.

Worauf stützten sich die Hunde? Es schien, als ob von einem Moment zum anderen diese interdimensionale Wand – oder was auch immer – sich gerade öffnen wollte, um die treuen Tiere an einen anderen Ort außerhalb unserer Welt zu senden. Nach einigen Minuten schien das Verhalten der Tiere wieder normal zu sein.

Eine Tür in eine andere Zeit

Juni 1980. De Rignies saß in einem Sessel im Kaminzimmer, er schlug vor, die Positionen einiger Säulen zu überprüfen, die platziert waren, um die Decke einer verlassenen Mine zu stützen, in einem der Hügel, welche das Tal flankieren, in dem er lebt. Seine drei Hunde begleiteten ihn. Nach einer Weile inspizierte er verschiedene Details im Inneren der Mine. De Rignies ging hinaus. Zu seinem Erstaunen waren die Hunde verschwunden und es war Nacht.

Abb. 42: Jean de Rignies auf einem Foto zu dem Bericht in dem Spanischen Magazin „Expedientes secretos“.

„Das kann nicht sein, schließlich waren sie nur zwei Stunden in der Mine und als sie hinein gingen, war es vier Uhr“ überlegte er. Er ging nach Hause. Die Lichter drinnen waren an. Aber trotzdem, keine Hunde zu sehen. Er öffnete die Tür und hielt an der Schwelle an. Er traute seinen Augen kaum: Um seinen Esszimmertisch saßen vier komplett fremde Personen.

Überrascht fragte de Rignies: „Was machen Sie hier?“ Sie antworteten: „Wir leben hier. Und wer sind Sie?“ Plötzlich fragte er sie: „In welchem Jahr sind wir?“ Zu seiner Verwirrung erklärten ihm die Unbekannten, dass es bereits 2380 ist. Es waren drei Jahrhunderte vergangen! Er eilte schnell zu den Zimmern, um seine Familie zu suchen, aber sie waren alle verschwunden.

Plötzlich klingelte das Telefon und de Rignies rief, ohne zu zögern: „Das ist für mich!“ Er steuerte ins Wohnzimmer, aber als er die Tür öffnete, hörte das Telefon auf zu klingeln. Er kehrte ins Wohnzimmer zurück und sagte: „Es hörte auf zu klingeln!" Die vier Herren waren verschwunden und alles war wie vorher.

Er ging zurück ins Kaminzimmer und – welche Überraschung! – er fand sich vor dem Kamin, auf dem Sessel wieder. Plötzlich fühlte er, wie ihn etwas ansaugte und durch einen Schlag kehrte er in seinen Körper zurück und wachte auf. Nachdem seine Betäubung vorbei war, verstand der alte Bauingenieur, dass er eine Warnung und ein Zeichen erhalten hatte, das darauf hinwies, dass die alte Mine ein temporäres Portal war, das man nicht stören sollte.[72]

Was war Jean de Rignies im Laufe der Jahre dort an der Salsquelle alles widerfahren? Es klingt gespenstisch, aber ist es wirklich unglaubwürdig? In der ersten Episode wird von einem plötzlich auftretenden Nebel erzählt, der dazu führte, dass er sein Auto stoppen musste. Berichte über diese Nebel finden sich immer wieder im Zusammenhang mit Erlebnissen von Menschen, die dann anschließend einen Zeitverlust hatten oder sich ganz woanders wiederfanden.

Im zweiten Bericht geht es um den Spürsinn von Tieren im Zusammenhang mit paranormalen Erscheinungen oder Vorfällen. Es ist keine neue Erkenntnis, dass diese hierfür mitunter einen noch feineren Spürsinn entwickeln als Menschen. Mir wurden schon Vorfälle erzählt, bei denen Hunde oder Katzen vor imaginären Personen oder Dingen erschrocken sind, das ist keine Seltenheit. Und ich selbst kannte ein Pferd, die Stute Dynastie meiner damaligen Freundin, die sich immer wieder weigerte, mit ihrer Reiterin das Stück Feldweg zu gehen, das am Friedhof vorbeiführte. Auch andere Reiter erlebten mit ihren Pferden ähnliches. Wovor haben die Tiere Angst oder was spüren sie dort? Es gibt aber auch viele Reiter, die ein solches Verhalten ihrer Pferde nicht bestätigen können. Das wäre nicht verwunderlich, denn auch Tiere entwickeln, genau wie Menschen, mit Sicherheit ein unterschiedliches

---

[72] Bericht über Erlebnisse von Jean de Rignies in „Expedients secretos" No. 52, aus dem Spanischen übersetzt von Jessica Schmidt.

Gespür für Energien – denn um solche handelt es sich unseres Erachtens bei den Ursachen für solche Reaktionen.

Und die dritte Geschichte vereint ja gleich zwei Phänomene in einem, nämlich den Zeitverlust während des Aufenthalts in der alten Mine, ähnlich wie es in vielen Fällen vom Untersberg bei Salzburg berichtet wird und anschließend die Begegnung mit einer anderen Zeit. Es war sogar mehr als mein Blick in ein Zeitportal, damals bei Calais, denn Jean hat mit den Leuten sogar gesprochen. Auch von solchen Vorfällen hört man immer wieder und vielleicht hätten wir damals auch mit den Menschen sprechen können, wenn wir in diese Straße gegangen wären. Insofern ist auch dieses dritte Erlebnis von Jean für mich nicht unglaubhaft.

Im Übrigen wundert es uns natürlich nicht, dass gerade dort an der Salsquelle, aber auch in der weiteren Umgebung, solche Phänomene gehäuft auftreten. Nach all dem, was wir inzwischen über diese Region wissen und was wir selbst dort schon erlebt haben, kann uns kein Bericht über eine noch so skurrile Begebenheit in diesem Gebiet erschüttern. Daher waren wir auch nicht überrascht, als gerade während wir mit dem Manuskript zu diesem Buch beschäftigt waren, ein Bericht von dem durch seine YouTube-Beiträge bekannten „Mythen Metzger" über einen Vorfall vor einigen Jahren erschien, der ebenfalls in dieser Region passierte.[73] Er bezieht sich dabei auf einen Bericht im *Fortean Times Magazin*[74] über jenes Geschehen im Jahr 2005.

Damals war ein siebzehnjähriger Junge aus Couiza mit seinem Mountainbike spurlos verschwunden. Couiza ist ein kleines Städtchen, etwa zehn Kilometer Luftlinie von der Salsquelle entfernt. Die Suchaktion nach dem Jungen, an der sich neben der Polizei auch viele Bewohner beteiligten, war zunächst erfolglos. Erst nach Tagen tauchte er

---

[73] https://www.youtube.com/watch?v=MuIcQ9rbFEI&feature=youtu.be
[74] Fortean Times ist eine britische Monatszeitschrift, die sich anomalen Phänomenen widmet. Der Begriff Fortean leitet sich von dem amerikanischen Schriftsteller Charles Hoy Fort (1874 – 1932) ab, der sich auf anomale Phänome spezialisiert hatte und wird manchmal verwendet, um solche Phänomene zu charakterisieren.

wieder auf, kam aus einer Höhle, war den Berichten nach desorientiert und kaum zur Kommunikation fähig. Er erzählte, er sei in dieser Höhle aufgewacht, hatte aber keine Erinnerung, außer dass er merkwürdige Menschen gesehen hätte, die keine Gesichter hatten, aber mit ihm gesprochen hätten. Sie hätten geleuchtet, ihm seltsame Fragen gestellt, aber er habe sich nicht bedroht gefühlt, sondern eher sicher. Dann sagten sie plötzlich, er könne gehen und verschwanden von einer Sekunde auf die andere. Dabei war er der Meinung, dass er ein paar Minuten nicht bei sich war – aber es waren drei Tage vergangen! Er hatte bei seinem Auffinden keine körperlichen Schäden und war nicht dehydriert, sein Fahrrad wurde nie mehr gefunden.

Als wir das Video angesehen hatten, ging natürlich sofort eine Mail an Udo raus, ob er denn von der Geschichte wisse. Ja, er hatte davon gehört, hat sich aber nicht weiter darum gekümmert. Er steht dem ein wenig skeptisch gegenüber, meint die Sache hätte viel mehr Wellen schlagen müssen, wenn das wirklich so geschehen wäre. Aber stimmt das so, müssen wir davon ausgehen? Gerade erst vor kurzem im Oktober 2020, waren in der unmittelbaren Umgebung meiner Heimat zwei junge Männer unter rätselhaften Umständen für ein paar Tage verschwunden. Bereits vier Wochen später ist kaum etwas darüber zu erfahren, wie es ihnen geht oder was sie berichteten. Aber darauf werden wir gleich noch zurückkommen. Warum also sollte die ganze Region über diesen Jungen aus Couiza sprechen, er war ja wieder zurück und offenbar gesund. Interessant an dieser Sache ist aber für uns, dass er einen Zeitverlust in der Höhle hatte – genau wie Jean in der alten Mine oder die Menschen am Untersberg, und dass er seltsame Wesen dort getroffen hat, die offenbar auf telepathische Weise mit ihm kommunizierten, genau wie es Lilor mit Jean tat. Für uns sind es zu viele Parallelen, als dass es Zufälle sein könnten.

Energie mit Nebenwirkungen

Im Salstal hatten wir im Jahr 2016 sogar ein eigenes Erlebnis, von dem wir hier noch berichten möchten. Wir hatten am letzten Tag unserer Tour auf dem Weg zurück ins Hotel noch etwas Zeit und beschlossen, die *Fontaine des Amours* nahe Sougraigne etwas näher unter die Lupe zu nehmen. Wir hielten also an dem kleinen, provisorischen Parkplatz an und stiegen zur Quelle hinunter, die sich schräg gegenüber der alten Mühlenruine an der Sals befindet. Um diesen Ort ranken sich Legenden, dort sollen sich mitunter nachts wunderschöne Elfen zeigen, welche die Männer betören. Doch wenn diese sie nach dem Namen fragen, so verschwinden sie und lassen sich nie wieder sehen.

Abb. 43: Hier geht es hinunter zur Quelle.

Das ist eine schöne Geschichte aus dem Bereich der Sagen von Naturgeistern und man denkt dabei doch gleich auch an die Berichte von Zwergen, die am Untersberg Wanderer mit in ihre Höhlen nehmen, die dann Zeitverluste erleben, oder auch an die vielen Überlieferungen von den „kleinen Leuten" oder dem „kleinen Volk", die gerne in das Reich der Märchen verwiesen werden. Eine besonderes ausgeprägte Tradition haben diese Wesen wie Feen und Elfen im irischen Volksglauben. Gerade dort sind sie jedoch den Menschen nicht immer wohl gesonnen, werden aber – ähnlich wie in Island – geachtet und respektiert.

Nach der Überlieferung leben sie in einer Welt, die sich mit der Welt der Menschen überschneidet, was uns an die Definition des Paralleluniversums erinnert.[75]

Routinemäßig wollten wir an diesem beschaulichen Plätzchen die VLF-Impulse messen und ich schaltete das Notebook ein. Als wir die Antenne anschlossen, erlebten wir die erste Überraschung. In regelmäßigen Abständen von etwas mehr als einer Sekunde erschienen die Signal auf dem Monitor, und das in erstaunlicher Intensität. Wie immer in solchen Fällen schauten wir uns zunächst um, ob irgendeine elektrische Anlage in der Nähe in Betrieb sein könnte, doch Udo konnte uns beruhigen. Das einzige, was an dieser entlegenen Stelle des Flusstales nur halbwegs nach Elektrizität aussah, war die Telefonleitung, die sich entlang der Straße von Mast zu Mast schwang. Die konnte es also gewiss nicht sein, aber was war es sonst, wir befanden uns doch mitten in der Natur?

Abb. 44: Zur Zeit tritt nur noch wenig Wasser aus der Quelle aus. Aber woher kommen die seltsamen Signale?

---

[75] https://irish-net.de/Irland-Geschichte/Leprechaun-und-Fairies-die-irische-Anderswelt/

Wir nahmen noch einige andere Messungen vor, unter anderem mit der EMF Analyser App des Smartphones, welche elektromagnetische Frequenzen anzeigt und misst. Ghost Hunter nutzen diese Art Apps auch zum Auffinden von paranormalen Aktivitäten, worauf wir jedoch bisher kein Augenmerk hatten. Aber es war seltsam, was wir hier zu sehen bekamen. Was unsere VLF-Messung zeigte, spiegelte sich auch auf dem Monitor des Smartphones wieder. Wo üblicherweise gerade Linien in unterschiedlicher Stärke verlaufen, die auch mal Schwankungen unterworfen sein können, sahen wir jetzt eine Art Sägezahnkurve mit ganz erheblichen Ausschlägen – genauso wie 2015 am Nixloch (Untersberg).

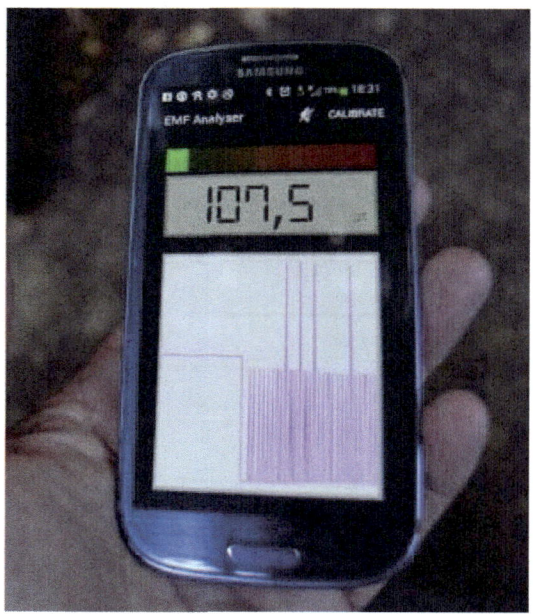

Abb. 45: Der EMF Analyser zeigte bei der Quelle kein gleichbleibendes Magnetfeld mehr an.

Wir hatten etwas Ähnliches in dieser Kombination und Intensität noch nicht erlebt und rätselten – selbstverständlich ergebnislos – über die Ursache. Wir hatten keine Erklärung dafür und nach etwa einer Stunde verließen wir den Ort wieder und fuhren zum Abendessen ins Hotel. Die Ergebnisse hatten wir dokumentiert, um sie später verwerten zu können – in einem Buch wie diesem vielleicht. Damit wäre die Sache eigentlich abgeschlossen gewesen und spannend genug. Am nächsten Tag traten wir die Heimreise an und starteten früh, denn es lagen fast 1.200 Kilometer vor uns. Nach einer kleinen Kaffeepause am Vormittag machten wir gegen Mittag eine längere Rast, das Auto war bis hierher problemlos gelaufen. Doch als wir weiterfahren wollten, tat es keinen Mucks mehr. Ein kurzes Aufzucken der Kontrollleuchten, ein leichtes Knacken im Motorraum, ansonsten Stille – wir waren gestrandet.

Das hatten wir noch nie auf unseren Touren, egal wohin sie uns führten. Es blieb uns nichts anderes als den Pannendienst zu rufen, wobei uns der freundliche Betreiber der Raststätte glücklicherweise behilflich war. Für den Pannenhelfer war die Sache nach einer kurzen Prüfung klar, er erklärte uns, dass die Batterie kaputt ist. Nicht etwa leer, weil ich vielleicht das Licht angelassen hatte, sondern komplett kaputt und nicht mehr aufladbar. Er gab uns Starthilfe, wies uns aber darauf hin, dass das Auto wieder nicht mehr anspringen würde, wenn der Motor einmal steht. Das bedeutete für uns, dass wir ab hier ohne weitere Pause durchfahren mussten, auch beim Tanken stoppte ich den Motor nicht. Aber auf diese Weise schafften wir es bis nach Hause, ohne nochmals Hilfe in Anspruch nehmen zu müssen.

Wir hatten natürlich gleich die Vermutung, dass dieses Missgeschick eventuell etwas mit unserer letzten Station am Tag zuvor zu tun haben könnte. Aber eine technische Erklärung hatten wir nicht, es war einfach mysteriös. Es stellte sich dann zwar heraus, dass die Batterie schon etwas älter war, aber konnte sie dennoch so unvermittelt den Geist aufgeben? Ich erzählte diese Geschichte dann einem Bekannten, der von Beruf Flugzeugingenieur ist und befürchtete schon, dass ihm unsere Vermutung suspekt erscheinen würde. Doch zu meiner Überraschung erklärte er mir, dass die von mir geschilderten elektromagnetischen Impulse durchaus in der Lage seien, die Legierung der Platten einer Batterie zu zerstören und sie damit unbrauchbar zu machen, wenn sie lange genug einwirkten. Das Auto war etwa eine Stunde fast direkt oberhalb des Platzes geparkt, an dem wir diese Impulse gemessen hatten, das könnte seiner Meinung nach bei einer älteren Batterie schon genügen.

Damit war zwar das Rätsel der defekten Batterie gelöst, aber nicht die Frage, woher diese Energie kam – an einem Ort, an dem wir sie so nicht vermutet hätten. Geben die Berge diese Impulse ab oder befindet sich irgendetwas in ihnen, was die Ursache sein könnte? Die Stelle liegt in einer Entfernung von knapp sechs Kilometern zur Salsquelle und fast genauso weit ist es in entgegengesetzter Richtung bis zum mit Mythen behafteten Rennes-le-Château. Hat das etwas zu bedeuten? Gibt es hier einen geomantischen Zusammenhang oder befindet sich in der Nähe doch eine technische Anlage im Untergrund, von der wir nichts wissen? Oder haben die VLF-Signale ihren Ursprung ganz woanders, vielleicht in der streng geheimen Anlage des „Naval Communication Station Harold E. Holt" in Australien. Werden von dort oder von ähnlichen Anlagen aus Punkte auf der Welt verbunden oder geöffnet, dient diese geometrisch angeordnete Anlage gar der Portalforschung? Diese Vermutung liegt natürlich im Bereich der Spekulation, aber was wäre wenn …?

Ist so vielleicht auch zu erklären, warum an oder in der Nähe solcher Orte immer wieder elektronische Geräte verrückt spielen? Mit selbst ist es ein weiteres Mal mit dem Auto passiert, in der Nähe von Butzbach (Hessen), wo eine Gravitationsanomalie vermutet wird. Die Elektronik spielte verrückt, nachdem das Fahrzeug dort eine Weile parkte. Eine Ursache dafür konnte die Werkstatt nicht finden, nach einem Reset war alles wieder behoben.

Im Verlauf des Buches haben wir bereits von diversen eigenen Erlebnissen oder auch solchen von Freunden berichtet, so am Nixloch (GPS-Fehler, Tackern bei der Tonaufnahme) oder in der Froasenhöhle (Ausfall des Camcorders bei Reinhard Habeck). Außerdem hören wir immer wieder von Freunden oder Bekannten, dass sich bei Recherchen an Orten mit kultischem oder spirituellem Hintergrund die Akkus der

Kamera oder anderer Geräte schnell entleerten oder diese ihren Dienst versagten.

Am Untersberg war ich selbst Zeuge, als der Forscher und Autor Marcus E. Levski neben dem Veitlbruch mit seiner Smartphone-Kamera Fotos machte und plötzlich mehrere davon einen rötlichen Nebel oder Schleier zeigten. Als er weiter fotografierte, war der Schleier auf den nächsten Fotos plötzlich wieder verschwunden. Für die Anwesenden war er jedoch nicht sichtbar gewesen. Hatte die Handy-Kamera hier eine Fehlfunktion oder hat sie eine andere Realität wahrgenommen als unsere Augen?

Ein weiteres Erlebnis ähnlicher Art berichtete uns erst vor kurzem unsere Freundin und Forscherkollegin Marie Sievers. Sie hatte gemeinsam mit ihrem Freund auf dem Heimweg von einem Kongress in Leipzig bei der Wallfahrtskapelle Marienborn (Sachsen-Anhalt) eine Rast eingelegt, um sich diese anzusehen. Es handelt sich um den ältesten Wallfahrtsort Deutschlands und ursprünglich hieß Marienborn Mordthal, „weil in diesem dunklen Lappwalder Flecken Böses geschah". Die Namensänderung geht auf ein Erlebnis zurück, das der Überlieferung nach ein Hirte namens Conrad im Jahr 1106 an diesem Ort hatte. Er weidete dort seine Schafe und sah, wie Frauen mit brennenden Fackeln zu einer alten Eiche gingen und dort beteten. Die Eiche stand nahe einem Brunnen und der Hirte trieb seine Schafe dorthin um sie zu tränken. Doch sie schreckten vor dem Wasser zurück. Der Schäfer nickte ein und sah im Traum, wie Maria und ihr Sohn in den Brunnen stiegen und ein Engel eine kleine Marienfigur im Brunnen versenkte und das Wasser segnete.[76] Die 14 Zentimeter hohe Madonnenstatuette aus Zwergkiefer befindet sich heute im Kirchenarchiv Hötensleben. Sie wird nur zu besonderen Gottesdiensten mit nach Marienborn gebracht.[77]

---

[76] Informationen über Marienborn aus: https://www.deutschlandfunkkultur.de/die-heilige-quelle-von-marienborn.1278.de.html?dram:article_id=192861
[77] http://www.wallfahrtsort-marienborn.de/scripte/kapelle.htm

Soviel zu dem außergewöhnlichen Ort, das Wasser des Brunnens gilt bis heute als heilkräftig. Als nun Marie und Stefan sich dort umschauten, stellte Marie fest, dass es absolut kein Mobilfunknetz gab. Das ist zwar in unserer Zeit etwas ungewöhnlich, aber solche schwarzen Flecken gibt es immer noch, also wäre es sogar denkbar, wenn nicht eine weitere Besonderheit aufgetreten wäre. Dort auf dem Display, wo die Netzstärke angezeigt wird, war gar nichts zu sehen. Beim Fotografieren bemerkte Marie dann, dass das Fotoprogramm ihres Smartphones spinnt und das Fotografieren behinderte. Stefans Handy war im Auto verblieben, das nur etwa 25 Meter entfernt parkte, und als die beiden dorthin zurückkamen, stellten sie fest, dass dieses einwandfrei funktionierte und vollen Empfang hatte. Das von Marie hingegen „erholte sich" nach ihren Angaben nur langsam und brauchte eine Weile, bis es wieder einwandfrei funktionierte.

Die Legende um die Madonnenfigur und der Traum des Hirten erinnern uns sehr an andere Portalgeschichten, haben wir es demnach auch hier mit einem „Schrecklichen Ort" zu tun? Welche Kräfte treten hier auf und bringen die Handyfunktionen zum Erliegen? Oder gab es solche Fehlfunktionen an diesen Orten bereits bevor man vollelektronisch fotografierte? Ja, die gab es, und ich habe es bereits zweimal erlebt. Das erste Mal war, als ich das denkwürdige Erlebnis in Calais hatte, von dem später nichts auf meinen Negativstreifen zu sehen war. Und das zweite Mal war während unserem ersten Besuch der Wallfahrtskirche Maria Einsiedel. Bereits bei den ersten Fotos nach unserer Ankunft versagte meine hochwertige analoge Spiegelreflexkamera, als wir uns der Kirche näherten. Und es war kein Fehler der (dürftigen) Elektronik, über die sie immerhin schon verfügte. Nein, der Verschluss funktionierte plötzlich nur noch, wenn man den Sucher gegen den Boden richtete. Sobald ich die Kamera waagrecht hielt, tat sich nichts mehr. Ich habe es damals als Zeichen gesehen, mir endlich eine digitale Ausrüstung zuzulegen, denn wir wussten ja zu diesem Zeitpunkt noch nicht, wohin unsere Forschungen führen sollten ...

Verschwunden im Odenwald

Marie und Stefan hatten ihr Erlebnis am 25. Oktober 2020, aber ein paar Tage vorher wurde auch in meiner Heimatregion von einem seltsamen Vorfall berichtet. Seit dem 18. Oktober wurden zwei junge Männer aus Birkenau vermisst, die sich zuvor mit Freunden zum Zelten in einem Waldgebiet bei ihrer Heimatgemeinde aufgehalten hatten. Eine groß angelegte Suche mit Rettungshunden und mehreren Rettungsdiensten sowie einem Polizeihubschrauber war zunächst erfolglos geblieben. Nach Aussagen von Zeugen waren die Beiden auf einem Wanderweg unterwegs, einer von ihnen soll keine Schuhe getragen haben. Als Anlaufpunkte konnte neben anderen das so genannte Franzosenkreuz bei Birkenau ermittelt werden. Am vierten Tag der Suche konzentrierte sich diese aufgrund von Hinweisen auf ein etwa acht Kilometer Luftlinie entferntes Waldgebiet bei Hemsbach, bevor die beiden Männer am gleichen Tag im Bereich eines Steinbruchs bei Weinheim aufgegriffen wurden.

Bis dahin hatten sie eine ordentliche Wanderung zurückgelegt und aus den Meldungen der Presse geht nicht hervor, ob einer von ihnen oder sogar beide immer noch ohne Schuhe unterwegs waren. Eine Meldung erwähnte, dass an ihrem Zeltplatz lediglich noch ihre Schuhe gefunden wurden, was die Frage aufwirft, warum sie ohne dieselben losliefen. Man könnte denken, sie hätten schon ihre Gründe dafür gehabt und so weit wäre das eine Geschichte, wie sie immer wieder, nicht nur in Deutschland, passiert. Aber es waren andere Informationen, die wir zusätzlich erhielten und die uns aufhorchen ließen.

Andreas, mein Geschäftspartner in der Jones Edition und Co-Autor unseres Buches über den Vorfall am Djatlow-Pass[78] war an jenem 21. Oktober, an dem die Beiden aufgegriffen wurden, in der Gegend unterwegs und berichtete mir, dass ein Teil der elektronischen Systeme in

---

[78] Andreas Laue und Werner Betz: DJATLOW? – Aufklärung der unheimlichen Begebenheit, Groß-Gerau 2019

seinem Auto ausgefallen waren, außerdem hatte das Navi „total gesponnen", wie er sich ausdrückte. Fast zeitgleich erreichte mich folgende Nachricht von Bianca, einer Bekannten, die dort in der Nähe wohnt: „Mein Navi ist am 12. Oktober zwischen 16:10 Uhr und 16:15 Uhr einfach ausgegangen und als ich es wieder angemacht habe, konnte es mich erst mal nicht orten. Das ist auf der Strecke Zotzenbach Richtung Rimbach passiert." Von beiden hatte ich so etwas noch nie vorher gehört, konnte das denn Zufall sein?

Wir kamen erst am 23. November dazu, uns die Lokalitäten des Geschehens näher anzusehen, doch inzwischen hatten sowohl Andreas als auch Bianca keine ähnlichen Erfahrungen mehr gemacht. Wo sollten wir also ansetzen? Wir entschieden uns für das Franzosenkreuz, zumal es ein interessanter Ort zu sein schien. Nach 45 Minuten Autofahrt und einem Spaziergang durch den herbstlichen Wald waren wir da und staunten, denn wir standen offenbar vor einer uralten Kultstätte. Ein grob behauenes Steinkreuz mit einer kaum noch lesbaren Inschrift innerhalb eines Steinkreises.

Abb. 46: Erster Eindruck: Das Franzosenkreuz scheint
in einem Steinkreis zu stehen.

Wir sahen uns etwas näher um und fanden auf einer Tafel Hinweise, die uns wenig Antworten auf unserer Fragen gaben. Dort kann man lesen, dass die Überlieferung besagt, dass es sich um ein Sühnekreuz für einen französischen Offizier handeln soll, der von einem Bauern erschlagen wurde. Aber es wird auch erwähnt, dass die frühesten Franzoseneinfälle im Jahr 1673 erfolgten, das Kreuz jedoch älter ist – möglicherweise aus dem 15./16. Jahrhundert stammt. Einen urkundlichen Nachweis über den Grund der Setzung dieses Kreuzes gibt gemäß dieser Beschreibung nicht. Und noch eine wichtige Information finden wir dort: „Das Kreuz wurde im Rahmen von Wegarbeiten um einige Meter versetzt". Doch wurde es dabei „zufällig" in den Steinkreis versetzt oder wussten die Arbeiter vielleicht von dem Kraftort? Wollte man den heidnischen Kultort durch die Versetzung des Kreuzes nachträglich christianisieren? Dass wir nicht wussten, wo es ursprünglich platziert war, war nicht so schlimm, denn der Platz hatte ja weitreichende Wirkung und es kam auf ein paar Meter nicht an. Also untersuchten wir diesen. Aber das war gar nicht so einfach …

Die Rute riss es mir direkt am Kreuz fast aus der Hand, egal aus welcher Richtung ich kam. Nun wissen wir natürlich auch nicht, ob der Steinkreis auch erst bei diesen Bauarbeiten gesetzt wurde, aber er hatte offenbar Wirkung. In seinem Zentrum schien sich ein wahrer Kraftort zu befinden. Unsere Messung auf VLF-Signale war hingegen weniger ergiebig, wir konnten immer wieder Impulse sehen, die auch recht intensiv waren, doch gerade im Bereich von Gebirgen nichts Ungewöhnliches sind. Doch zu unseren routinemäßigen Messungen gehört auch der Test mit der GPS-App, den wir dann vornahmen. Aber was war das? Beim Einschalten der App fokussierten sich die Koordinaten schnell mit einer relativ geringen Fehlerquote auf einen Wert, die Höhe jedoch zeigte 29 Meter an. Das war etwas zu wenig für diesen Platz im Mittelgebirge, zu dem wir doch schon auf unserem kurzen Fußweg einige Meter hochsteigen mussten.

Wir warteten ab, die Höhenanzeige veränderte sich langsam. Wir witzelten, dass wir nun Fahrstuhl fahren, aber das war eher ein gemächliches Aufsteigen in einem Fesselballon. Wir waren auf 50 Meter – dann 97 Meter – 140 Meter – langsam ging es weiter. Wir fuhren weiter bis auf 211 Meter – 288 Meter – bis es endlich bei 343 Meter stoppte. Das schien unsere tatsächliche Höhe zu sein. Ich drehte mich mit dem Smartphone in der Hand um und ging zu der Bank, auf der wir unsere Sachen abgelegt hatten. Und zack – die Höhenanzeige war wieder bei 29 Meter, das Spiel ging von vorn los. Noch einmal der gleiche, langsame Anstieg, aber dann blieb die Anzeige auf der realen Höhe stehen. Dabei wäre noch erwähnenswert, dass wir das GPS kurz testeten, als wir mit dem Auto an dem kleinen Parkplatz ankamen, von dem wir dann losliefen. Dort zeigte es beim Einschalten minus 24 Meter an, dann begann es langsam, sich nach oben zu bewegen. Aber was war das?

Abb. 47: Von der Schrift auf dem Steinkreuz ist nicht mehr viel zu erkennen.

Wir hielten uns etwa eine Stunde an diesem Platz auf, aber ich spürte schon vorher immer wieder ein Schwindelgefühl. Ich fragte

Sonja, wie sie sich fühle, denn sie ist für diese Kräfte oft noch empfindsamer als ich. Sie bestätigte mir auch gleich meinen Eindruck und fügte hinzu, dass ihr übel würde, wenn wir hier noch länger bleiben. Unsere Arbeit war ja getan, also begaben wir uns auf den Rückweg und überlegten, wo wir nun gewesen waren. War das ein alter Kultplatz, in den die Arbeiter das Kreuz gestellt hatten, und zwar genau in die Mitte? Gingen von diesem Punkt zumindest zeitweise so große Kräfte aus, dass sie in großem Umkreis die GPS-Anzeigen beeinflussen oder gar ausschalten konnten? Waren diese Kräfte vielleicht vor vier Wochen noch stärker als heute, pulsierten sie? Dass das seltsame Verhalten bei der Höhenangabe ein „ganz normaler" Fehler ist, halten wir für unwahrscheinlich, denn dagegen spricht die Tatsache, dass es bevorzugt an solch besonderen Orten auftritt. Wir hatten es ja erst im Sommer des Jahres in der Achatiuskapelle erlebt und auch dort war der längere Aufenthalt mit unangenehmen Auswirkungen auf unser körperliches Befinden verbunden.

Wir erinnerten uns, dass wir in einem der Berichte über die verschwundenen jungen Männer gelesen hatten, die Polizei nähme aufgrund ihres Verhaltens an, sie seien möglicherweise „berauscht". Das halten wir nicht für unmöglich, aber wovon berauscht? Die Polizei meinte damit Alkohol oder sogar stärkere Rauschmittel. Aber sind die Beiden vielleicht in den Einfluss irgendwelcher Kräfte geraten, die eine ähnliche Wirkung hervorrufen können?

Es ist schade, dass nirgendwo berichtet wurde, was sie nach ihrem Auffinden erzählten. Waren sie nur aus Übermut – vielleicht ohne Schuhe – kreuz und quer durch die Region gelaufen? Der Junge in Couiza hatte noch über seine Erlebnisse in der Höhle berichtet, bevor man dann nichts mehr von der Sache hörte. Hatten diese beiden jungen Männer eventuell auch irgendetwas erzählt, was nur nicht an die Öffentlichkeit drang? Uns sind zwar die Namen bekannt, aber da die Nachnamen nicht selten sind, konnten wir sie bisher nicht ausfindig machen, um sie selbst zu befragen. Es könnte spannend sein!

Engel, Marienerscheinungen und Schlimmeres

Wenn wir nun nochmals zurückblicken, so waren der Ausgangspunkt unserer Überlegungen die Erscheinungen von Engeln – im wahrsten Sinne des Wortes aus heiterem Himmel – über schaurige Gestalten wie die der Wilden Jagd bis hin zu Göttern bzw. Wesen die man dafür hielt. Doch es gibt eine weitere, für die Religion sehr bedeutende Art der Erscheinung, nämlich die der Jungfrau Maria. Zu gerne hätten wir schon die ganze Zeit einmal einen Ort untersucht, an dem über eine solche Erscheinung berichtet wird, denn es interessierte uns doch sehr, ob es auch dort Energie-Anomalien gibt, welche Hinweise darauf geben könnten, dass wir es auch hier mit Portalen zu tun haben. Da die Zeit, die wir zum Reisen haben, jedoch begrenzt ist, müssen wir diese immer gut einteilen und möglichst mehrere Ziele miteinander verbinden. Sonst wären bestimmt längst in Fátima gewesen, jenem Ort in Portugal, wo am 13. Oktober 1917 Tausende von Menschen dem Sonnenwunder beiwohnen konnten.

Da unser Weg aber noch nie nach Portugal führte, kam es uns sehr entgegen, dass uns Udo von Marienerscheinungen erzählte, über die in den Jahren 1913 bis 1921 in Alzonne berichtet wird. Dieses Örtchen liegt nämlich in der Region, die wir regelmäßig gemeinsam mit ihm durchstreifen. Etwa 500 Menschen sollen die Erscheinungen der Maria bestätigt haben, aber auch andere Figuren sollen dort gesehen worden sein. Von den ersten Sichtungen berichteten Kinder, am Fluss in der Nähe des Ortes sei Maria mehrfach in den dort stehenden Pappeln erschienen. Daher begaben wir uns auf die Suche nach dieser Stelle. Sie ist nicht genau lokalisierbar, daher verließen wir die Stadt zunächst Richtung Westen und bogen dann nach links in die *Chemin de la Métairie Grande* ab, fuhren an einem großen Anwesen vorbei bis zur Brücke über das kleine Flüsschen. In einiger Entfernung sahen wir die Pappelallee, aber weder an der Brücke noch bei den Pappeln, die wir dann von der anderen Seite her anfuhren, zeigten unsere Messungen im VLF-Bereich besondere Auffälligkeiten.

Anders verhielt es sich jedoch in dem Städtchen, wo auch die meisten Sichtungen aufgetreten sein sollen. Zunächst am Bahnhof, den es jedoch heute nicht mehr gibt. Es könnte sich dabei um das Gebäude der jetzigen Mairie (Gemeindeverwaltung) handeln, welche an einem Ende der „Promenade", auf der anderen Straßenseite zu finden ist. Am anderen Ende der Promenade, bei der es sich um einen länglichen, von Bäumen gesäumten Platz handelt, stand bis vor kurzem eine Marienstatue. Als wir ankamen, war Udo völlig verwundert, denn diese Statue war inzwischen einem Kriegsdenkmal gewichen und der gesamte Platz war eine Baustelle, weil er gerade komplett neu gestaltet wurde.

Abb. 48: Die Marienstatue auf der Promenade von Alzonne ist gegen einen Krieger mit der Aufschrift „Pro Patria" zur Erinnerung an die Gefallenen des 1. Weltkrieges ausgetauscht.

Unsere Messungen auf diesem Platz zeigten, meist in Höhe der Bäume, ein merkwürdiges, verzweigendes Muster. Unregelmäßige Muster sind normalerweise ein Hinweis auf Störungen, zum Beispiel durch elektrische Geräte. Hier ragten zwar überall Leitungen aus dem Boden, doch die zugehörigen Lampen waren noch nicht installiert. Es konnte also kein Strom fließen, so dass diese Störungsquelle ausscheiden musste. Aber diese Muster hatten auch eine völlig andere Form als die eines Elektromotors oder anderer Geräte. Erklärungen dafür, wie welche Störungen gedeutet werden können, findet man in dem kleinen Handbuch „Längstwellenempfang mit dem PC", das uns bei der Arbeit immer ein guter Ratgeber ist.[79] Aber das was wir hier sahen, ist darin nicht zu finden. Es waren keine frequenzmodulierten Signale, regelrecht geometrische Muster entstanden offenbar dadurch, dass mehrere Signale ihre Frequenz veränderten – siehe oberer Bereich des Screenshots. Dann verschwammen die Muster mitunter zu ganzen Flächen – siehe unterer Teil.

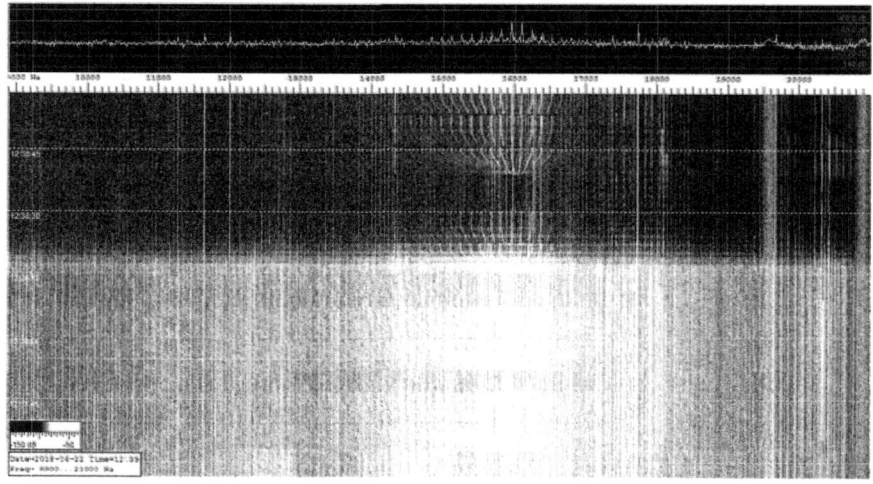

Abb. 49: Diese Art von „Störungen" hatten wir bei unseren Untersuchungen noch nie.

Die klare Trennung der beiden Messungen auf dem Screenshot von einer Sekunde auf die andere war die nächste Besonderheit. Als wir uns nämlich in die Seitenstraße begaben und uns der Kirche näherten, stellten wir fest, dass die Energie der Signale dann deutlich größer wird, wenn wir die Antenne ein wenig anhoben. Auch das war für uns

---

[79] Lutz, Harald: Längstwellenempfang mit dem PC, Marburg 2004

neu, denn üblicherweise stellen wir die Antenne zur Messung zunächst auf den Boden und mussten dann feststellen – so zum Beispiel in Amorbach bei der Kirche – dass die starken Spots in einer gewissen Höhe über dem Boden enden. Aber das waren hier auch nicht diese uns bekannten Spots, wir konnten das seitdem an keinem anderen Ort, den wir untersuchten, noch einmal beobachten. Sind solche Besonderheiten vielleicht von Ort zu Ort verschieden, aber deuten sie alle auf das gleiche hin, nämlich dass hier Energien am Werk sind, die bewirken, dass sich Bilder oder sogar Gegenstände aus einer anderen Dimension auf unserer Seite des „Portals" manifestieren können?

Aber warum ist dann Maria seit 1921 den Menschen in der kleinen Stadt nicht mehr erschienen? Es ist ja nicht anders als in Fátima, wo sie sich ebenfalls seit 1917 nicht mehr blicken ließ. Jean sprach im Zusammenhang mit dem Stollen im Salstal, in dem er jenes beängstigende Erlebnis hatte, von einem „temporären Portal", also eines, was nur zeitweise offen ist. Hat er damit den Nagel auf den Kopf getroffen? Sind diese Portale vielleicht nur zeitweise offen und wovon ist das abhängig? Das Wort „Zufall" wollen wir hier gar nicht erst verwenden, denn wir sind davon überzeugt, dass es Gründe haben muss, ob und wann ein solches Tor offen ist. Wir haben ja bereits festgestellt, dass die Beeinflussung von GPS-Signalen an bestimmten Orten nicht immer gleich ist, manchmal verhält sich alles völlig normal.

Es ist also denkbar, dass diese Energien nicht immer in der erforderlichen Menge oder Kraft vorhanden sind, um die Öffnung zu bewirken. Wenn es aber dann der Fall ist und ein Mensch nähert sich genau in diesem Moment dem Ort, so kann er auch schonmal für einen kurzen oder auch längeren Moment in einer anderen Zeit oder einer anderen Dimension verschwinden.

Vielleicht müssen aber auch bestimmte Dinge zusammentreffen, um die Öffnung auszulösen. Oder wir können – wie bereits weiter vorn erwähnt – sogar mit Hilfsmitteln darauf Einfluss nehmen. Es gab schon viele Menschen, die nach diesen Mitteln suchten, und manchmal scheint es so, als hätten einige von ihnen auch bereits Ansätze dafür gefunden. Beispiele haben wir ja bereits erwähnt. Aber nun muss man auch bedenken, dass man immer entweder auf der einen oder auf der anderen Seite einer Tür stehen kann. Was wär also, wenn auf der anderen Seite Wesen oder eine Macht stehen, welche die Funktionsweise beherrschen und uns nach Belieben besuchen oder uns Bilder projizieren können?

Ein Paradebeispiel hierfür ist der Vorfall am Djatlow-Pass im Februar 1959, der sicherlich vielen von Euch ein Betriff ist. Neun junge russische Ski-Wanderer waren unter mysteriösen Umständen im nördlichen Ural-Gebiet zu Tode gekommen ihre verstümmelten Leichen waren später nur spärlich bekleidet im Schnee gefunden. Seit der Vorfall bekannt wurde, rätselt man darüber, was damals passiert sein könnte und es gibt inzwischen unzählige Erklärungsversuche, die alle eins gemeinsam haben, sie können nicht die mysteriösen Umstände und Ungereimtheiten im Zusammenhang mit dem Tod der Wanderer erklären. Irgendwelche Lücken gibt es bei allen, was Andreas Laue und ich zum Anlass genommen haben, den Fall nochmals akribisch zu analysieren. Mit einem plausiblen Ergebnis, welches wir in unserem auf Tatsachen beruhenden Roman „DJATLOW? – Aufklärung der unheimlichen Begebenheit"[80] präsentiert haben.

Quintessenz unserer Überlegungen war, dass diese Gruppe den Auftrag hatte, die Vorgänge an dem Ort, der erst später nach dem Anführer der Gruppe, Igor Djatlow, seinen Namen erhielt, zu erkunden. Dabei mussten sie nicht nur schmerzliche Erfahrungen mit den Kräften eines Portals machen, sondern sind darüber hinaus in die Hände jener Macht gefallen, die dieses von der anderen Seite her passierte. Sie hatten gefunden, was sie suchten, doch sie mussten ihre Erkenntnis teuer mit dem Leben bezahlen. Nun fragt man sich vielleicht, wie wir auf so eine verrückte Lösung gekommen sind. Aber das war gar nicht so schwer, man muss nur genau lesen bzw. auf das hören, was uns berichtet wird, darin sind alle Hinweise bereits enthalten …

---

[80] Laue u. Betz: DJATLOW? – Aufklärung der unheimlichen Begebenheit, a.a.O.

Der wahre Kern von Überlieferungen

Wenn man sich mit dem Vorfall am Djatlow Pass beschäftigt, so stößt man schnell auf Informationen, welche in den vielen Berichten und Veröffentlichungen darüber immer wieder auftauchen. Die Gegend wir noch heute von den Mansen bewohnt, einem recht kleinen indigenen Volk, dessen traditionelle Lebensweise durch die fortschreitende Industrialisierung des Gebietes inzwischen weit zurückgedrängt wurde. Aber solche Volksstämme pflegen Traditionen und daher sind ihre Überlieferungen meist sehr aussagekräftig. Also hören wir doch mal, was sie über diese Region zu sagen haben: Der Name des Berges Otorten, wo das Unglück geschah, bedeutet in ihrer Sprache so viel wie „Bleib fern von dort" und auch der Name des benachbarten Berges Cholat Sjachl ist nicht viel einladender, denn er bedeutet in der mansischen Sprache „Berg des Todes". Sie erzählen von mysteriösen Vorgängen und dass dort immer wieder verstümmelte Wildtiere tot aufgefunden werden, außerdem glauben sie, dass dort vor über 200 Jahren neun Jäger verschwanden, daher meiden sie den verwunschenen Berg.

Auch sollen sie mündlichen Überlieferungen zufolge von einem Gebiet sprechen, in dem sich zwei Welten treffen. Diese Überlieferungen sind alt und werden in der Regel als Legenden abgetan, das heißt es wird ihnen kein großer Wahrheitsgehalt beigemessen. Wir denken, das ist nicht richtig, denn unabhängig von den Mansen berichten Naturvölker in weit von ihnen entfernten Regionen der Erde Ähnliches.

Seit sehr langer Zeit wird Mount Shasta in Kalifornien, mit 4.317 Metern der zweithöchste Vulkan der USA, von indianischen Stämmen, darunter den Shasta, Wintu, Karuk, Okwanuchu und Modoc, als heiliger Platz verehrt. So glauben die Shasta, dass der Große Geist den Berg schuf und ihn benutzte, um auf die Erde zu steigen. Die Modoc glauben darüber hinaus, dass der Große Geist nach dem Schöpfungsakt auf Mount Shasta lebte. Die Indianer nutzen bestimmte Plätze auf Mount Shasta für rituelle Zwecke verschiedenster Art, sie respektieren, ja fürchten den Berg. Falsches oder respektloses Verhalten wird nach ihrem Glauben von den Geistern bestraft.[81]

Natürlich ranken sich um einen solchen Berg auch aktuelle „Legenden", welche auf merkwürdigen Vorfällen beruhen, die immer noch dort geschehen. So hören wir in dem bereits im Zusammenhang mit dem Verschwinden des Jungen in Couiza zitierten Video auf YouTube[82] von einem weiteren Fall, der sich genau dort zugetragen haben soll. Es geht um einen 23-jährigen Mann, der Mitte der 1980er Jahre am Mount Shasta auf die Jagd gegangen war und am Abend nicht zurückkehrte. Die Suche nach ihm durch die Polizei und 400 freiwillige Helfer begann noch in der Nacht, aber gefunden wurde er erst am folgenden Tag, in 1.000 Metern Höhe, wo er von einem Hubschrauber aus gesehen worden war. Er saß regungslos im Schnee, war erstaunlicherweise gesund und ohne Erfrierungen, aber nicht ansprechbar. Erst am nächsten Tag kam ihm die Erinnerung zurück. Er erzählte, dass er in einen Nebel geraten war und kaum einen Meter weit sehen konnte. Er versuchte, da heraus zu kommen, aber als er weiter ging, schwanden ihm die Sinne. Dann hatte er eine Gedächtnislücke bis zu dem Moment, wo er gefunden wurde, aber er wusste, dass er zu keinem Zeitpunkt gefroren hatte. Die Anwohner dort konnten sich daran erinnern, dass ein ähnlicher Fall in den 1950er Jahren schon einmal aufgetreten war, auch damals hatte der Nebel eine Rolle gespielt.

Da wundert es natürlich nicht, dass der Mount Shasta auch bei den so genannten Missing 411 Fällen, denen sich der ehemalige US-Polizist David Paulides widmet, auftaucht. „Missing 411" ist inzwischen ein Oberbegriff für ein Phänomen, dass seit über 150 Jahren Menschen in US-Nationalparks verschwinden. All diese Fälle haben merkwürdige Gemeinsamkeiten, in den meisten Fällen wurden die verschwundenen Menschen nie, tot oder mitunter verwirrt aufgefunden. Überlebende berichteten, sie könnten sich an nichts erinnern. Gleich zweifach finden wir dabei den Mount Shasta, im Jahr 1999 verschwand dort der

---

[81] https://www.vergleichende-mythologie.de/streit-um-mount-shasta/

[82] https://www.youtube.com/watch?v=MuIcQ9rbFEI&feature=youtu.be

69jährige Karl Landers während einer Wanderung im wahrsten Sinn des Wortes spurlos, denn es lag unberührter Schnee, in dem hätte er sichtbare Spuren hinterlassen müssen, Aber er schien sich in Luft aufgelöst zu haben und wurde nie gefunden. Mehr Glück hatte der dreijährige John Doe im Jahr 2010, der von einem Moment auf den anderen verschwunden war, als ihn seine Eltern nur kurz aus den Augen gelassen hatten. Er wurde bei der folgenden Suchaktion nur fünf Stunden später, gegen 23:00 Uhr, in einem Dickicht sitzend gefunden. Unverletzt zwar, aber in einer Art Schockstarre, war er nicht ansprechbar, erst am nächsten Morgen erzählte er, dass er in der Zwischenzeit in einer Art Höhle war, zusammen mit roboterähnlichen Wesen. Wie konnte er auf so etwas kommen? Es war ja völlig unklar, wie er überhaupt aus der Obhut seiner Eltern verschwinden konnte.[83]

Nun könnte man dem natürlich entgegenhalten, dass ein dreijähriger das überhaupt nicht beurteilen könne, aber andererseits besitzt er eine gewisse Objektivität, da er einfach beschreibt, was er gesehen hat, ohne eine Interpretation vorzunehmen. Und das waren Beschreibungen von roboterähnlichen Wesen. Außerdem war er ja nicht der einzige, der von solchen Begegnungen berichtete, der Junge aus Couiza mit seinem Montainbike erzählte ebenfalls von merkwürdigen Wesen, die ihn in der Höhle ausfragten.

Auch in anderen US-Nationalparks sind die Gegenden um Berge, welche den Indianern heilig sind, Schauplatz ähnlich mysteriöser Fälle, so die Smoky Mountains in North Carolina, welche von den Cherokee verehrt werden. Aber man soll nicht meinen, das Phänomen sei auf Amerika begrenzt. Keineswegs, denn die Reihe der Heiligen Berge, die im Zusammenhang mit verschwundenen Menschen stehen, könnte noch lange fortgesetzt werden, und zwar weltweit. So soll auch der Mount Nyangani in Zimbabwe von den Bewohnern der Gegend „der Berg, der Menschen verschluckt" genannt werden. Da es sich um Überlieferungen handelt, sind Primärquellen für diese Informationen

---

[83] Leonard Löwe: Verschwundene Menschen 2, Die unheimlichsten ‚Missing 411' Fälle, Denk Verlag o.J. (nach den Büchern von David Paulides)

rar und sie werden oft mit unterschiedlichen Formulierungen zitiert.[84] Ein weiteres Beispiel sehen wir, wenn wir nach Australien blicken. Dort haben wir dort den nicht weniger geheimnisvollen „Black Mountain". Die Ureinwohner vom Stamm der Kuku Nyungkal nennen ihn den „Berg des Todes". Sie glauben, dass in seinem Inneren böse Geister und Dämonen ihren Opfern auflauern und haben offenbar gute Gründe dafür, denn zahllose Menschen sind dort schon verschwunden oder unter mysteriösen Umständen zu Tode gekommen. Bis in unsere Tage gibt es solche Berichte, und ortskundige Piloten vermeiden es, den Berg zu überfliegen, sie berichten von unerklärlichen Turbulenzen und vom Ausfall ihrer Navigationsinstrumente.[85] Hier schließt sich der Kreis zu unseren aktuellen Forschungen und auch die Tatsache, dass eine Forschergruppe im Jahr 1991 keine signifikanten magnetischen Störungen feststellen konnte, wundert uns nicht, denn auch unsere magnetischen oder elektromagnetischen Messungen spiegeln nicht immer die seltsamen Geschehnisse wider, mit denen wir konfrontiert sind. Wir wissen, dass es hier verschiedene Kräfte gibt, die ebenso unterschiedliche Auswirkungen haben.

Und der zitierte Bericht aus Matrix3000 setzt gleich noch einen drauf, nämlich dass am Black Mountain häufig seltsame Lichter und auch UFOs gesichtet werden. Pferde und Rinder seien in ganzen Herden verschwunden, so als ob sie der Berg verschluckt hätte. Aber Moment mal, nicht nur verschwundene Menschen oder verstümmelte Tiere fanden sich doch bereits schon in den Überlieferungen der Mansen über die Region des Djatlow Passes, auch sie erzählen von Feuerkugeln am Himmel, welche bereits im Jahr des Vorfalls 1959 von Wanderergruppen, Militär und Wetterämtern bestätigt waren. Und nicht

---

[84] Siehe hierzu Daniel Loose auf: https://www.nexus-magazin.de/artikel/lesen/missing-411-spurensuche-auf-fuenf-kontinenten
Siehe auch Hinweise im Blog der ortskundigen Führerin Birgit Riemer: https://www.ventertours.de/blog/die-geheimnisse-des-mount-nyangani-in-simbabwe/
[85] https://de.sott.net/article/31204-Australien-Der-unheimliche-Black-Mountain unter Bezugnahme auf Matrix3000, Band 86

nur das, Semjon Solotarjow, einer der Skiwanderer, hat diese tödliche Bedrohung noch kurz vor seinem Tod auf ein Foto gebannt, welches erhalten geblieben ist.

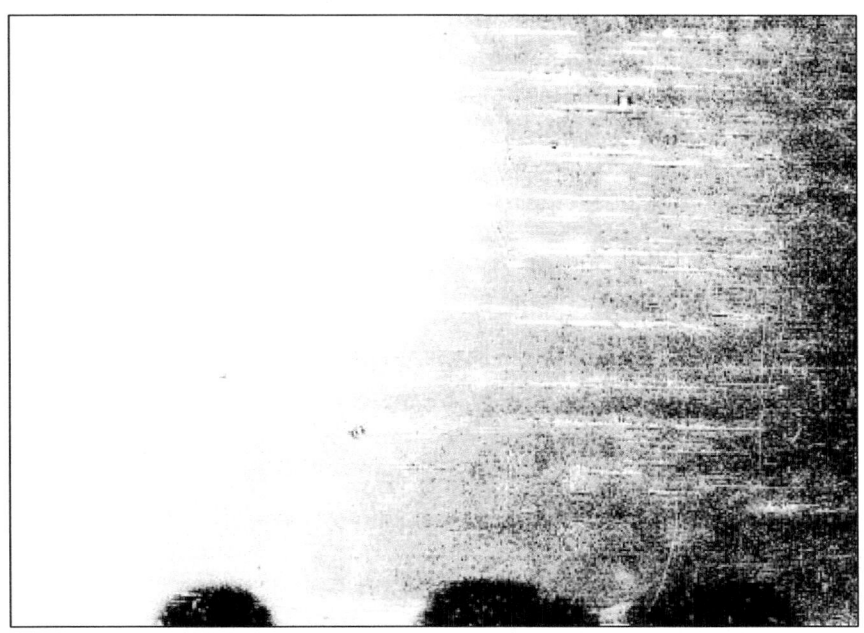

Abb. 50: Eines der letzten Fotos aus Solotarjows Kamera.
Am unteren Bildrand sind offenbar Köpfe zu sehen.[86]

Wir meinen, das sind zu viele Parallelen, als dass es sich um Zufälle handeln könnte. Wir könnten die Reihe noch beliebig fortsetzen, doch wenden wir uns jetzt noch einmal unserer westeuropäischen Heimat zu, denn auch die hier überlieferten Legenden, die über Portalerlebnisse berichten, können nicht einfach in den Wind geschlagen werden. Wenn wir die Recherchen von Gisela Ermel hierfür heranziehen, werden wir schier erschlagen von der Menge – 212 Seiten Din A4, nur Auf-

[86] https://translate.google.com/translate?depth=1&hl=de&prev=search&rurl=translate.google.com&sl=en&sp=nmt4&u=https://dyatlovpass.com/page.php%3Flanguage_id%3D1%26id%3D12786&xid=17259,15700019,15700043,15700186, 15700190,15700256,15700259,15700262,15700265

listungen und Kurzbeschreibungen zu allen Themenbereichen, die wir bisher angesprochen haben – eine Vielzahl von Fällen, die Rückschlüsse auf Zeit- oder Dimensionstore zulassen. Vielleicht können wir Gisela davon überzeugen, mal ein Lexikon daraus zu machen, es wäre eine wahre Fundgrube für jeden, der sich der Portalforschung widmet, obwohl auch diese Arbeit bestimmt keinen Anspruch auf Vollständigkeit erhebt. Das zu schaffen ist einfach undenkbar. Wir haben in diesen Unterlagen viele Fälle gefunden, die unsere Erkenntnisse bestätigen, weil die geschilderten Geschehnisse in das Schema der Portale passen. Doch um den Rahmen nicht zu sprengen, wollen wir uns auf einige Beispiele beschränken, zu denen wir aufgrund unserer Recherchen vor Ort einen Bezug haben.

An der deutsch/österreichischen Grenze liegt der Untersberg, der doch den Heiligen Bergen der Indianer in nichts nachsteht. Auch dort verschwinden Menschen, manche kommen wieder und haben einen Zeitverlust, ein Kaiser soll darin wohnen und immer wieder tauchen seltsame Lichter über dem Berg auf, die ich selbst schon beobachten konnte. Wir haben diesen Berg jetzt schon in verschiedenem Zusammenhang erwähnt, doch es ist längst nicht alles über ihn gesagt und das werden wir auch in diesem Buch nicht schaffen. Aber eine Geschichte wollen wir Euch nicht vorenthalten, auch wenn sie in der Literatur über den Berg schon unzählige Male geschildert wurde. Es ist eben ein Klassiker, die Handschrift des Lazarus Gitschner, die er um das Jahr 1530 angefertigt haben soll. Da Details der Geschichte immer wieder in abgewandelter Form wiedergegeben werden, wollen wir hier zunächst eine möglichst unverfälschte Version zitieren:

„Der im Dienste des Reichenhaller Stadtschreibers stehende Lazarus Gitschner entdeckt bei einem Ausflug auf den Untersberg zusammen mit vier weiteren Reichenhallern eine in den Felsen gehauene Schrift, deren Bedeutung der Wandergruppe jedoch verschlossen bleibt. Bei der Ausführung seines Auftrags, nämlich einige Tage später allein auf den Untersberg zurückzukehren, um die geheimnisvolle Schrift abzuschreiben, begegnet

*Lazarus, der bereits eine Nacht auf dem Berg verbracht hat, einem barfü-
ßigen Mönch; dieser führt ihn durch eine eiserne Tür in den Untersberg
hinein. Dort — in einer Art himmlisch-jenseitiger Welt — eröffnet sich dem
Stadtschreibergehilfen eine klösterliche Gemeinschaft, an deren von Litur-
gie und Gesang geprägtem Leben er sieben Tage lang teilnimmt. Lazarus
schließt sich nächtlichen Wallfahrten zu den umliegenden Kirchen an, begegnet dann vielen bereits verstorbenen Herrschergestalten, die sich hier
— in der anderen Welt — aufhalten ...*[87]

Der Verfasser der Abhandlung, die wir hier zitieren, Dr. Johannes
Lang, betrachtet im Folgenden die Geschichte vor dem historischen
Hintergrund und macht sich viel Mühe, alle Deutungsversuche gegen-
überzustellen. Doch übersieht er dabei nicht einen Aspekt, nämlich
dass Gitschner in ein Portal geraten sein könnte?

Lassen wir doch den Verfasser einmal selbst zu Wort kommen und
werfen einen Blick auf den Wortlaut von Gitschners Bericht: *„Eben mit
diesem Wortten seynd wir durch das Thorr hineingangen. Da ist ein Ho-
cher Thurn gewesen und eine Uhr daran mit Gold wohl gezierth ..."* Seine
Schilderungen sprechen für sich und er steht damit nicht allein.

Mönche und Klöster scheinen eine große Rolle zu spielen in diesen
Überlieferungen, aber wen wundert es, haben wir doch bereits festgestellt, dass Kirchen und Klöster in vielen Fällen offenbar bewusst neben oder an den „Schrecklichen Orten" erbaut wurden. So könnte es
auch mit dem Kloster Heisterbach im Siebengebirge diese Bewandtnis
haben, von dem folgende Geschichte berichtet wird:

*„Ein Mönch hörte, als er tief in Gedanken im Klostergarten spazieren
ging, auf einmal einen Vogel singen, dessen Stimme er noch nie zuvor gehört hatte. Überrascht und erfreut folgte er der Vogelstimme und ging
durch eine kleine Pforte in der Mauer in den Wald hinaus. Er folgte ihr*

---

[87] Aus: Das Erbe der „Lazarusgeschichte". Zur Entstehung und Instrumentalisie-
rung der Untersbergsage. Von Dr. Johannes Lang, M.A., Stadtarchiv Bad Reichen-
hall, veröffentlicht von der Gesellschaft für Landeskunde in Salzburg hier:
https://www.zobodat.at/pdf/MGSL_150_0125-0178.pdf

immer weiter, immer tiefer in den Wald hinein, und vergaß darüber Raum und Zeit. Schließlich war er so müde, dass er nicht mehr weiter konnte. Er setzte sich auf einen Baumstumpf und schlief ein. Als er wieder aufwachte, machte er sich schnell auf den Weg zurück ins Kloster.

Gegen Abend kam er dort an und trat ein, um mit den anderen Mönchen das Abendgebet zu sprechen. Doch an der Tür erstarrte er. Kein einziges Gesicht war ihm vertraut. Er bat die Mönche, ihn zu ihrem Abt zu bringen. Dort stellte er sich selbst vor und nannte den Namen des Kölner Erzbischofs, der zum Zeitpunkt seines Klostereintritts amtierte. Da erschraken die Mönche und ein langes Schweigen folgte seinen Worten. Schließlich sagte ihm der Abt, dass seitdem 300 Jahre vergangen wären. Einem der Mönche fiel ein, dass er in alten Klosterschriften von einem Bruder gelesen hatte, der damals spurlos im Wald verschwunden war. Da verstand der Mönch: „Tausend Jahre sind ihm wie ein Tag". Ein glückliches Lächeln erschien auf seinem Gesicht, er sank um und starb.[88]

Auch hier hören beziehungsweise lesen wir von einer typischen Portalbegegnung. Widmen wir uns kurz dem Hinweis in der Geschichte auf eine Bibelstelle aus dem Neuen Testament, 2. Brief des Apostel Petrus, Kapitel 3, Vers 8: *„Das eine, liebe Brüder, dürft ihr nicht übersehen: dass beim Herrn ein Tag wie tausend Jahre und tausend Jahre wie ein Tag sind"*. Im Zusammenhang ist erkennbar, dass Petrus diese Worte auf die angekündigte Wiederkehr von Jesus bezieht, aber der Mönch hatte wohl nach seinem Erlebnis noch eine andere Idee, was dieser Text bedeuten könnte. War er sich dessen bewusst, was ihm da gerade – während einem kurzen Nickerchen oder innerhalb von 300 Jahren? – widerfahren war?

Können sich diese Begegnungen auch mit unserer heutigen Zeit kreuzen? Wenn man manche Berichte aus jüngerer Zeit – also aus den

---

[88] Gefunden auf: https://www.rheindrache.de/der-moench-von-heisterbach/
Dort wird Bezug genommen auf folgende Quelle: Sage und Geschichte der sieben Berge, Dietmar Blumenthal in Zusammenarbeit mit Winfried Biesing.

letzten 100 Jahren – hört, so sollte man es glauben. So wie jene Geschichte, auf die Udo bei seinen Recherchen in den Pyrenäen 2017 gestoßen ist. Man erzählt dort, dass ein junger Mann in der Weihnachtsnacht auf seinem Heimweg bei den Ruinen der Abbaye de Rieunette vorbei kam und dort eine Rast einlegte, um eine Zigarette zu rauchen. Plötzlich vernahm er den Klang von Glockengeläut und während er noch überlegte, woher dieses kommen könnte, mischte es sich mit einem Gesang, wie ein Choral. Doch damit nicht genug, erschien als nächstes eine Phantom-Prozession von Mönchen in schwarzen Kutten, die singend, mit gesenktem Haupt und über der Brust gekreuzten Händen an ihm vorbeizogen. Die Prozession zog um die Ruinen und verschwand dann. Der junge Mann erzählte die Geschichte nach seiner Rückkehr ins Ort und diese wurde von einem Heimatforscher veröffentlicht, dem dieser persönlich bekannt war.

Ihm erschien das Ganze auch schon deshalb nicht unglaubwürdig, weil es kein Einzelfall dort ist. Es gibt weitere, ähnliche Überlieferungen, so wie die aus dem Jahr 1914 über einer Gruppe von Köhlern, die in der Nähe der Ruinen ihren Meiler eingerichtet hatte. In der Weihnachtsnacht erlebten sie damals das gleiche, also Glockengeläut, den traurigen Gesang und die Prozession der Mönche.[89]

Man könnte also meinen, dass vielleicht eine Gruppe von „Geistermönchen" hier in der Weihnachtsnacht umgeht, feinstoffliche Wesen, die aus irgendeinem Grund keine Ruhe finden. Oder gibt es an diesem Ort ein Portal, durch welches sich zwei Welten – sprich Zeiten – begegnen? Wir haben, zusammen mit Udo, die Ruinen im Juni 2018 besucht, konnten allerdings bei unseren Messungen keine bedeutenden Anomalien feststellen. Wie wir inzwischen wissen, hat das aber nichts zu bedeuten, da diese Spots mitunter nur eine kleine Ausdehnung haben und wir nie das gesamte Areal flächendeckend untersuchen können, das würde Tage dauern und ist einfach nicht machbar.

---

[89] Udo Vits erzählt darüber in seinem Video „Die Phantom-Mönche von Rieunette": https://www.youtube.com/watch?v=pRnWpw5-AtY&feature=youtu.be

Abb. 51: Gibt es zwischen den Ruinen der Abbaye de Rieunette einen Zugang in eine andere Zeit?

Nun könnte man natürlich entgegenhalten, dass auch diese Erlebnisse schon eine ganze Weile zurückliegen, doch was ist mit dem seltsamen Verschwinden oder mysteriösen Begegnungen in den letzten Jahren oder auch Jahrzehnten? Auch davon haben wir ja bereits einige angeführt und nun wollen wir uns noch einer Region zuwenden, die offenbar eine bedeutende Rolle spielt, auch wenn uns allein bei dem Gedanke an diese Gegend ein eiskalter Schauer über den Rücken läuft – nicht nur im übertragenen Sinn.

Ein Portal im ewigen Eis

Nachdem unsere Recherchen bisher in recht lebensfreundliche Regionen führten, begeben wir uns jetzt in eine ganz andere Richtung. Allerdings in diesem Fall nicht persönlich und das raten wir auch niemandem, denn es ist mit einer Jahresdurchschnittstemperatur von -55° Celsius eine der unwirtlichsten Gegenden der Erde. Die Rede ist von der Antarktis und die tiefste überhaupt jemals auf der Erde gemessene Temperatur wurde im Jahre 1983 an der russischen Forschungsstation Vostok gemessen, sie betrug -89,6° Celsius.[90] Man kann sich also gut vorstellen, dass nicht nur das Bereisen dieses Kontinents als Tourist weitgehend unmöglich ist, sondern dass auch seine Erforschung von Anfang an mit extremen Schwierigkeiten verbunden war und die Expeditionen immer wieder vor unüberwindliche Herausforderungen stellte.

Das wurde erst ein wenig einfacher, als eine Erkundung aus der Luft möglich war. Diese neue Ära begann im Jahr 1928 mit den Expeditionen des Australiers Hubert Wilkins. Dieser führte am 16. November 1928 den weltweit ersten Motorflug in der Antarktis durch und überflog am 20. Dezember 1928 die Antarktische Halbinsel. Zwischen Dezember 1929 und Januar 1930 unternahm er gemeinsam mit anderen Piloten weitere Flüge über dem antarktischen Festland, doch einen größeren Fortschritt erzielte der Amerikaner Richard Evelyn Byrd auf seiner ersten Antarktis-Expedition, als er mit dem Piloten Bernt Balchen am 29. November 1929 den Südpol erreichte.

Auch wenn die von Dezember 1946 bis April 1947 stattfindende, von Byrd geleitete „Operation Highjump" ein militärisches Manöver der U.S. Navy war, so war ihr offizieller Zweck die Erforschung des Kontinents. Mit einer Beteiligung von über 4.000 Menschen, 13 Schif-

---

[90] https://www.umweltbundesamt.de/themen/nachhaltigkeit-strategien-internationales/antarktis/die-antarktis/das-klima-der-antarktis

fen und 23 Flugzeugen war es die größte Antarktisexpedition der Geschichte. In ihrem Verlauf wurde der Stützpunkt „Little America IV" im McMurdo-Sund errichtet, von wo die Erkundungsflüge starteten, bei denen mehr als 70.000 Luftbildaufnahmen entstanden. Byrds Expeditionen kann man als Basis für die moderne Kartierung und Erforschung der Antarktis bezeichnen.[91,92]

Richard E. Byrd war ein angesehener Offizier, er hatte die Militärschule Virginia durchlaufen und befehligte während dem ersten Weltkrieg die amerikanischen Seestreitkräfte in den kanadischen Gewässern. Darüber hinaus war er ein angesehener und erfolgreicher Polarforscher, ein seriöser Mann, der mit beiden Füßen fest im Leben stand. Doch passen dazu die Gerüchte, dass er im Verlauf der Expedition mit dem Flugzeug durch eine Öffnung am Südpol in die „Innere Erde" geflogen sei? Nein – sollte man meinen, doch schauen wir uns einmal näher an, wie diese fantastischen Erzählungen überhaupt zustande kamen. Er hat der Nachwelt offenbar ein Tagebuch hinterlassen, in dem er seine Erlebnisse festgehalten hat, nachdem ihm nach einer Sitzung im Pentagon am 2. März 1947 verboten worden war, darüber zu reden. Über dieses Tagebuch gibt es zahlreiche Veröffentlichungen und Videos auf YouTube. Wir haben eine der Quellen ausgewählt, in welchen der Text nachzulesen ist und wollen einige Teile daraus hier wiedergeben, um die Zusammenhänge mit unseren bisherigen Ausführungen anhand der eingefügten Kommentare deutlich zu machen:[93]

„Dieses Tagebuch werde ich im Geheimen und Verborgenen schreiben. Es enthält meine Aufzeichnungen über meinen Arktis-Flug VOTA 19. Februar 1947. Ich bin sicher, es kommt die Zeit, wo alle Mutmaßungen und Überlegungen des Menschen zur Bedeutungslosigkeit verkümmern und er die Unumstößlichkeit der offensichtlichen Wahrheit anerkennen muss. Mir

[91] https://de.wikipedia.org/wiki/Antarktis
[92] https://de.wikipedia.org/wiki/Operation_Highjump
[93] https://www.cash.ch/sites/default/files/public/forum/attachments/2014/12/hohleerde_byrdtagebuch.pdf

ist die Freiheit versagt, diese Aufzeichnungen zu veröffentlichen und vielleicht werden sie niemals ans Licht der Öffentlichkeit gelangen. Aber ich habe meine Aufgabe zu erfüllen, und das was ich erlebt habe, werde ich hier niederschreiben. Ich bin zuversichtlich, dass dies alles gelesen werden kann, dass eine Zeit kommen wird, wo die Gier und die Macht einer Gruppe von Menschen die Wahrheit nicht mehr aufhalten kann.

Aus dem Bordbuch

Wir haben erhebliche Luftturbulenzen. Wir steigen auf eine Höhe von 2.900 Fuß (ca. 900 Meter). Die Flugbedingungen sind wieder gut. Es sind riesige Schnee- und Eismassen unter uns zu sehen. Wir bemerken eine gelbliche Verfärbung des Schnees unter uns. Die Verfärbung hat ein gerades Muster. Wir gehen tiefer, um das Phänomen besser in Augenschein nehmen zu können. Nun können wir verschiedene Farben erkennen. Wir sehen auch rote und lila Muster. Wir überfliegen das Gebiet noch zweimal, um dann wieder auf unseren bisherigen Kurs zurückzukommen. Beide, der Kreisel- wie auch der Magnetkompass drehen sich und vibrieren. Wir können Standort und Richtung mit unseren Instrumenten nicht mehr überprüfen. Uns bleibt nur noch der Sonnenkompass. Mit ihm können wir die Richtung halten. Alle Instrumente funktionieren nur noch zögerlich und überaus langsam.

Wir können vor uns Berge erkennen. Wir gehen wieder auf 2.900 Fuß. Wir kommen wieder in kräftige Turbulenzen. Vor 29 Minuten haben wir die Berge zum erstenmal gesehen. Wir haben uns nicht geirrt. Es ist ein ganzer Gebirgszug. Er ist nicht sonderlich groß. Ich habe ihn noch niemals vorher gesehen. Inzwischen sind wir direkt über dem Gebirgszug. Wir fliegen geradeaus weiter, immer in Richtung Norden. Hinter dem Gebirgszug liegt wahrhaftig ein kleines Tal. Durch das Tal windet sich ein Fluss. Wir sind erstaunt: hier kann doch kein grünes Tal sein. Hier stimmt doch einiges nicht mehr. Unter uns müssten Eis- und Schneemassen sein.“

Was zunächst wie ein ganz normaler Bericht über einen Flug über die Eiswüste beginnt, bei dem eine seltsame Bodenstruktur aufgefallen ist, wandelt sich plötzlich und der Text lässt die Überraschung der Flugzeugbesatzung erkennen. Doch diese sollte noch größer werden:

„Backbord sind die Berghänge mit großen Bäumen bewaldet. Unsere komplette Navigation ist ausgefallen. Der Kreiselkompass pendelt ununterbrochen hin und her. Ich gehe jetzt auf 1.550 Fuß (ca. 479 Meter) herunter. Ich ziehe das Flugzeug scharf nach links. Nun kann ich das Tal unter uns besser sehen. Ja, es ist grün. Es ist mit Bäumen und Moosen/Flechten bedeckt. Es herrschen hier andere Lichtverhältnisse. Ich kann die Sonne nicht mehr sehen."

An dieser Stelle muss man bereits hellhörig werden, wenn man unsere Schilderungen aufmerksam gelesen hat, die auf eigenen Erfahrungen und denen von Freunden und Kollegen beruhen. Die Navigation war ausgefallen! Nun muss man natürlich wissen, dass diese im Jahr 1947 noch nicht mittels GPS-Satelliten erfolgte, sondern dass Kompass und Kreiselkompass die gängigen Instrumente waren, um den Kurs zu bestimmen. Aber auch Magnetanomalien haben wir schon erlebt und laut Byrds Tagebuch war die komplette Navigation ausgefallen, also auch andere Instrumente. Und es kommt noch heftiger:

„Wir machen erneut eine Linkskurve. Jetzt erblicken wir unter uns ein großgewachsenes Tier. Es könnte ein Elefant sein. Nein! Es ist unglaublich, es sieht aus wie ein Mammut. Aber es ist in Wahrheit so. Wir haben unter uns ein ausgewachsenes Mammut. Ich gehe jetzt noch tiefer. Wir sind jetzt bei einer Höhe von 1.000 Fuß (ca. 305 Meter). Wir schauen uns das Tier mit dem Fernglas an. Nun ist es sicher – es ist ein Mammut oder ein Tier, das dem Mammut sehr ähnlich ist. Wir funken die Beobachtung an die Basis. Wir überfliegen inzwischen weitere kleinere, bewachsene Berge. Ich bin inzwischen völlig erstaunt. Hier stimmt einiges nicht mehr. Alle Instrumente funktionieren wieder. Es ist warm geworden. Wir haben 74 Grad Fahrenheit (ca. 23 Grad Celsius) auf der Anzeige. Wir halten unseren Kurs. Wir können unsere Basis nicht mehr erreichen, da jetzt der Funk ausgefallen ist. Das Gelände unter uns wird immer flacher. Ich weiß nicht, ob ich mich richtig ausdrücke, aber es wirkt alles völlig normal, und vor uns liegt ganz deutlich eine Stadt!!! Das ist nun wirklich unmöglich.

Alle Instrumente fallen aus. Das ganze Flugzeug kommt leicht ins Tau-
meln! Mein GOTT! Backbord und Steuerbord tauchen auf beiden Seiten
eigenartige Flugobjekte auf. Sie sind sehr schnell und kommen längs. Sie
sind so nah, dass ich deutlich ihre Kennzeichen sehen kann. Es ist ein in-
teressantes Symbol, von dem ich nicht sprechen will ... "

Nun ist also zunächst der Funk ausgefallen, später alle Instrumente.
Auch so weit passt seine Aufzeichnung noch zu unseren Erfahrungen,
doch dann wird es schon so fantastisch, dass man leicht geneigt ist, an
der Urteils- und Wahrnehmungsfähigkeit der Piloten zu zweifeln. Was
haben die gesehen oder erlebt? Es folgen Schilderungen einer Begegnung, die Flugzeugbesatzung wird angesprochen und „auf unserem
Gebiet" willkommen geheißen. Byrd weiß offenbar sehr genau, dass
ihre Erlebnisse sehr unglaubwürdig erscheinen werden, was aus seiner
Formulierung zu erkennen ist:

„... Es ist unbeschreiblich, phantastischer als alle Phantasie, und wenn
ich es nicht selber erlebt hätte, würde ich es als völlige Verrücktheit be-
zeichnen. Wir beide, mein Funker und ich, werden aus dem Flugzeug ge-
führt und überaus freundlich empfangen, dann führt man uns zu einer
gleitenden Scheibe, die sie hier als Fortbewegungsmittel benutzen. Sie hat
keinerlei Räder. Mit enormer Schnelligkeit nähern wir uns der schimmern-
den Stadt. Die Farbenpracht der Stadt scheint von dem kristallähnlichen
Material, aus welchem sie gebaut worden ist zu kommen. Bald halten wir
vor einem imposanten Gebäude. Solch eine Architektur habe ich bisher
nirgends gesehen. Sie ist mit nichts vergleichbar ... "

Es klingt in der Tat ziemlich abgefahren, aber haben wir nicht ähnliche Berichte schon gelesen, von Menschen, die seltsamen Wesen begegnet sind, die sie in Höhlen im Untersberg oder auch in anderen Gegenden geführt haben? Sie bekommen zu essen und zu trinken, auch
das kennen wir aus diesen Überlieferungen. Es gibt dort einen Fahrstuhl und Türen, die ohne Geräusche aufgleiten und man weiß, wer sie
sind. Man sagt ihnen, sie befänden sich jetzt im Reich der Arianni, im
Inneren der Welt. Sie erhalten Ratschläge und Empfehlungen zur Zu-

kunft der Erde, düstere Zukunftsprophezeiungen, aber auch die Aussicht auf eine bessere, neue Welt wird ihnen mit auf den Weg gegeben. Sind es spirituelle Fantastereien oder hatten Byrd und sein Funker hier eine ganz besondere Begegnung?

Leider ist der Bericht des Admirals in den Archiven nicht mehr vorhanden, er ist offenbar aus allen Archiven entfernt worden. Bleibt als Beleg aber noch der Funkbericht, der während des Fluges live im Radio übertragen wurde. Das ist zwar schon lange her, aber Hartwig Hausdorf zitiert in seinem Buch „Grenzerfahrungen"[94] den Bericht einer Ohrenzeugin, die sich noch sehr gut an die Übertragung erinnern und über 40 Jahre später, in den 1970er Jahren, noch viele Details wiedergeben konnte. So erzählte sie damals: *„Nun wurde die Übertragung klarer, und deutlich war die Stimme des Admirals zu hören. Der sagte ganz unvermittelt: 'Schau! Siehst du es? Da unten ist ja Gras! Saftiges Gras! Wie grün es da ist. Dort sind überall Blumen ... sie sind wunderschön. Und sieh dir die Tiere an. Sie sehen wie Elche aus ... Das Gras reicht ihnen fast bis an den Bauch. Und schau doch: Da sind ja auch Menschen! Sie scheinen ganz erstaunt zu sein, ein Flugzeug zu sehen.'"* Danach ertönten Störgeräusche und es folgte ohne weiteren Kommentar eine Musikübertragung.

Der Inhalt des Tagebuchs wird immer wieder als Beleg für die Existenz einer „Inneren Erde" angeführt, doch wir stellen uns die Frage, was ist diese Innere Erde überhaupt? Ist es wirklich – wie viele annehmen – eine Welt unter der unseren, zu der es Zugänge gibt? Anhand der Aufzeichnungen von Admiral Byrd könnte man doch eher vermuten, dass die beiden durch ein Portal geflogen waren und sich vorübergehend in einer anderen Zeit oder gar einer anderen Dimension befanden.

Die Tatsache, dass sehr wenige Menschen sich in das ewige Eis begeben und daher ähnliche Berichte Mangelware sind, öffnet natürlich auch Spekulationen Tür und Tor. Ein Whistleblower berichtet von einer Alien-Basis, die dort gemeinsam mit den USA betrieben wird und

---

[94] Hartwig Hausdorf: Grenzerfahrungen, Groß-Gerau 2019

Berichte über UFOs sind an der Tagesordnung, selbstverständlich meist aus dritter Hand. Dies ist alles sehr schwer nachzuprüfen in solch einer unwirtlichen Region. Dennoch bestehen auch hier Parallelen zu Berichten in zugänglicheren Gegenden, wir erinnern nur an die Basis der Extraterrestrier bei der Domaine an der Salsquelle oder die UFO-Sichtungen am Untersberg oder anderen Regionen, in welchen es Überlieferungen und Legenden gibt, die auf Portale schließen lassen.

Ein Bericht jedoch liefert ein weiteres Indiz dafür, dass Admiral Byrd in seinem Tagebuch eine wahre Begebenheit festgehalten hat. Es ist die tragische Geschichte des 26 Jahre alten Physikers Carl Robert Disch, der im Jahr 1965 in der Byrd Forschungsstation an ionosphärischen Studien arbeitete. Am Morgen des 8. Mai wollte zur 2,1 Kilometer entfernten Hauptstation gehen, wo er nie ankam (anderen Angaben zufolge waren es nur 1,5 Kilometer).[95] Eine groß angelegte Suchaktion blieb erfolglos, auch die Hunde konnte keine Spur aufnehmen. In den folgenden Tagen fiel die Temperatur bis auf -79° Fahrenheit, was etwa -62° Celsius entspricht und die Suche erschwerte, die am 14. Mai abgebrochen wurde. Sein Körper wurde nie gefunden und Daniel Loose berichtet in seinem Artikel, dass auch Dischs Husky einige Tage später spurlos verschwunden sei. Auch die Angaben zum Wetter und den Temperaturen differieren in den verschiedenen Berichten.[96] Das mysteriöse Verschwinden von Disch wird hingegen überall bestätigt.

Aber auch wenn wir jetzt nicht mal gerade eine Exkursion in die Antarktis planen können – private Expeditionen sollen derzeit angeblich sogar verboten sein, was wieder zu neuen Spekulationen führt – können wir einen Blick dorthin werfen, was erst seit einigen Jahren möglich ist. Es gibt heute Werkzeuge, derer sich Menschen bedienen, um Anomalien aufzufinden, zum Beispiel die Software Google Earth,

---

[95] Daniel Loose: Missing 411 – Spurensuche auf fünf Kontinenten, in NEXUS Magazin Ausgabe 84 (2018), auch hier: https://www.nexus-magazin.de/artikel/lesen/missing-411-spurensuche-auf-fuenf-kontinenten
[96] Weitere Details siehe: https://www.southpolestation.com/trivia/igy2/disch.html

mit der man fast in jeden Winkel der Erde schauen kann. Und tatsächlich kann man damit auch einiges in der Antarktis finden, bis hin zu Strukturen, die einem Eingang in die Erde ähneln oder Gebilden, die an Ruinen vorzeitlicher Kulturen erinnern. So zum Beispiel eine unerklärliche „Mauer", die sich über 488 Meter schnurgerade dahinzieht.

Abb. 52: Solche Strukturen erscheinen rätselhaft, sind es Hinweise auf künstliche Bauwerke oder geologische Anomalien? [97]

Wenn man ein wenig Zeit aufwendet und im Internet recherchiert, so stößt man auf eine Vielzahl von Beiträgen mit sehr spekulativen Theorien über die Antarktis. Dabei wird auch auf wissenschaftliche Aussagen Bezug genommen, für die aber keine Primärquellen angegeben werden. Aber es ist tatsächlich so, dass die Antarktis noch viele Naturphänomen und -wunder aufzuweisen hat, die bis heute nicht erklärt sind. Am 16. April 2018 berichtete der Betreiber einer Website

---

[97] Google Earth © 2020 Maxar Technologies, Bildaufnahmedatum 11/6/2009, Koordinaten: 74°10'25.01 S 164°55'18.07 O

über ein Ereignis, das ohne weiteres in diese Kategorie fallen könnte.[98] Daher haben wir recherchiert und haben hier zumindest einen Hinweis auf die Primärquelle gefunden. Demnach soll in der russischen Tageszeitung Prawda vom 1. März 2004 ein Artikel von Olga Zharina abgedruckt gewesen sein, in dem über einen Vorfall aus dem Jahr 1995 berichtet wird.[99]

Damals entdeckten amerikanische und britische Wissenschaftler während ihrer Arbeiten in der Antarktis etwas Außergewöhnliches. Am 27. Januar bemerkten laut US-Physikerin Mariann McLein die Forscher am Himmel einen sich drehenden grauen Nebel über dem Pol, den sie für einen Sandsturm hielten. Doch der Nebel änderte seine Form nicht und bewegte sich nicht von der Stelle. Die Forscher versuchten, dem Phänomen nachzugehen und ließen einen Wetterballon mit verschiedenen Messgeräten in die Höhe. Doch der Ballon schnellte in die Höhe und verschwand. Mit Hilfe des Seils holten die Forscher ihn wieder herunter. Sie waren total überrascht, als sie auf dem Chronometer des Ballons das Datum 27. Januar 1965 erblickten – genau 30 Jahre in der Vergangenheit. Das Experiment wurde mehrmals wiederholt, nachdem man das Equipment auf seine Funktionalität untersucht hatte. Doch jedes Mal zeigte der Chronometer nach dem Herunterholen des Ballons dasselbe Datum der Vergangenheit. Die Forscher sprachen vom „time gate" und es folgte eine staatliche Untersuchung des Vorfalls, angeblich durch CIA und FBI. Es folgten Spekulationen, dass der Wirbelkrater über dem Südpol ein Zeittunnel sei. Gerüchten zufolge sollen sogar schon Experimente mit Freiwilligen unternommen worden sein und CIA und FBI hätten versucht, die Kontrolle über das Projekt zu bekommen.

Einen wissenschaftlichen Bericht über diese Forschungen konnten wir nicht finden, was bei dem Sachverhalt kein Wunder sein mag. Es

---

[98] https://www.pravda-tv.com/2018/04/mission-horizont-zeitanomalien-in-arktis-und-antarktis/
[99] https://enigmose.com/antarctic-time-gate.html

gibt Einträge auf internationalen Seiten, zum Beispiel auf der italienischen Website *Secreti e Misteri* unter der Rubrik „Verschwörungen".[100] Daher können wir nicht sagen, ob sich das wirklich so zugetragen hat. Aber wenn ja, so wäre es ein weiteres Indiz dafür, dass Admiral Byrd keinen Fantasien aufgesessen war.

Abb. 53: Gibt diese Google Earth Aufnahme des Südpols mit dem fehlenden Segment einen Hinweis darauf, dass hier – wie immer wieder behauptet wurde – etwas verdeckt wird, was man nicht sehen soll?[101] Ein Bildaufnahmedatum wird nicht eingeblendet und auf historischen Bildern ist nichts erkennbar.

---

[100] https://www.segretiemisteri.com/2017/06/team-di-scienziati-scopre-una-porta-spazio-temporale-in-antartide/
[101] Google Earth © Image PGCNASA

Ein Paralleluniversum und das FBI

Auch wenn es einige Indizien gibt, welche die Geschichte von Admiral Byrd untermauern, so erscheint sie doch so manchem, der sie hört, immer noch unglaubwürdig. Ein Loch – respektive ein Portal – am Südpol, durch welches man in eine andere Welt gerät, das klingt doch sehr nach Science Fiction und ist für viele Köpfe unvorstellbar. Da sollte man meinen, das würde von Wissenschaftlern allenthalben als Spinnerei abgetan. In der Tat haben wir grenzwissenschaftlichen Forscher in der Regel nicht viel Unterstützung von dieser Seite bei unserer Arbeit. Doch während wir noch mit den Recherchen für dieses Buch beschäftigt waren, ging am 18. Mai 2020 eine Meldung durch die Medien, die wir zunächst nicht recht glauben wollten: *„Wissenschaftler sehen Hinweise für ein umgekehrtes Paralleluniversum"*. Was steckte dahinter?

Eigentlich sind die Forscher und Forscherinnen der „Antarctic Impulsive Transient Antenna" (ANITA) dort schon seit längerem auf der Suche nach Neutrinos, also hochenergetischen Teilchen aus dem All. Dabei hatten sie mit Hilfe einer Ballonsonde der NASA zwei Teilchenspuren eingefangen, die um ein Vielfaches energiereicher als alle bislang registrierten Spuren waren. Aber statt von oben, also aus dem All, schien das Signal eines schwereren so genannten Tau-Neutrinos aus dem Boden, also von unten, gekommen zu sein. 2016 hatte ANITA erneut ein nahezu gleiches Signal geortet und danach noch weitere. Das würde bedeuten, dass sie durch die Erde kämen, damit würden sie allen Vorhersagen des Standardmodells widersprechen. Jedoch bestätigen sie frühere Messungen mit dem Neutrinodetektor IceCube, was für die Richtigkeit der Messung sprach.[102, 103] Seither waren alle Erklärungsansätze für die unmöglichen Eigenschaften der Signale auf der Grundlage

---

[102] https://www.grenzwissenschaft-aktuell.de/extrem-energiereiche-neutrino-signale-widersprechen-standardmodell-der-teilchephysik20181004/
[103] https://www.grenzwissenschaft-aktuell.de/wissenschaftler-sehen-hinweise-fuer-ein-umgekehrtes-paralleluniversum20200518/

der uns bekannten Physik gescheitert, die Wissenschaftler standen vor einem Rätsel.

Drei Szenarien waren möglich: Entweder es handelte sich um fehlerhafte Messungen. Eine weitere Lösung wäre nach Peter Gorham, dem Leiter der Forschungen, dass sich ein Neutrino auf seinem Weg aus dem All durch die Erde in ein anderes Teilchen verwandelt und seine Richtung umgekehrt haben müsste. Die Wahrscheinlichkeit für diesen zwar theoretisch möglichen Vorgang beziffert der Wissenschaftler auf „geradezu gleich Null" – nicht zuletzt, weil ANTIA nicht nur ein solches Ereignis, sondern gleich mehrere registrierten konnte, was für diesen seltenen Vorgang unmöglich erscheint.

Nun verbleibt noch eine Erklärung, nämlich die "einfachste", vermutlich aber auch zugleich die exotischste und kontroverseste überhaupt. Die aufgefangenen Partikel könnten aus einem Paralleluniversum stammen, in dem alles genau andersrum abläuft wie in unserem eigenen: „Oben ist unten, rechts ist links und sogar die Zeit läuft – aus unserer Perspektive betrachtet – rückwärts." Diese Konsequenzen wären laut Ibrahim Safa von der University of Wisconsin-Madison geradezu unglaublich: Wir hätten entweder etwas total Langweiliges, nämlich einen Messfehler – oder wir sind auf etwas völlig Faszinierendes und Sensationelles gestoßen. Oder wie es Peter Gorham gegenüber dem ‚New Scientist' ausdrückte: „Wir wissen noch nicht, wie wir es erklären sollen, aber wir haben etwas!"

Könnte es also dort in der Antarktis tatsächlich ein Paralleluniversum geben? Diese Annahme führte erwartungsgemäß unter den Physikern zu großen Diskussionen. Eine sehr sachliche Zusammenfassung darüber findet sich im ‚Forbes' Magazin[104], doch letztlich ist die Frage immer noch offen, und natürlich ist eine klar, sie haben keine Beweise für ein Paralleluniversum gefunden. Vielleicht gibt es noch weitere

---

[104] https://www.forbes.com/sites/jamiecartereurope/2020/05/21/has-nasa-found-a-parallel-universe-where-time-flows-backwards-the-truth-behind-the-headlines/?sh=243558ca646d

Erklärungsmöglichkeiten? So diskutierte man auch bislang unbekannte Eigenschaften des Antarktiseises und deren Auswirkungen auf Neutrinos, es könnte also sein, dass dieses spezielle Eis auf eine noch unbekannte Weise mit den Teilchen interagiert. Sollte das so sein, wären die Forscher damit auf ein weiteres naturwissenschaftliches Rätsel der Antarktis gestoßen, welches zu lösen wäre.

Wenn es aber eine Parallelwelt dort gibt, so ist immer noch die Frage offen, wie wir uns das vorzustellen haben. Bisher sind die einzigen physikalischen Hinweise darauf diese Neutrinos, die mit einem Energiewert von 0,6 Exaelektronenvolt (EeV) um das 200-fache stärker als die IceCube-Signale waren. Doch woher kommen die UFOs, Mammuts, Bilder und Gegenstände, deren Existenz wir gerade versuchen mit den Portalen zu erklären? Diese werden doch nicht von einzelnen Neutrinos, welche aus der falschen Richtung kommen, projiziert. Da besteht also noch einiger Erklärungsbedarf für die Physiker und wie wir an diesem Beispiel gesehen haben, gibt es auch etliche unter ihnen, die diese Herausforderung gerne annehmen.

Wer könnte sich noch für diese Portale interessieren – das FBI vielleicht? Das klingt jetzt zunächst hypothetisch – ja fast schon nach einer Verschwörungstheorie, von denen es heute doch so viele gibt. Aber tatsächlich erreichte uns vor einigen Wochen eine Mail von Kollegen mit einem Hinweis auf eine Seite des FBI, auf der angeblich Details zu Untersuchungen über die Herkunft von UFOs veröffentlicht sind. Das wollten wir natürlich genauer wissen, denn wir konnten es kaum glauben. Also riefen wir als erstes den angegebenen Link auf und waren noch skeptisch, was uns hier jetzt wohl erwarten würde:

https://vault.fbi.gov/UFO/UFO%20Part%201%20of%2016/view [105]

Wenn man hier den Button „About us" anklickt, kommt man direkt zur offiziellen Seite des FBI. Diese ist grafisch komplett anders aufgebaut und einen Button, der von hier zur Unterseite „Vault" führt, sucht

---

[105] Zu finden auf der Seite „Vaults": https://vault.fbi.gov/

man vergeblich. Wenn man also die FBI-Seite besucht, ist nicht offenkundig, dass es diesen „Tresor" gibt. Wenn man aber den Suchbegriff „Vault" eingibt, wird man dorthin geleitet und kann folgendes lesen:

„Der Tresor ist unsere neue FOIA-Bibliothek, die 6.700 Dokumente und andere Medien enthält, die von Papier in digitale Kopien gescannt wurden, damit Sie sie bequem von zu Hause oder vom Büro aus lesen können. Hier sind viele neue FBI-Dateien enthalten, die der Öffentlichkeit zugänglich gemacht, aber nie zu dieser Website hinzugefügt wurden. Dutzende von Datensätzen, die zuvor auf unserer Website veröffentlicht, aber entfernt wurden, als die Anfragen abnahmen; Dateien aus unserer vorherigen FOIA-Bibliothek sowie neue, zuvor unveröffentlichte Dateien."

Die Seite ist sehr komfortabel, man kann die Sprache festlegen, nach Stichworten suchen oder unter einer Reihe von Kategorien auswählen. Darunter sucht man zwar die „UFOs" vergeblich, doch wenn auf „Unerklärliche Phänomene" klickt, findet man ziemlich weit oben eine Akte zu „Majestic 12", hier haben sich die Flugobjekte also versteckt. Jede Seite trägt einen „Top Secret" Stempel, ist aber diagonal mit dem Wort „BOGUS" – also Schwindel – überschrieben. Vielleicht nur für die Öffentlichkeit? Doch wir wollen dem hier nicht weiter nachgehen, denn wir waren ja auf der Suche nach einem anderen Dokument. Dieses finden wir auch unter dem genannten Link, die 69 Seiten starke Akte ist tituliert mit „UFO SECTION", also „Kapitel UFO". Darin findet man eine Reihe von mit Schreibmaschine geschriebenen, kaum mehr lesbaren Seiten, die offenbar Berichte über UFO-Sichtungen enthalten, wenn wir die halbwegs lesbaren Worte richtig entziffert haben. Es sind offenbar einzelne Dokumente, zum Teil unterzeichnet von Personen mit militärischem Rang, zum Beispiel „William R. Graham, Major, Air Corps, Deputy AC ..." Ein Teil der Seiten trägt einen Stempel (Eingangsstempel?) des „Federal Bureau of Investigation ... San Francisco" vom August 1947, also des FBI. Es scheint sich um eine Art Fallsammlung zu handeln, denn die Akte beinhaltet auch Zeitungsausschnitte über UFO-Sichtungen.

Abb. 54: Die Akte im „Tresor" des FBI ist teilweise sehr schlecht lesbar.

Nach etlichen Seiten werden die Akten lesbarer. Auch Schriftwechsel findet sich darin, so ein Schreiben, im dem einem gewissen ... (Name geschwärzt) der Empfang seines Schreibens vom 10. Juli 1947 nebst Anlagen bestätigt wird und erklärt wird: *„Soweit die von Ihnen bereitgestellten Informationen für das Kriegsministerium von Interesse sind, habe ich mir die Freiheit genommen, sie der Agentur zur Prüfung zur Verfügung zu stellen."* Unterzeichnet ist dieses Schreiben von John Edgar Hoover (Director) persönlich, der zu diesem Zeitpunkt bis zu seinem Tod 1972 der erste Direktor des FBI war. Es muss sich also um eine wichtige Angelegenheit gehandelt haben, mit der sich das FBI da beschäftigte. Das ist auch aus einer Anordnung vom 30. Juli 1947 zu schließen, wonach alle Berichte über „Fliegende Scheiben" von Außenstellen untersucht werden sollten.

Man untersuchte offenbar alles Unbekannte, was herumflog, und das schien eine ganze Menge zu sein. Dabei waren auch ein kleineres, mit Heckruder und Elektromotor ausgestattetes Modell, das man zur Untersuchung brachte, das aber wohl keine Ähnlichkeit mit einem UFO aufwiesen – und das man anschließend dem Finder wieder überließ, weil er sich offenbar Publicity von dem Fund versprach. Dass man im Sommer 1947 plötzlich so sensibel war, ist kein Wunder, lag doch der Roswell-Zwischenfall am 14. Juni des Jahres noch nicht so weit zurück. Bis heute wird von offizieller Seite abgestritten, dass damals ein abgestürztes UFO geborgen worden ist, obwohl vieles darauf hindeutet.[106] Das Thema UFO war offenbar seitdem an höchster Stelle der Ermittlungsbehörden angesiedelt. Fernschreiben mit dringenden – oder vermeintlich dringenden – sind hier archiviert, man ging jedem Hinweis und Gerücht nach und die Kriminalisten ermittelten sorgfältig.

Diese Akte ist geeignet, eine umfangreiche Publikation über den Wahrheitsgehalt von UFO-Sichtungen im Jahr 1947 zu erstellen, aber das ist überhaupt nicht unser Ziel in diesem Buch. Aber warum gehen wir dann so detailliert auf deren Inhalt ein? Was unsere Aufmerksamkeit auf sich gezogen hatte, war eine „Mitteilung von Bedeutung", Seite 22 der Akte, mit folgendem Text:

„Dieses Memorandum richtet sich respektvoll an bestimmte Wissenschaftler von Rang, an die wichtigen Luftfahrt- und Militärbehörden, an eine Reihe von Amtsträgern und an einige wenige Publikationen.

Der Autor hat wenig Erwartung, dass durch diese Geste etwas Wichtiges erreicht wird. Die Tatsache, dass die hierin enthaltenen Daten mit so genannten übernatürlichen Mitteln erhalten wurden, ist wahrscheinlich unzureichend genug, um sicherzustellen, dass sie von fast allen angesprochenen Personen missachtet werden. Trotzdem scheint es eine öffentliche Pflicht zu sein, sie zur Verfügung zu stellen. (Der Verfasser hat mehrere Universitätsabschlüsse und war früher Leiter einer Universitätsabteilung.)

---

[106] Philip Mantle: Roswell 1947 und der Alien Autopsie Film, Groß-Gerau 2012

San Diego 4, Calif.

O   O _ 6751

THE ROUND ROBIN   THE FLYING ROLL

San Diego, California, July 8, 1947 -

(For your Information)   - A MEMORANDUM OF IMPORTANCE -

THIS MEMORANDUM is respectfully addressed to certain scientists of distinction to important aeronautical and military authorities, to a number of public officials and to a few publications.

The writer has little expectation that anything of import will be accomplished by this gesture. The more fact that the data herein were obtained by so-called supernormal means is probably sufficient to insure its disregard by nearly all the persons addressed; nevertheless it seems a public duty to make it available. (The present writer has several university degrees and was formerly a university department head).

A very serious situation may develop at any time with regard to the "flying saucers." If one of those should be attacked, the attacking plane will almost certainly be destroyed. In the public mind this might create near panic and international suspicion. The principal data concerning these craft is now at hand and must be offered, no matter how fantastic and unintelligible it may seem to minds not previously instructed in thinking of this type.

1. Part of the disks carry crews, others are under remote control.
2. Their mission is peaceful. The visitors contemplate settling on this plane
3. These visitors are human-like but much larger in size.

4. They are NOT excarnate earth people, but come from their own world.
5. They do NOT come from any "planet" as we use the word, but from an etheric planet which interpenetrates with our own and is not perceptible to us.
6. The bodies of the visitors, and the craft also, automatically "materialize" on entering the vibratory rate of our dense matter. (Cp. "apports.")

7. The disks possess a type of radiant energy, or a ray, which will easily disintegrate any attacking ship. They reenter the etheric at will, and so simply disappear from our vision, without trace.
8. The region from which they come is NOT the "astral plane", but corresponds to the Lokas or Talas. Students of esoteric matters will understand these terms.   INDEXED
9. They probably cannot be reached by radio, but probably can be by radar, if a signal system can be devised for that apparatus.

We give information and warning, and can do no more. Let the newcomers be treated with every kindness. Unless the disks are withdrawn, a situation menacing with which our culture and science are incapable of dealing. A heavy responsibility rests upon the few in authority who are able to understand this matter.

Addendum: The lokas are oval shape, fluted length
oval with a heat-resisting metal or alloy not yet k
the front edge contains the controls; the middle portion
laboratory; the rear contains armament, which consists essentially of a powerful r
energy apparatus, perhaps a ray

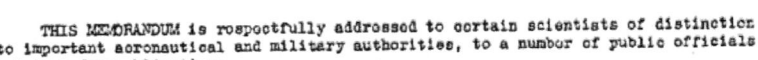

Abb. 55: Seite 22 des Dokuments aus dem „Tresor" des FBI – wer hat dieses Memorandum verfasst?

In Bezug auf die „Fliegenden Untertassen" kann sich jederzeit eine sehr ernsthafte Situation entwickeln. Sollte eine davon angegriffen werden, wird das angreifende Flugzeug mit ziemlicher Sicherheit zerstört. In der Öffentlichkeit könnte dies zu Panik und internationalen Verdächtigungen führen. Die wichtigsten Daten hierzu sind jetzt verfügbar und müssen angeboten werden, egal wie fantastisch und unverständlich sie für Köpfe erscheinen mögen, die zuvor nicht darin unterwiesen waren, in diese Richtung zu denken.

1. *Auf einem Teil der Scheiben befinden sich Besatzungen, andere sind ferngesteuert.*
2. *Die Mission ist friedlich. Die Besucher erwägen, sich in diesem Planeten niederzulassen.*
3. *Diese Besucher sind menschenähnlich, aber viel größer.*
4. *Sie sind KEINE exkarnierten Erdenmenschen, sondern kommen aus ihrer eigenen Welt.*
5. *Sie kommen NICHT von irgendeinem „Planeten" in dem Sinn, wie wir das Wort benutzen, sondern von einem ätherischen Planeten, der sich mit unserer eigenen durchdringt und für uns nicht wahrnehmbar ist.*
6. *Die Körper der Besucher und das Raumschiff materialisieren sich automatisch, wenn sie in die Schwingungsrate unserer dichten Materie eintreten.*
7. *Die Scheiben besitzen eine Art Strahlungsenergie oder einen Strahl, der jedes angreifende Schiff leicht auflöst. sie treten nach Belieben wieder in das Ätherische ein und verschwinden so einfach spurlos aus unserer Wahrnehmung.*
8. *Die Region, aus der sie stammen, ist nicht die Astralebene, sondern entspricht den <u>Lokas</u> oder <u>Talas</u>. In esoterischen Dingen Gebildete werden diese Begriffe verstehen.*
9. *Sie können wahrscheinlich nicht per Funk erreicht werden, aber wahrscheinlich per Radar, wenn ein Signalsystem für diesen Apparat entwickelt werden kann."*

Nun haben wir einen großen Ausflug in das Thema UFOs unternommen, aber ist auch insofern angemessen, weil bei Berichten über

Portale oftmals auch Leuchterscheinungen oder UFOs eine Rolle spielen. Faszinierend für unsere Arbeit finden wir in dem Memorandum des unbekannten Verfassers – Name geschwärzt, nur noch ein Teil seiner Anschrift ist lesbar – vor allem die Punkte 5. und 6. der Aufzählung. Punkt 5. deshalb, weil er hier in einem einzigen Satz erklärt, dass diese „Flying Saucers", wie man sie damals aufgrund ihrer Form nannte, nicht aus weiter Ferne, sondern aus einem Paralleluniversum oder einer Parallelwelt kommen, die neben der unseren Welt existiert. Sie müssen also über Portale in unsere Welt, Dimension, oder wie man es auch nennen mag, kommen.

Aber auch die Aussage in Punkt 6. kommt uns doch sehr bekannt vor. Lilor, der extraterrestrische Informant von Jean de Rignies an der Salsquelle, hat diesem erklärt, wie das funktioniert. Das ist insofern bemerkenswert, weil sowohl der Verfasser des Memorandums als auch Jean de Rignies ihre Informationen aus „übernatürlichen" Quellen erhalten haben. Jean konnte zu dem Zeitpunkt, als er seine Aufzeichnungen anfertigte, noch nichts von den Akten des FBI gewusst haben, weil diese damals noch unter Verschluss gehalten wurden. Andererseits konnte der Verfasser im Jahr 1947 nichts von dem gewusst haben, was Jean de Rignies Jahrzehnte später von einem Außerirdischen mitgeteilt bekam. Oder hatten beide die gleiche Quelle für ihre Informationen? Das erscheint uns am wahrscheinlichsten.

Man könnte zwar sagen, dass die FBI-Akte die Existenz Außerirdischer bestätigt, aber unsere Erwartung, dass die darin enthaltenen Aussagen hinsichtlich der Existenz von Parallelwelten auf wissenschaftlicher Basis erfolgten, wurde leider nicht erfüllt. Dennoch man hat sich dort mit der spektakulären Theorie auseinandergesetzt, wie man an dem Schriftstück ohne weiteres erkennen kann. Und so werden wir es auch weiter handhaben.

Wonach suchten Hitlers Schergen?

Im Juli 1938 erteilte das Deutsche Reich Kapitän Alfred Ritscher den Auftrag, eine Expedition in die Antarktis zu leiten. Deren Ziel wollte sein, in der Antarktis eine Basis für deutsche Walfangschiffe zu finden und gleichzeitig ein wissenschaftliches Programm entlang der Küste unter Berücksichtigung von Biologie, Meteorologie, Ozeanographie und Erdmagnetik durchzuführen sowie – etwa 10 Jahre nach Admiral Byrd – das Land durch Vermessungsflüge zu erkunden. Die Expedition verließ Hamburg am 17. Dezember 1938 und erreichte am 19. Januar 1939 das Arbeitsgebiet an der Prinzessin-Martha-Küste. Die „Schwabenland", ursprünglich ein Fracht- und Postschiff, war zu diesem Zweck gechartert und zum Forschungsschiff umgebaut worden.[107]

Die zwei zum Schiff gehörigen Flugboote konnten im Laufe von sieben Vermessungsflügen zwischen dem 20. Januar und 5. Februar 1939 eine Fläche von etwa 350.000 Quadratkilometern fotografisch kartographieren. Dabei kennzeichneten sie das bislang von keiner Nation beanspruchte Gebiet mit deutschen Hoheitszeichen und nahmen es damit für das Deutsche Reich in Besitz. Das Gebiet erhielt den Namen Neuschwabenland und bis heute haben sich Gerüchte, Legenden und Vermutungen gehalten, dass dort eine geheime Basis errichtet worden sei, wohin sich nach Kriegsende führende Nationalsozialisten zurückgezogen hätten und von dort aus mit Flugscheiben operierten. Wer im Internet danach sucht, erhält eine sechsstellige Zahl von Ergebnissen, deren Wahrheitsgehalt wir hier nicht prüfen können und wollen. Uns persönlich erscheinen diese Berichte zumindest sehr unwahrscheinlich. Jedoch sind wir der Frage nachgegangen, wodurch diese überhaupt zustande kommen konnten und heute noch geschürt werden.

Bei weiteren Flügen wurden besonders interessante Regionen gefilmt und Farbfotos angefertigt. Schiff und Flugboote brachten das Material am 11. April 1939 nach Deutschland, allerdings gingen von den

---

[107] https://de.wikipedia.org/wiki/Schwabenland_(Schiff,_1925)

Luftaufnahmen einige im Krieg verloren. Bekannt ist, dass der Kapitän der Boreas, Richard Heinrich Schirmacher, am 3. Februar 1939 vom Flugzeug aus die nach ihm benannte Schirmacher-Oase und das Wohlthat-Massiv entdeckt hatte. Bei der Suche auf Google Earth erhält man jedoch unter beiden Suchbegriffen kein Ergebnis. Auch Neuschwabenland taucht weder hier noch in neueren kartographischen Werken mehr auf, ist aber zumindest in der überarbeiteten Hausatlas-Ausgabe von 1964 noch zu finden.[108] Wenn man aber erst einmal herausgefunden hat, dass dort 1959 die russische Nowolasarewskaja-Forschungsstation errichtet wurde, ist die Schirmacher-Oase – eine bis zur Expedition unbekannte eisfreie Region – leicht aufzufinden. Es handelt sich um ein 25 Kilometer langes und bis zu 3 Kilometer breites, Hügelplateau mit über 100 Süßwasserseen in Küstennähe.[109]

Der Anblick dieser Seenplatte kam für die Piloten völlig unverhofft, so etwas hätten sie hier nicht erwartet und sie hatten keine Erklärung dafür. Heute bezeichnet man diese Landschaftsform als Frostschuttwüste, doch alle geographischen Geheimnisse dieses Fleckens Erde sind bis heute nicht gelüftet. Für Schirmacher lag das, was er hier sah, außerhalb seiner Vorstellungskraft. Wir können davon ausgehen, dass er auch die Schilderungen von Admiral Byrd kannte. Vielleicht wähnte er sich dem gleichen Phänomen gegenüber und hat einen Riesenschreck bekommen.

Er ist zwar nicht wie dieser in einer unterirdischen Welt verschwunden, doch seine Schilderungen und Fotos müssen in Deutschland ebenso großes Erstaunen hervorgerufen haben. Wurde durch diese Entdeckung das Interesse Adolf Hitlers geweckt? Glaubte er vielleicht, dass seine Expedition auf das Portal gestoßen war, von dem Byrd berichtet hatte und war die annektierte Region deshalb für ihn von so großem Interesse? Man sagt, dass der Bericht von der eisfreien Fläche auf großes Interesse gestoßen ist und dass schon weitere Expeditionen

---

[108] Westermann Hausatlas, Braunschweig 1958, überarbeitete Ausgabe 1964
[109] https://de.wikipedia.org/wiki/Schirmacher-Oase

in diese Region geplant waren, die aufgrund des im gleichen Jahr ausgebrochenen zweiten Weltkrieges nicht mehr stattfinden konnten.

Vermutlich waren das Gründe, die zur Legendenbildung von Neuschwabenland beigetragen haben, aber leider wissen wir nicht, was auf den geplanten Expeditionen erforscht werden sollte. Und es gab weitere Expeditionen in dieser Ära, die uns vor ähnliche Rätsel stellen. Am bekanntesten ist die von dem deutschen Zoologen Ernst Schäfer geleitete und von der SS-Organisation Ahnenerbe sowie von Heinrich Himmler geförderte Expedition nach Zentraltibet.[110] Sie dauerte von April 1938 bis August 1939 und alleine die Mutmaßungen über ihre Ziele alle aufzuführen, würde eine lange Liste ergeben, von der Suche nach kälteresistenten Getreidearten bis hin zu Spionage. Belegt ist, dass man nach Hinweisen auf die Ursprünge der „arischen Rasse" suchte und dass man Tausende von naturkundlichen Präparaten mit in die Heimat brachte, weshalb die Expedition auch als einer der umstrittensten Beutezüge der modernen Naturwissenschaft gilt.[111]

Es gab jedoch noch eine weitere schillernde Persönlichkeit dieser Zeit, die sich für den Fernen Osten interessierte. Es handelt sich um den 1869 in München geborenen Offizier und Geografen Karl Ernst Haushofer, der auch als „Zaubermeister der Nazis" bezeichnet wird. Er scheint aufgrund seiner umfangreichen Kenntnisse der östlichen Mystik die Aufmerksamkeit Hitlers auf sich gezogen zu haben und war wie Schäfer der Ansicht, dass das deutsche Volk aus Zentralasien stammt.[112] Aber sein Interesse galt noch einer anderen Legende: *„Er behauptete, 1905 während einer Reise durch Zentralasien von einer gewaltigen unterirdischen Siedlung unter dem Himalaya gehört zu haben, in der eine Rasse von Übermenschen hausen sollte. Der Name dieser Siedlung*

---

[110] https://de.wikipedia.org/wiki/Deutsche_Tibet-Expedition_Ernst_Sch%C3%A4fer
[111] https://www.spiegel.de/spiegel/nazis-in-tibet-die-abenteuerliche-himalaja-expedition-des-ernst-schaefer-a-1140406.html
[112] Alec Maclellan: Die verlorene Welt von Agharti, 1966, deutsche Ausgabe Rottenburg 1998, 2005 unter Bezugnahme auf: Louis Pauwels und Jacques Bergier: Aufbruch ins dritte Jahrtausend, Bern/Stuttgart 1962

lautete Agharti, der seiner Hauptstadt Shamballah ...“ Überlieferungen und Berichte über diese Städte im Inneren der Erde gibt es viele, auch aus anderen Regionen der Erde. Hartnäckigen Gerüchten zufolge soll sich ein Eingang nach dort sogar im Potala-Palast in Lhasa (Tibet) befinden, dessen Ursprünge im 7. Jahrhundert liegen und der die offizielle Residenz des Dalai Lama ist.

Hinweise auf diese Zusammenhänge finden sich häufig in esoterischen Werken oder in Aufsätzen ohne Quellenhinweise. Wir nennen hier stellvertretend den Artikel eines anonymen Verfassers „Die Innere Welt von Agarthi"[113], weil dieser zumindest einige Namen als vermeintliche Quellen seines Wissens nennt, unter anderem bezieht er sich auf Nicholas Roerich (1874 – 1947), einen russischen Maler, Schriftsteller, Archäologen, Wissenschaftler, Reisenden und Philosophen, der internationale Anerkennung genoss.[114] Sollte er auf der „wichtigsten Reise seines Lebens", einer Expedition in die abgelegenen Regionen Zentralasiens, Informationen über diese Eingänge erlangt haben? Dann wären diese Berichte nicht ganz aus der Luft gegriffen, wie oft aufgrund der vagen Quellenlage vermutet wird. Was suchten die Nationalsozialisten also tatsächlich in Asien oder speziell in Tibet? Den Ursprung der deutschen Rasse oder Eingänge in eine geheimnisvolle unterirdische Stadt? Vielleicht wussten sie aber auch, dass das gar keine Eingänge in „materiell" existierende Städte waren, sondern dass es sich in Wirklichkeit um Portale in andere Dimensionen oder Welten handelt, womit sie für ihre Belange noch wichtiger erscheinen würden.

Nun haben wir das Pferd ein wenig von hinten aufgezäumt, denn auf Karl Haushofers Behauptung, von Agharti zu wissen, sind wir erst im zweiten Anlauf gestoßen. Er war uns vorher nämlich bereits im Zusammenhang mit einer anderen Geschichte begegnet – wobei sich hier

---

[113] Anonymer Verfasser: Die Innere Welt von Agarthi, auf https://nano-pdf.com/download/die-theorie-von-der-festen-erdkugel_pdf#
[114] http://roerich-deutschland.de/nikolaj-roerich/

ein Kreis schließt: Es geht um das weiter vorn schon erwähnte Varrache-Dossier, in dem die Geschichte des Landes an der Salsquelle in den Pyrenäen aufgearbeitet ist. Eine Ausfertigung des Dokuments befindet sich im Besitz von Udo Vits, wo wir es einsehen konnten. In Auftrag gegeben wurde es nach Udos Kenntnisstand durch Jean de Rignies, der offenbar großes Interesse daran hatte, die Eigentumsverhältnisse dieses Areals zu klären. Doch war das der einzige Grund? Offenbar wurde es von einem guten Freund von Jean angefertigt, der Zugang zu vielerlei Informationen hatte, die anderen verschlossen waren. Es handelte sich dabei um den 1947 geborenen Verbindungsoffizier André Varrache. Zum damaligen Zeitpunkt (1977) arbeitete er nach Angaben von Renée Vanooteghems, der langjährigen Lebensgefährtin von Jean *„im Verteidigungsministerium und er hätte von dort aus auch auf Quellen zugreifen können, die ein normaler Mensch nicht einmal kennt.“* [115] Das Dossier zu erstellen war sehr aufwändig und Varrache hat dabei mit Sicherheit auch auf die erwähnten Quellen zurückgegriffen. Auch hat er es letztlich als amtliches Dokument gekennzeichnet.

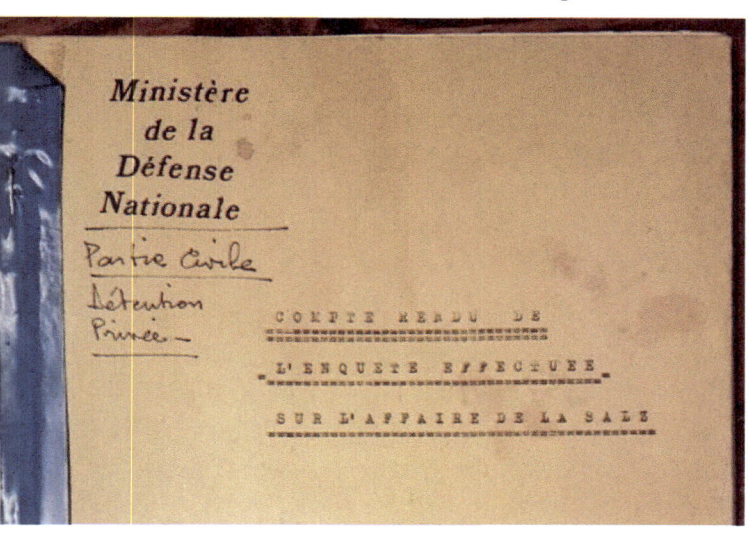

Abb. 56: Das Varrache-Dossier ist nach außen hin als Dokument des französischen Verteidigungsministeriums ausgewiesen.

---

[115] Informationen von Udo Vits, der sie mündlich über längeren Zeitraum hinweg von Renée Vanooteghems erhalten hat, die ihm auch die Unterlagen aus dem Archiv von Jean de Rignies überlassen hat.

Als wir die Seiten durchblätterten, stellten wir fest, dass diese nicht nur die uns bereits bekannte chronologische Auflistung der Eigentümer, der Umstände der Besitzwechsel usw. enthielten, sondern darüber hinaus noch Textteile, in welchen uns einige markante Worte ins Auge fielen. Da ging es offenbar nicht mehr um Eigentumsverhältnisse, sondern um andere Dinge. Um herauszufinden, was das war, benötigten wir also eine Übersetzung dieser Textstellen, die sich zu Hause dann mit einiger Mühe anfertigen ließ. Nach einem Abschnitt mit Daten um Vorgänge um einen gewissen Mr. Mognier, Vorsitzender des Verwaltungsrates der Explorationsgesellschaft S.A.T.E.A. – und nicht gerade unvermögend – folgen diese Ausführungen:

„Diese Analyse führt zu der folgenden Hypothese:

Herr Mognier verkaufte das Land der Sals um 1935 an eine in Spanien geborene Person mit spanischer oder deutscher Staatsangehörigkeit.

Diese Person stand auf höchster Ebene in Kontakt, entweder mit der Regierung von Vichy oder direkt mit Berlin. Zwei wichtige Dinge sollten beachtet werden: 1. Marschall Pétain hatte vor dem Krieg ein diplomatisches Amt in Spanien inne. 2. 1943 schenkte er dem General Franco den Schatz der Westgoten, der in Guarrazar bei Toledo gefunden und zuvor im Museum von Cluny in Paris ausgestellt worden waren. Dies ist nicht verwunderlich, wenn wir das Interesse kennen, das das direkte Gefolge von Adolf Hitler in dieser Region zeigt.

Otto Rahns Mission im Jahr 1935 in dieser Region ist in dieser Hinsicht von Bedeutung. Die okkulte Aktivität der NSDAP war in zwei Richtungen ausgerichtet: 1. in Richtung Tibet, 2. in Richtung Ariège und Aude.

Der Initiator Hitlers, Karl Haushofer, wurde 1869 in München geboren, fasziniert von den Studien von Sven Hedin, er verbrachte mehrere Monate in einer benachbarten Lamasserie[116] in Lhasa. Er wird anschließend unbestreitbare Gaben des Hellsehens manifestieren."

---

[116] Buddhistisches Kloster (in dem sich Mönche, also Lamas befinden)

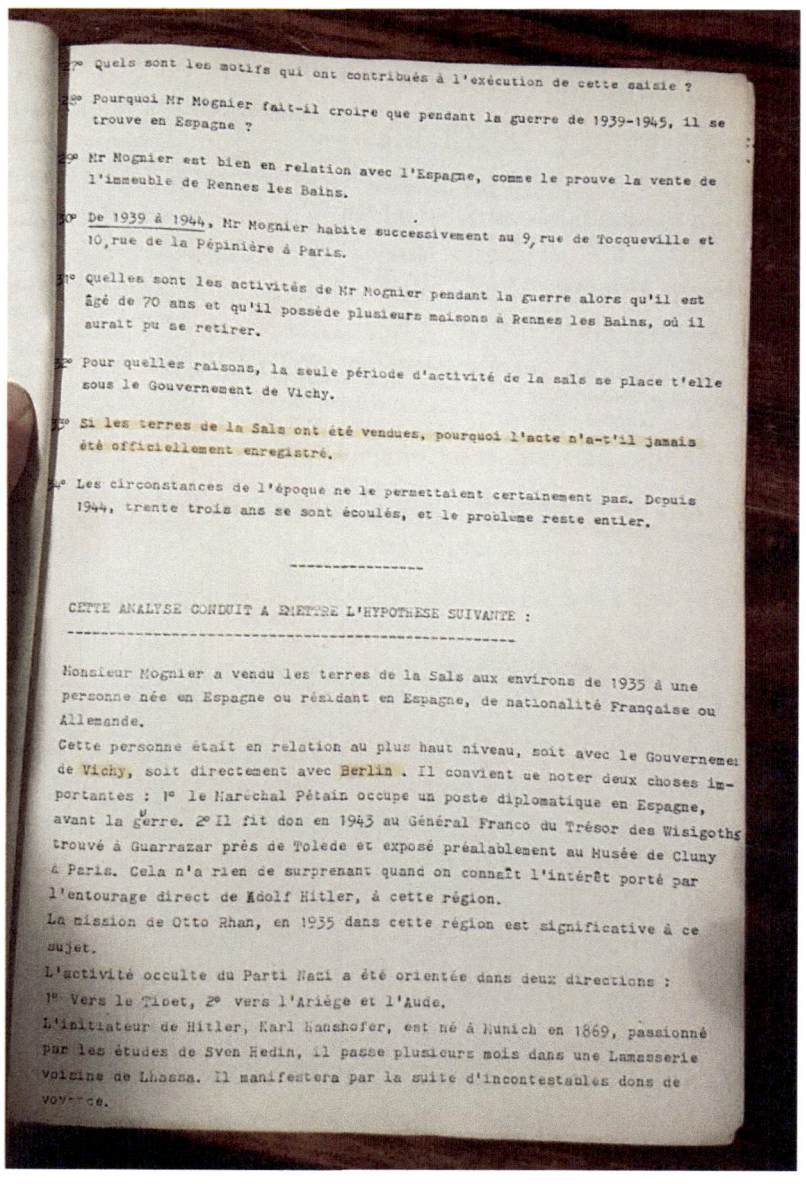

Abb. 57: Auf der unteren Hälfte dieser Seite des Dossiers findet man die
Hinweise auf die okkulten Aktivitäten der Nationalsozialisten –
Übersetzung siehe vorherige Seite.

Gralssuche oder Portalsuche?

In diesen Ausführungen von Varrache taucht also ebenfalls Karl Haushofer auf, außerdem wird eine weitere schillernde Persönlichkeit erwähnt, die in der Region deutliche Spuren hinterlassen hat, es handelt sich um Otto Wilhelm Rahn (1904 – 1939), der allgemein nur mit seinem ersten Vornamen Otto genannt wird. Laut Internet-Enzyklopädie war er ein deutscher Schriftsteller, Ariosoph und SS-Obersturmführer, der sich mit dem Gralsmythos beschäftigte.[117] Er war der Überzeugung, dass die Burg von Montségur mit der Gralsburg Montsalvatge (Montsalvatsch) im Epos Parzival Wolframs von Eschenbach identisch sei. Auf seinen Reisen hatte er den Heimatforscher Antonin Gadal kennengelernt, der sich für die französische Geschichte und die katharische Häresie interessierte und sich darüber hinaus als Höhlenforscher betätigte. Höhlenerkundungen im Tal der Ariège bestätigten ihn darin, dem Katharerschatz auf der Spur zu sein, in dem er den Heiligen Gral sah. Er ermutigte Rahn, sich an der Gralssuche zu beteiligen und dieser bezeichnete ihn als Lehrmeister und Gönner, mit dem er in den folgenden drei Jahren intensiv zusammenarbeitete.

In den Jahren 1930 bis 1932 erkundete Rahn von Ornolac-Ussat-les-Bains aus das Languedoc. Gadal begleitete ihn auf seinen und seinen Höhlenbesuchen im Ariègetal. Rahn übernahm von Gadal auch die Annahme der Verbindung Katharer – Gral – Shambhala (der Hauptstadt von Agharti), und ließ sich von ihm davon überzeugen, dass in den Höhlen von Ornolac ein Katharerschatz verborgen sein müsse, bei dem es sich angeblich um den „Heiligen Gral" handele, dessen letzter Aufbewahrungsort eine Grotte nahe Ussat gewesen sei. Nachdem sich Rahn im Herbst 1931 in Ornolac-Ussat-les-Bains niedergelassen hatte, pachtete er dort Im Mai 1932 das an der Nationalstraße Toulouse-Andorra gelegene „Hotel-Restaurant des Marronniers" für drei Jahre.

---

[117] https://de.wikipedia.org/wiki/Otto_Rahn

Obwohl das Hotel angeblich gut frequentiert war, war er bald verschuldet. Deutsche Verlagsvorschüsse halfen ihm zwar vorübergehend, aber bereits am 10. Oktober desselben Jahres stellte das Handelsgericht in Foix seine Zahlungsunfähigkeit fest. Ende 1932 wurde Rahn von französischen Regierungsstellen beschuldigt, ein deutscher Spion und der Führer eines internationalen Geheimbundes zu sein, woraufhin er Frankreich verließ.

Rahns Geldnot war mit Sicherheit nicht zuletzt darauf zurückzuführen, dass er sich weniger um das Hotel kümmerte, sondern sehr viel Zeit in den Höhlen verbrachte, deren Zugänge sich unweit seines Hauses befanden. Seine besondere Aufmerksamkeit galt dabei der Höhle von Lombrives, einer der größten Höhlen Europas. Er hat sie auf eine Länge von elf Kilometern erwandert und erforscht und bezeichnete sie als die schönste von allen.[118] Alleine die Ausmaße der riesigen Hallen sind beeindruckend, wovon wir uns bei einem Besuch der Höhle im Jahr 2008 selbst überzeugen konnten.

Otto Rahn wird gerne als „Nazi-Gralssucher" dargestellt, aber damit wird seine Geschichte etwas pauschalisiert und auf dieses Unterfangen reduziert. Ein Grund dafür liegt natürlich darin, dass er für die SS arbeitete und Heinrich Himmler noch bis in die letzten Kriegstage 1944 bestrebt war, den Gral unbedingt zu finden. Doch wenn man Rahns Aussagen über Gralsmythos, Katharismus und Gralslegende liest, hat man das Gefühl, die reden gar nicht von demselben Gral. Dennoch war Rahns Buch „Kreuzzug gegen den Gral"[119] bei den Nazis offenbar hoch angesehen, wenn es auch nicht – wie mitunter behauptet wird – Pflichtlektüre für die höheren SS-Ränge war. Man muss wissen, dass er erst 1936, drei Jahre nach Drucklegung des Buches, in die SS eingetreten ist. Aber man wird nicht richtig schlau daraus, was er wirk-

---

[118] Hans-Jürgen Lange: Otto Rahn und die Suche nach dem Gral. Biografie und Quellen, Engerda 1999
[119] Otto Rahn: Kreuzzug gegen den Gral, Freiburg 1933

lich suchte. War es etwas Gegenständliches, etwas Greifbares? Oder suchte er etwas ganz anderes?

Abb. 58: Bereits der Eingang zur Höhle von Lombrives lässt die Ausmaße des Systems erahnen. (Foto: Elke Straßburger)

Diese Ungewissheit führte im Laufe der Zeit zu vielen Auslegungen von Rahns Theorien und Forschungen, meist in esoterischer Weise, dabei wird der Gral mit einer „Kraft" in Verbindung gebracht. Auch der italienische Schriftsteller Umberto Eco nimmt in seinem Roman „Das Foucaultsche Pendel"[120] Bezug auf Otto Rahn und die geheimnisvolle Kraftquelle des Grals. Das erfahren wir aus der Biographie von Hans-

---

[120] Umberto Eco: Das Foucaultsche Pendel, München 1989

Jürgen Lange[121], die sich sehr intensiv mit den diversen Gralslegenden befasst, aber das Rätsel auch nicht löst. Dafür erhalten wir dort einen weiteren Hinweis auf eine Veröffentlichung einer gewissen „HUGIN Gesellschaft für politisch-philosophische Studien e.V.", die jedoch offenbar nicht mehr zu bestehen scheint. Hier wurde im Jahr 1985 ein Beitrag von D. H. Haarmann mit dem Titel „Geheime Wunderwaffen 3 – Über den Krieg hinaus" veröffentlicht, in dem es um deutsche Flugscheiben und ähnliche Themen geht.[122]

Ab hier wird die Beweislage etwas diffus und wir haben lange überlegt, ob wir diese Überlegungen einbeziehen sollen. Sowohl D. H. Haarmann als auch von ihm zitierte Werke beziehen sich auf Quellen, die dem so genannten „esoterischen Hitlerismus" anhängen und werden von uns deshalb mit großer Skepsis gesehen. Sie behaupten zwar, sich auf eine „viel ältere nordisch-arisch-germanische Mysterien-Überlieferung" oder noch pauschaler auf „vielfältigen Überlieferungen" zu beziehen, diese sind jedoch nicht weiter benannt. Daher bleibt der Ursprung der Vermutungen oder Behauptungen weitgehend im Dunkeln. Wir wollen deshalb diese auf keinen Fall als sachliche Fakten hinnehmen, aber dennoch – mit der angebrachten Zurückhaltung – einen Blick in Haarmanns Werk werfen:

„Auf Otto Rahn: ‚Kreuzzug gegen den Gral' und vor allem ‚Luzifers Hofgesind' fußend hat der Wiener Ing. und Real-Esoteriker Erich Halig in der Wiener geistwissenschaftlichen Zeitschrift ‚Mensch und Schicksal', Nr. 5/15.5.1952 in der Arbeit ‚Das Mysterium der Manisola' die Vorstellung erarbeitet, daß die mit dem Gral in Verbindung gebrachte Manisola (Mani Sonne), die Mani als Sammellinse für kosmische Einflüsse zu denken ist, ferner, daß die früheren ‚Bhamani Vimanas' (Luftfahrzeuge) der brahmanischen Indo-Arier (Indogermanen) durch Manis (hier mit ‚Linsen' übersetzt) zum schweben gebracht wurden:

---

121 Hans-Jürgen Lange: Otto Rahn und die Suche nach dem Heiligen Gral, a.a.O.
122 https://archive.org/details/HaarmannD.H.GeheimeWunderwaffen3UeberDen-KriegHinaus198570Doppels.Scan/page/n11/mode/2up

‚Diese ‚Manis' hatten auf Grund ihrer besonderen Zusammensetzung eine physikalische Affinität zu bestimmten Himmelskörpern (insbesondere zur Sonne) und ermöglichten durch diese ‚Entsprechung' eine schwerefreie Levitation jenen Objekten, in die sie eingebaut wurden. Genau dieses Levitationsvermögen wird aber in vielfältigen Überlieferungen auch dem Gral zugeschrieben ... Wenn es sich bei den Fliegenden Untertassen um Gralsvehikel handelt, die durch die Mani levitieren'

Demnach wäre die Mani ein Edelstein, ein hochwertiger zu Linsen geschliffener Kristall (?) durch den Sonnenstrahlen einfallen und in einem Punkt gebündelt zu hochwertiger Energie umgewandelt werden. Wodurch jedes Raumfahrzeug, in das die Mani eingebaut wird, zu einem levitierenden Grals-Vehikel wird."

Nun klärt sich das Verwirrspiel langsam auf. Allgemein wird ja davon ausgegangen, dass der Gral eine Schale oder ein Kelch ist, in dem das Blut Jesu aufgefangen wurde, als ihn der römische Legionär Longinus mit seiner Lanze in die Seite stach. Wie kommt also Otto Rahn darauf, dass dem gar nicht so ist? Nun ist über den Gral schon sehr viel geschrieben worden, was wir hier nicht wiederholen wollen, doch wenn man sich nur einige Werke davon anschaut, so kommt man schnell auf dessen Ursprung. Wolfram von Eschenbach beschreibt ihn in seinem Werk „Parzival" als einen Stein, von dem eine magische Kraft ausgeht und der unter anderem die Eigenschaft hat, demjenigen ewige Jugend und Unsterblichkeit zu verleihen, der ihn anblickt.[123] Seine Informationen darüber will er von einem gewissen „Kyot" in der Provence erhalten haben, der die Geschichte aus einer in heidnischer Zeit verfassten Schrift eines israelischen Astronomen namens „Flegetanis" aus dem Geschlecht Salomos entnommen hat. Diese Schrift will er in der spanischen Stadt Toledo entdeckt haben.

In diesem Zusammenhang ist es auch plausibel, dass das Wort Gral ursprünglich aus der persischen/arabischen Sprache stammen soll. In einer der ältesten literarischen Vorlagen aus dem Manichäismus, dem

---

[123] Andreas Wenath: Gralsstein – Der Stein der Weisen, Radeberg 2009

„Perlenlied", soll er zum ersten Mal erwähnt sein. Dort ist die Bedeutung „Ghral" – heiliger Stein oder Edelstein.[124] In diesem apokryphen syrischen Text, der vermutlich aus dem dritten Jahrhundert stammt, schildert der Apostel Thomas, wie er den Auftrag erhalten hat, dem Drachen diese „Perle" zu entwenden, über deren Bedeutung Unklarheit herrscht. Manchmal steht sie für Weisheit, manchmal für Unsterblichkeit.[125]

Abb. 59: Das Ariege-Tal – ein geeigneter Platz, um ein unschätzbar wertvolles Artefakt zu verbergen? (Foto: Elke Straßburger)

Nun drängen sich nach und nach die Parallelen und Verbindungen auf. Offenbar suchte Rahn also nicht die Schale des Heiligen Blutes, sondern etwas mit großem praktischem Nutzen für seine Besitzer. Der

---

[124] http://www.wfg-gk.de/mystik21d.html (Beitrag ohne Verfasser, verantwortlich WFG – Wahre Forschungsgruppe – Marco Nünemann)
[125] Sandra Hauser auf: https://integrales-christsein.blog/2020/04/25/die-thomas-akten-und-das-perlenlied/

Gral wird in den Texten mitunter auch mit dem Stein der Weisen gleichgesetzt, dann wieder als Edelstein oder Kristall bezeichnet.

Welche Kräfte erwarteten Rahn oder die Nationalsozialisten von diesem Stein? Wir erinnern uns jetzt, dass Steine oder Kristalle schon im bisherigen Verlauf unserer Forschungen eine Rolle spielten, sei es als Hilfsmittel zum Öffnen von Portalen oder als Antriebssystem in atlantischen – oder auch neuzeitlichen – Flugmaschinen. Hat daraus Halig seine Theorie abgeleitet, dass die „Manis" Luftfahrzeuge zum Schweben bringen konnten?

Ist es denkbar, dass die Nazis ihre Flugscheiben tatsächlich mit der Kraft des Grals zum Fliegen gebracht haben oder haben sie sich in einer endlosen Suche verlaufen? Offenbar wussten sie doch selbst nicht wirklich, wo diese Suche erfolgversprechend war, denn nicht nur Rahn, sondern auch Ernst Schäfer, der Leiter der Tibet-Expedition, wird mitunter als Gralssucher bezeichnet. Was suchten sie – Schäfer im Auftrag der SS und Rahn möglicherweise aus eigenem Antrieb, bevor er in deren Fänge geriet? Rahn sprach zwar oft vom Gral, widmete sich aber auch sehr intensiv der Erkundung und Vermessung der Höhlen im Ariege-Tal. Er verbrachte damit sehr viel Zeit und vernachlässigte sein Hotel dadurch, es muss ihm also äußerst wichtig erschienen sein.

Im Varrache-Dossier sind ausdrücklich die beiden Bereiche Tibet und Ariège/Aude als Schwerpunkte der SS-Forschungen genannt. Rahn ging davon aus, dass es eine Verbindung Katharer – Gral – Shambhala gab. Letzteres ist ursprünglich ein mythisches Königreich im tibetischen Buddhismus, wird jedoch in der westlichen Esoterik oft mit dem unterirdischen Reich Agharti in Verbindung gebracht oder als seine Hauptstadt bezeichnet. Suchten beide also den Stein oder Kristall mit der geheimnisvollen Energie oder den Zugang in eine andere Welt (den Rahn in den Höhlen vermutete?) – oder beides ... Bereits im Zusammenhang mit Jean de Rignies Forschungen an der Salsquelle mussten wir ja feststellen, dass es zwischen beidem wohl enge Verbindungen gibt.

Energie im Tal der Ariege

Wir haben uns in den vergangenen Jahren bereits mehrfach im Tal der Ariege, insbesondere an den Stätten von Otto Rahns Wirken umgesehen. Dabei besuchten wir nicht nur die Höhle von Lombrives, uns interessierte auch die gegenüberliegende Seite des Flusses. Wenn man auf die steile Felswand dieser Talseite schaut, so sieht man darin viele Grotten, die sehr unzugänglich erscheinen, weil sie weit oben liegen. Der ganze Berg ist von Höhlen durchzogen, wobei es sich nicht um solch ausgedehnten Systeme wie Lombrives handelt. Zugänge zu diesen Höhlen findet man weiter unten, Wege führen dorthin. Man findet dort die *Grotte des Églises*, die *Grotte de l'Ermite* und die *Spoulga d´Ornolac*, um nur die größten von ihnen zu nennen. Sie sind sich teilweise so ähnlich, dass sie oft miteinander verwechselt werden, zudem gibt es etliche, welchen offiziell überhaupt kein Name zugeordnet ist.

Einige davon gehörten zu einer Befestigungsanlage, die im 12. und 13. Jahrhundert im Auftrag des Grafen von Foix errichtet worden war und diente zur Sicherung des Verkehrsweges Richtung Andorra und Spanien. Doch gerade diesen Höhlen wird noch eine weitere Bedeutung zugeschrieben. Es soll sich um Initiationshöhlen der Katharer gehandelt haben. Orte, in denen ihre Priester oder Prediger auf ihre Tätigkeit vorbereitet wurden und in welchen sie auch Gottesdienste feierten. Hierfür gibt es kaum Belege, weshalb diese Seite der Geschichte vor allem von Historikern in der Regel in das Reich der Esoterik verwiesen wird. Doch diese Höhlen haben ihre Reize und eine davon haben wir uns bereits zweimal näher angesehen.

Das war in den Jahren 2004 und 2008, also noch bevor unsere Forschungen begannen, die zu diesem Buch führten und noch bevor Sonja zu unserem Team gestoßen ist. Daher musste ich nun erst einmal recherchieren, wo wir damals denn überhaupt waren, was lediglich anhand der Fotos und meinem lückenhaften Gedächtnis nicht ganz einfach war. Ich wusste, dass wir die Ariege über die Brücke überquert und uns dann links gehalten hatten. Auf der Tour 2008 waren zwei unserer

Mitreisenden dort in einem kleinen Café geblieben, um auf die anderen zu warten, war waren auf einem ansteigenden Weg hinter dem Häusern zum Eingang einer kleinen Höhle gelangt. Ich habe nun auf Street View das Café gefunden, und auf einem unserer Fotos das Haus nebenan ausmachen können. Also waren wir ziemlich genau oberhalb dieser beiden Gebäude. Dort liegt auch die *Grotte de l'Ermite*, aber ich kann sie anhand der Fotos im Internet nicht eindeutig identifizieren. Vor allem der Eingang kam mir breiter vor, auch wenn es drinnen Übereinstimmungen gibt. Ich werde mich daher nicht festlegen, welche der Höhlen es war, auf jeden Fall eine derjenigen, welchen der Status der Initiationshöhlen zugeschrieben wird.

Abb. 60: Der Hang der Berge von Ornolac ist mit großen und kleinen Höhlen übersät. (Foto: Elke Straßburger)

Als ich im Jahr 2004 zum ersten Mal dort war, haben wir uns nur im vorderen Bereich der Höhle umgesehen, ein paar Fotos gemacht und uns über die mystische Atmosphäre in der Höhle gewundert. Mir war aufgefallen, dass man nur ein paar Schritte in sie eindringen muss, dann hat man aufgrund der verwinkelten Anlage schon das Gefühl, dass es stockfinster ist. Wir haben das ohne Lampen ausprobiert und es bestätigte sich. In meinen Unterlagen fand ich jetzt eine Aufnahme, die Nicolas Benzin damals gemacht hatte und das ich mit seiner freundlichen Erlaubnis hier veröffentlichen darf. Es weist nämlich eine Besonderheit auf, es sind einige so genannte Orbs darauf zu sehen.

Abb. 61: Energiekugeln oder doch nur Spiegelungen – was hat die Kamera hier eingefangen? (Foto: Nicolas Benzin)

Worum es sich bei diesen Orbs handelt, darum streiten sich die Geister und eine Einigung wird es wohl nie geben. Die „fotografische" Erklärung sagt, dass beim Blitzen das Licht von Teilchen, die zwischen Bildmotiv und Kamera schweben, gestreut und teilweise zurückgeworfen wird, dabei durch die Nähe und den Fokus bedingt Unschärfe entsteht, welche die scheibenförmigen Flecke erzeugt.[126] Andere Erklärungen findet die Esoterik, nämlich dass es beispielsweise direkte Ausstrahlungen der geistigen Welt seien, die uns die Kontaktaufnahme mit Engeln und aufgestiegenen Meistern ermöglichen.[127] Die Seelen Verstorbener, Feen oder spirituelle Energiephänomene werden als Ursachen genannt und die meisten Menschen glauben entweder die fototechnische oder die esoterische Erklärung, dazwischen lassen sie nichts zu.[128,129]

Es gibt jedoch auch Fotografen, die ein wenig mehr differenzieren: *„Vieles, was andere für Orbs halten, sind tatsächlich Reflexionen zum Beispiel von Staub- oder Wassertropfen in der Luft oder Spiegelungen in der Kameralinse. ... Doch hin und wieder findet man eben auch kreisrunde Flecken, die sich nicht technisch erklären lassen und an denen sich auch schon vor allem Physiker aber auch andere Wissenschaftler ‚die Zähne ausgebissen' haben – ohne eine glaubwürdige Erklärung zu finden. So gibt es in Videofilmen immer wieder Orbs zu sehen, die sich rasch im Raum bewegen.“*[130]

Diese Einschätzung lässt etwas mehr Spielraum zu, doch was hat das jetzt für unsere Katharerhöhle in Ornolac zu bedeuten? Um das zu erklären, stellen wir zunächst eine ganz andere Frage in den Raum: Warum spricht man überhaupt von „spirituellen" Energiephänomenen? Dabei ignoriert man völlig die Möglichkeit, dass es sich tatsäch-

[126] https://de.wikipedia.org/wiki/Geisterfleck

[127] Elke Dutschun auf: http://www.elke-dutschun.de/meine-arbeiten/fotos/was-sind-orbs/

[128] Jutta Pangratz für spirituelle Erklärungen auf: https://ascension.eu/de/wissen/a-z-der-neuen-zeit/orbs-feen-phanom/

[129] Mike Hoffmann für das fotografische Phänomen auf: https://spuren.ch/content/magazin/single-ansicht-nachrichten/datum////orbs-engelsstaub-und-meisterblitze.html

[130] Uwe Calovini, zitiert in einem Beitrag auf: https://www.lokalkompass.de/unna/c-ueberregionales/ein-bisschen-spooky-uwe-calovini-sieht-was-andere-nicht-sehen_a460755

lich um eine Energie im physikalischen Sinn handelt. Doch ist das wirklich so ausgeschlossen? Wir denken nicht, aber dann müsste es sich um einen reproduzierbaren Effekt handeln, der immer dann auftritt, wenn eine bestimmte Energie präsent ist. Das kann man jedoch nur sagen, wenn man diese Energie auch messen kann. Wir hätten das zu gerne noch vor Fertigstellung dieses Buches nachgeprüft, doch aufgrund widriger Umstände, an die wir uns sicher noch lange erinnern werden, musste unsere geplante Exkursion im Jahr 2020 ausfallen.

Wir hoffen, dass wir unsere Untersuchungen dort bald nachholen können, aber dennoch müssen wir die von Nicolas eingefangenen Orbs aus dem Jahr 2004 nicht alleine im Raum stehen – respektive schweben – lassen. Im Jahr 2008 habe ich mit einer anderen Gruppe die gleiche Höhle besucht, Nicolas war als einziger von der alten Mannschaft dabei. Wir befanden uns zu dritt in der Höhle und entdeckten dort, dass es einen so genannten Kamin gab, der nach oben führte. Er war recht bequem zu erklettern und schien nicht weit zu gehen, denn nach ein paar Metern konnten wir bereits einen Lichtschein sehen. Wir stiegen weiter hinauf und gelangten zu einem Ausgang, der auf eine kleine Felsplattform führte, eine Art Balkon. Das waren also die Löcher in der Felswand, die man von unten sehen konnte. Wir saßen dort eine Weile und genossen die herrliche Ruhe – Geräusche von unten drangen nur sehr gedämpft an unsere Ohren und der Blick über das Tal war grandios.

Der Abstieg durch den Kamin – vorbei an Baumwurzeln, die sich ihren Weg durch das Gestein nach drinnen gesucht hatten – war ebenfalls nicht schwierig und wir waren schnell wieder in der Höhle. Auffällig war, dass hier alles von einem ganz feinen, staubartigen Sand bedeckt war, der an allem haften blieb – wir kamen völlig verdreckt aus der Höhle. Aber es war ein tolles Erlebnis, von dem wir den beiden, die im Café geblieben waren, vorschwärmen konnten. Natürlich hatten wir während unserem Aufenthalt auch fleißig fotografiert, die Fotos lagen seit nunmehr über zehn Jahren in meinem Archiv. Da ich selbst damals noch analog fotografierte und nur ein paar Dias gemacht habe, wollte ich für das Kapitel über die Erkundungen von Otto Rahn auf die digitalen Fotos meiner Kollegen zurückgreifen und begann mit der Auswahl. Was ich dabei zu meiner Überraschung sah, veranlasste mich überhaupt erst, dieses Kapitel einzufügen, denn auch auf den Bildern von Elke und einem weiteren Kollegen waren Orbs zu sehen, und zwar jede Menge!

Abb. 62: Dieses Foto (hier ein Ausschnitt) von 2008 zeigt nicht nur Orbs, sondern daneben auch kleine Lichtpunkte – vielleicht Reflektionen durch Sand- bzw. Staubteilchen?

Andere Fotos waren sogar komplett von Orbs überzogen, waren das wirklich nur Reflektionen von Sand- oder Staubkörnern oder existiert in dieser Höhle eine physikalische Energie, die sich auf den Fotos manifestierte. Zumindest sprechen gegen eine „einfache" Erklärung einige Punkte, die wir zu bedenken geben wollen:

- Die Orbs sind nur auf den Fotos sichtbar, die im unteren Bereich der Höhle entstanden sind. Sie sind nicht zu sehen auf Fotos, die in dem Kamin während dem Klettern gemacht wurden, obwohl wir dort viel mehr Staub aufwirbelten und die Wahrscheinlichkeit für solche Lichtspiele damit größer sein müsste.
- In der Höhle von Lombrives auf der gegenüberliegenden Talseite wurde genauso fleißig fotografiert, doch auf den Fotos sind keine Orbs zu sehen, obwohl es auch dort sehr trocken und der Boden sandig war.
- Die Fotos wurden in zwei verschiedenen Jahren mit drei unterschiedlichen Kameras gemacht, Orbs sind jedoch immer nur in dieser bestimmten Höhle auf den Bildern zu sehen.

Auch ohne Messung könnten diese Indizien dafür sprechen, dass es sich nicht um Staub, sondern um eine Energieform handelt, die hier die Fotos beeinflusst. Nun denken wir aber mal weiter – wir wissen doch aus unseren bisherigen Untersuchungen, dass gerade an alten Kultstätten Energien messbar sind oder sich in anderer Weise auswirken. Gehen wir davon aus, dass wir es hier mit ebensolchen zu tun haben, wäre das eine weitere Bestätigung der Theorie, dass es sich hier um Initiationshöhlen handelte.

Wenn wir nun noch die diversen Parallelen alleine in dieser Region Revue passieren lassen, nämlich die Portalerlebnisse sowohl von Jean de Rignies an der Salsquelle als auch das des Jungen aus Couiza – wobei jedes Mal eine Höhle eine Rolle spielte – so stellt sich die Frage, warum genau diese Höhlen für die Katharer so interessant waren. Leider sind uns keine Aufzeichnungen der Katharer selbst erhalten, die uns Aufschluss darüber geben könnten. Das ist schade, aber dennoch können wir nun über eines spekulieren: Suchte Otto Rahn den Heiligen Gral (oder das Portal?) in der falschen Höhle, auf der falschen Seite des Tales?

Geheimnisse in der Tiefe

Nach dem vorangegangenen Kapitel stellt sich einmal mehr die Frage, welche Rolle die Höhlen im Hinblick auf unser Thema spielen? Hinweise auf außerordentlich hohe Energie haben wir doch auch schon oberhalb der Erde gefunden und dabei seltsame Dinge erlebt und beeindruckende Erfahrungen gemacht. Aber was macht den Raum unterhalb der Erdoberfläche oder in Bergen noch magischer? Ist es allein die dunkle, mystische Atmosphäre, die auch in schlecht beleuchteten, alten Kellerräumen herrscht oder spielen noch weitere Faktoren eine Rolle? Wenn wir die Berichte studieren und mit unseren eigenen Erlebnissen abgleichen, so muss da noch etwas anderes sein. Das bestätigt sich immer wieder in Vergleichen.

Gehen wir doch hierfür nochmal ganz zum Anfang des Buches von Alec Maclellan[131], um zu lesen, welches Erlebnis ihn dazu brachte, sich mit der Inneren Erde zu beschäftigen. Er hatte eine Wanderung unternommen, in der Nähe des Ilkley Moores in New Yorkshire (England). Dort gibt es alte, stillgelegte Bleiminen und fasziniert von den Geschichten, die man sich in der Gegend über seltsame unterirdische Tunnel und Höhlen erzählt, fand er dort einen Schachteingang und stieg hinunter. Dort stieß er auf eine Höhle beziehungsweise eher einen Tunnel, der geradeaus in die Tiefe zu führen schien und folgte diesem etwa zehn Minuten. Als er etwas beunruhigt den Rückweg antreten wollte, weil ihm der Tunnel merkwürdig vorkam, sah er zunächst einen schwachen Lichtschimmer, der stärker wurde und sich zu einem pulsierenden grünen Licht ausweitete. Gleich darauf bemerkte er ein Summen, das allmählich lauter wurde, bis hin zu einem Grollen, das er mit dem Geräusch einer riesigen Maschine vergleicht.

Aha! Das erinnert uns doch gleich wieder an Jean de Rignies, jenen Franzosen, über den wir in unserem bereits mehrfach erwähnten Buch „Riss in der Matrix" berichten, und der bei Räumungsarbeiten an dem

---

131 Alec Maclellan: Die verlorene Welt von Agharti, a.a.O.

so genannten „Glasofen" nahe der Salsquelle plötzlich Geräusche aus dem Untergrund hörte, die er mit dem Rattern einer Rotationsdruckmaschine verglich. Er hatte diese bereits vorher schon im Salon der Domaine vernommen, wo sie ebenfalls aus dem Untergrund zu kommen schienen. Wer jetzt vermutet, dass Jean vielleicht damals bereits das Buch von Maclellan gelesen hätte und ein wenig fabulierte, den müssen wir enttäuschen, denn er hat von den wiederkehrenden Geräuschen Tonbandaufnahmen angefertigt, es gibt heute noch Bänder davon. Wer dort lebt, wird offenbar zwangsläufig mit diesen Vorkommnissen konfrontiert, wie aus dem Beitrag von Udo Vits im gleichen Buch hervorgeht: „*Aus eigenem Erleben kann ich jedoch eine Episode beisteuern, die mit den rätselhaften Maschinengeräuschen zu tun haben könnte. Im Oktober/November 2008 vernahm ich am frühen Abend ein Geräusch, welches sich ungefähr so anhörte, als würde in einiger Entfernung vom Haus Technomusik abgespielt, von der nur die tiefen Frequenzen eines Subbasses deutlich zu vernehmen waren ...*"

Wie man sich vielleicht schon denken kann, war natürlich keine laute Musik in der Umgebung, aber auch der Bewohner des kleinen Nebengebäudes – den Udo zunächst als Verursacher des Lärms in Verdachte hatte – hörte diese Geräusche. Der kannte das aber damals schon und blieb vorsichtshalber in seinem Haus. Natürlich ist es eine angsteinflößende Situation, wenn plötzlich solch ein Lärm hörbar ist, dessen Ursache man nicht ausmachen kann. Daher war es auch Maclellan bei seinem Erlebnis mulmig zumute. Und es wundert wahrscheinlich auch niemanden, dass seine Schilderung anschließend bei den Einheimischen von Keighley nicht mal auf Unglauben stieß, denn sie kannten die alten Legenden über diese Tunnel, die man sich in der Gegend erzählt.

Aber mir ist noch etwas anderes aufgefallen, als ich Maclellans Geschichte las, ich wurde nämlich hellhörig bei seinen Ortsangaben – die kannte ich doch irgendwoher. Natürlich – unser ebenfalls bereits erwähnter Freund Nigel Mortimer hatte doch in dieser Gegend gewohnt, sein Buch „Isaac Newton & die geheime Sonnenuhr", das ich vor Jahren verlegt habe, handelt von den Orten in diesen Orten in West Yorkshire.[132] Er beschäftigt sich in dem Buch unter anderem mit seltsamen Tunneln, die nirgendwo hinführen, zugemauerten Türen und Ausgängen und unterirdischen Verbindungen, für die es keine schlüssige Erklärung gibt. Vor allem aber geht er der Frage nach, warum die megalithische Anlage in Settle, die er als „die größte Sonnenuhr der Welt" bezeichnet, plötzlich von der Bildfläche und aus den historischen Aufzeichnungen verschwand. Er vermutet, dass es sich dabei nicht nur um eine Sonnenuhr gehandelt hat, sondern um ein Portal in eine andere Welt, das bereits Isaac Newton gekannt hat. Auf der faszinierenden Suche nach der Wahrheit um das Verschwinden des Tores geht es um UFOs, Geister, Freimaurer – bis hin zu einer Basis der Royal Air Force (RAF) auf Menwith Hill.

Abb. 63: Dient die RAF Base Menwith Hill geheimdienstliche Funktion oder werden hier geheime Forschungen durchgeführt?[133]

---

[132] Nigel Mortimer: Isaac Newton & die geheime Sonnenuhr. Die Sonnenuhr von Settle – Portal in eine andere Welt, Groß-Gerau 2012
[133] Google Earth © Landsat/Copernicus, Aufnahmedatum 24.04.2020

Diese Anlage ist ein wichtiger Stützpunkt des US-amerikanischen Auslandsgeheimdienstes National Security Agency (NSA), doch wie Mortimer konstatiert – für eine Geheimdienstbasis sehr offenkundig und offensichtlich angelegt. Warum also gerade an diesem gut einsehbaren Ort, der inzwischen in aller Welt ein Begriff ist? Oder lässt die sichtbare Anlage gar nicht das ganze Ausmaß erkennen? Mortimer hat für diese Vermutung handfeste Indizien, da er dort wohnte und Menschen in der Gegend kannte. So auch einen gewissen Mr. Bellows aus Leeds, welcher 1966 für eine Privatfirma arbeitete, die Rohr-Verschalungen an die Basis lieferte. Der schätzte, dass es etwa 20 Quadratmeilen Schalldämmung war, außerdem Rohrverkleidungen, die dorthin geschleppt wurden. Er war sehr verwundert darüber, denn die Basis, für die das Material bestimmt war, war nur etwa ein Achtel so groß wie eine Anlage, für die das Material ausgereicht hätte. Daraus schloss er, dass es nur unterirdisch verbaut worden sein konnte. Auch das ist für eine Geheimdienst-Basis natürlich nicht ungewöhnlich, es gibt viele geheime, unterirdische militärische Anlagen. Doch für diese hier wurde nach Mortimers Erkenntnissen darüber hinaus ein Gelände mit einer spirituellen Vergangenheit ausgewählt. So soll auch dort einst ein gewaltiger Steinkreis gestanden haben. Mortimer fragt daher vielleicht zu Recht: Hat das Militär etwa bereits die interdimensionalen Tore im Moor von England entdeckt und genutzt?

Alec Maclellan erzählt in seinem Buch nicht nur von weiteren seltsamen Erlebnissen, die Menschen in diesen unterirdischen Anlagen haben, er schließt darüber hinaus noch einen weiteren Kreis, indem er sich auf buddhistische Überlieferungen bezieht, welche besagen sollen, dass in dem unterirdischen Reich ein Volk lebt, das die Katastrophe von Atlantis überlebt hat. Tibetische Lamas seien sogar der Meinung, dass sich dieses Reich bis nach Amerika erstreckt, wo dieses Volk ebenfalls gewaltige Höhlen bewohnt. Aber Moment – in den Pyrenäen, wo Jean de Rignies lebte, sollen es nur noch Ruinen sein, die im Boden verborgen sind und von der Anwesenheit überlebender Atlanter vor Tausenden von Jahren zeugen sollen. In den Tunneln und Höhlen darunter sollen sich ganz andere Dinge abspielen, wie ihm sein extraterrestrischer Kontaktmann Lilor berichtete. Doch schließt sich das beides gegenseitig aus? Nicht, wenn wir davon ausgehen, dass wir es mit Toren zu einer anderen Dimension zu tun haben, durch welche sowohl endlose Entfernungen als auch die Zeit leicht zu überbrücken sind, so wie es damals die alte Frau in Peru, an der *Puerta de Hayu Marca*, unserem Kollegen Walter-Jörg Langbein erklärt hat.

Hinsichtlich der Spuren, die nach Tibet führen, klinkt sich wieder der unbekannte Verfasser des Beitrags „Die innere Welt von Agarthi"[134] ein, der diesbezüglich noch mehr zu bieten hat. Er bezieht sich dabei auf Schriftsteller und Forschungsreisende, die vorwiegend in der ersten Hälfte des 20. Jahrhunderts wirkten und heute unter dem Oberbegriff „Esoteriker" geführt werden.[135,136] Wir würden sie eher als Pioniere der grenzwissenschaftlichen Forschung bezeichnen, denn sie haben altes Wissen aus Überlieferungen zusammengetragen und festgehalten. Sie haben damit natürlich auch dazu beigetragen, dass sich hartnäckig das Gerücht hält, im Palast des Dalai Lama, dem „Potala" in Lhasa, befände sich ein verborgener Eingang in die Innere Erde. Das ist schwer zu verifizieren, denn niemand kennt die Quellen und Informanten dieser Forscher. Wir gehen davon aus, dass sie diese Dinge nicht frei erfunden haben, doch wie genau wussten ihre Informanten Bescheid? Sie gaben vermutlich alte Überlieferungen weiter, die von einem „Tor" im Potala erzählten – vergleichbar mit den Berichten aus unseren Breiten über einen Lazarus Gitschner, der von einem Tor in den Untersberg berichtete.

Die ersten Forschungsreisenden, die damals solche anstrengenden und kräftezehrenden Expeditionen unternahmen, hatten – genau wie Gitschner – keine Ahnung von Dimensionsportalen, für sie klangen die Legenden wie Berichte von Toren in eine unterirdische Welt.

134 Anonymer Verfasser: Die innere Welt von Agarthi, a.a.O.
135 https://de.wikipedia.org/wiki/Ferdynand_Antoni_Ossendowski
136 https://en.wikipedia.org/wiki/Walter_Siegmeister

Reise ins Fichtelgebirge

Wir können die von unterschiedlichen Verfassern erwähnten Eingänge in die Innere Erde hier nicht alle auflisten, denn solche Aufzählungen findet man zu Hauf, dem müssen wir nicht noch eine hinzufügen. Noch weniger können wir sie untersuchen, wir würden kein Ende finden. Doch wir werden immer dann aufmerksam, wenn wir Hinweise auf Regionen finden, in denen wir selbst schon tätig waren und eigene Entdeckungen, Erfahrungen oder Erlebnisse einbringen können. So wurden wir hellhörig bei dem Hinweis es anonymen Verfassers, dass es im Fichtelgebirge/Frinkenwald die Sage von einer Höhle geben soll, die sich nur an einem Tag im Jahr für kurze Zeit öffnet. Nun waren wir zunächst ein wenig verwirrt, einen Ort oder eine Region namens Frinkenwald kannten wir nicht und konnten keinen Hinweis darauf finden. Die Google-Suche bringt zwei Seiten Ergebnisse, fast alles sind Seiten, die auf jene Geschichte hinweisen oder diese zum Inhalt haben. Da haben also einige Verfasser voneinander abgeschrieben ohne den Hintergrund oder Wahrheitsgehalt einer Story zu prüfen, was leider immer öfter so gehandhabt wird. Dabei gibt Google doch schon über den Suchergebnissen den entscheidenden Hinweis: „Meintest Du: Frankenwald?"

Das ergibt schon mehr Sinn und wir erinnerten uns an einen Hinweis unseres geschätzten Kollegen Walter-Jörg Langbein, der in einer Sache doch wesentlich gründlicher war. Es geht um die Sage „Die Ährenkönigin", die im oberfränkischen Landkreis Kulmbach überliefert ist und von einer mysteriösen Welt jenseits eines Portals im Fels erzählt. Die geheimnisvollen Ereignisse, von denen die Sage zu berichten weiß, fanden in der Johannisnacht statt. Und zwar wuchsen jedes Jahr in der Johannisnacht drei Lilien bei der Burgruine Nordeck. Nur ein Sonntagskind konnte die mysteriösen Blumen finden und mit ihrer Hilfe in das geheimnisvolle Schloss hinter der Felswand gelangen. Im Schloss der Ährenkönigin lagen „unermessliche Schätze". Wenn die

Glocken Mitternacht verkündeten musste man sich sputen und spätestens beim zwölften Glockenschlag wieder im Freien sein, sonst würde man als Gefangener gehalten.[137]

Es ist mit großer Wahrscheinlichkeit diese Geschichte – hier durch Langbein viel besser recherchiert – die in die vielen Aufsätze über die Innere Erde Einzug gehalten und sich darüber verbreitet hat. Auch von diesen Sagen gibt es noch unzählige weitere. Wie schon erwähnt können wir gar nicht allen nachgehen, weil selbst einfache Untersuchungen innerhalb Deutschlands mit An- und Abreise mindestens drei Tage beanspruchen. Aber es gibt ja Zufälle – obwohl es bekanntermaßen keine Zufälle gibt ... Vor drei Jahren war ich nämlich der Einladung von Hans-Georg Ernst ins Fichtelgebirge gefolgt, um dort einen Vortrag zu halten. Diese Gelegenheit haben wir genutzt, gleich zu zweit hin zu fahren und uns von ihm einiges in der Gegend um Weißenstadt zeigen zu lassen. Und das liegt gerade mal 30 Kilometer östlich von Kulmbach – und hat ebenfalls einiges zu bieten.

Als Kenner der Region zeigte uns Hans-Georg die schönsten Flecken der Natur und führte uns aber auch zu seltsamen Plätzen wie dem Naturschutzgebiet „Großer Waldstein". Ein Felsenmeer mit typischer Wollsackverwitterung soll es sein.[138] Doch wenn man genau hinschaut, so entdeckt man – wie auch an anderen Plätzen in der Region – gewaltige und auch kleinere Steine, die den Eindruck erwecken, als seien es bearbeitete Bauelemente einer Anlage, die durch brachiale Gewalt zerstört wurde. Selbstverständlich wissen wir, dass dies bei solchen Formationen immer wieder heiß diskutiert wird und die Geologen sich bemühen, jede nach künstlicher Bearbeitung anmutende Form zu erklären. Doch kann man das wirklich?

137 Walter-Jörg Langbein in Monstermauern, Mumien und Mysterien, Kapitel 570 auf: https://ein-buch-lesen.blogspot.com/2020/12/570-drei-schlussel-zur-welt-hinter-dem.html, zitiert nach: „Die Ährenkönigin" in „Von Geistern umwittert – Oberfränkische Volkssagen gesammelt und nacherzählt von Elise Gleichmann, gesichtet und gedeutet von Peter Schneider", Lichtenfels 1927
138 https://de.wikipedia.org/wiki/Gro%C3%9Fer_Waldstein

*Abb. 64: Typische Wollsackverwitterung am Großen Waldstein
oder zerbrochene Steinplatten einer uralten Anlage?*

Zurück in Weißenstadt erwartete uns die nächste Überraschung direkt bei der Evangelisch-Lutherischen Stadtkirche *St. Jakobus*. Der Bau der Kirche wird allgemein auf das Jahr 1518 datiert. Dabei wird jedoch von einem Erweiterungsbau der bestehenden, unter *St. Marien* bekannten Kirche gesprochen und die Tatsache, dass die unteren Teile des Langhauses romanisch sind, lässt auf einen wesentlich früheren Ursprung der Kirche schließen. Die Umbenennung erfolgte zu Ehren Jakobus dem Älteren, weltweit einem der bekanntesten der zwölf Apostel. Es gibt nach unseren Ermittlungen keine Kirche, die nach dem alttestamentarischen Jakob benannt ist, der seinerzeit den „Schrecklichen Orten" ihren Namen gegeben hat. War es Zufall, dass wir dennoch am 29. April 2017 in geringer Entfernung vor der Tür in der kurzen Ostseite des Gebäudes bei unseren Untersuchungen einen solchen ausmachen konnten? Es war wieder einer jener Punkte, an denen unsere VLF-Messung einen Spot extrem erhöhter Intensität, insbesondere im Bereich zwischen 6.000 und 18.000 Hertz anzeigte.

Abb. 65: In der weißen Tasche befindet sich die Antenne, sie liegt direkt auf dem Energiespot nahe der Kirchentür an der Südseite.

Eine weitere Messung am nächsten Tag zeigte, dass es sogar einen vergleichbar starken Spot ganz in der Nähe der südlichen, dem Turm gegenüberliegenden Tür gab. Dort hat nach Aussagen Einheimischer früher noch eine kleine Kapelle gestanden, die jedoch nicht mehr existiert, die genaue Lage konnte jedoch nicht ermittelt werden. Dieses Ergebnis prüften wir sogar am 1. Mai vor unserer Abfahrt nochmals nach, doch was hatte uns so neugierig gemacht? Wir hatten am 30. April einen geführten Stadtrundgang der besonderen Art mit Kerstin Olga Hirschmann, die neben ihrer hauptberuflichen Tätigkeit in der Kur- & Touristinformation Weißenstadt nebenberuflich Gästen neben den offensichtlichen Sehenswürdigkeiten auch die geheimnisvollen verborgenen Seiten des Städtchens zeigt.[139] Und nein – das Besondere bestand nicht nur in dem leckeren einheimischen Brand, den wir verkos-

---

[139] https://kueko-fichtelgebirge.de/kreative/kerstin-olga-hirschmann/

ten durften. Olgas Sachkenntnis sowie ihre engagierte und aufgeschlossene Art, ihren Gästen auch die unkonventionellen Aspekte näher zu bringen, hatte uns sofort in den Bann gezogen. Dabei haben wir erfahren und gesehen, was sich unter den Straßen und Häusern verbirgt, nämlich ein Gewirr von uralten Bergkristallminen, die bisher nur zum Teil überhaupt erkundet sind.

Überall findet man kleine Kristalle und die Minen müssen in früherer Zeit einmal sehr ergiebig gewesen sein, der Abbau wurde jedoch später unwirtschaftlich. Dennoch ist der Hügel unter der Stadt noch immer von unzähligen Bergkristallen durchsetzt. Und wir wundern uns, weshalb es hier Spots mit einem unerklärlich hohen Energiepotential gibt? Wir sollten lieber fragen, wo die Zusammenhänge zu suchen sind. Wir waren in einem Stollen, dessen Ende man nicht absehen kann, weiß überhaupt jemand, wie weit er in den Berg geht? Die Energiespots – die Kristalle – wir überlegten, ob es weitere Hinweise auf die Existenz eines Portals geben könnte. Möglicherweise die Ruinen – wenn wir sie einmal so bezeichnen – riesiger Megalithbauwerke in der Umgebung. Wurden sie vielleicht absichtlich zerstört, so wie die „Sonnenuhr" von Settle in West Yorkshire?

Ach ja, und natürlich die Überlieferungen von der Wilden Jagd in der Region. Norbert, ein Freund von Olga, Archäologe und heimatkundlich sehr bewandert, versicherte mir auf meine diesbezügliche Frage: *„Das Wilde Heer ist bei uns ja fast in jedem Dorf unterwegs ...! Geh nach der Energie an den Plätzen. Versuche die Plätze mit Linien zu verbinden und versuche diese zu erspüren!"*

Dass es mit Energien in Verbindung steht, ist also keine neue Erkenntnis von uns, aber so anmaßend wollen wir auch gar nicht sein, das zu behaupten. Wir wollen lediglich versuchen, dem alten Wissen wieder ein wenig auf die Spur zu kommen.

Steine und Energie

Der bisherige Text hat mit Sicherheit einige Fragen zurückgelassen, insbesondere im Hinblick darauf, wie die Steine denn mit den Energien im Zusammenhang stehen, ob sie Energie speichern oder abgeben können bis hin zur Frage, ob sie sogar als Energiequelle dienen könnten? Wir haben auch darüber viel nachgedacht, doch bevor wir der Reihe nach darauf eingehen wollen, nochmal ein kleiner Zeitsprung zurück ins Jahr 2005. Das war noch etliche Jahre vor Beginn unserer Kräfte-Forschungen und ich besuchte zum ersten Mal die Bretagne, genauer gesagt die Gegend um Carnac mit ihren gewaltigen Steinreihen, Dolmen und Menhiren. Ich staunte damals schon über das riesige Exemplar bei Locmariaquer, den so genannten „Grand Menhir", momentan noch als der größte bekannte Menhir der Welt bezeichnet.[140]

Abb. 66: Der „Grand Menhir" mit einem Durchmesser von über zwei Metern hatte ursprünglich ein Gesamtgewicht von mindestens 280 Tonnen.

---

[140] https://de.wikipedia.org/wiki/Grand_Menhir

Mir drängte sich schon 2005 der Gedanke auf, dass diese Steine in einem Zusammenhang mit Energie gestanden haben könnten, ebenso wie die Steinreihen und -kreise hier und anderswo. Doch eine konkrete Idee hatte ich nicht. Als ich gemeinsam mit Sonja Ende Juni 2013 dort recherchierte, hatten wir bereits mehr Erkenntnisse, die wir anschließend publiziert haben.[141] Wir hatten in „Kräfte aus dem Nichts?" den Autor Louis Charpentier zitiert, der die Menhire für Fruchtbarkeitssteine hielt, weil er der Meinung war, dass sie Himmelsströme auffingen.[142] Doch ist das schlüssig? Ursprünglich handelte es sich um eine Reihe von 19 gewaltigen Menhiren und man geht davon aus, dass diese Anlage bereits 500 Jahre nach ihrer Errichtung wieder zerstört wurde. Aber warum? Wir wissen, dass Teile davon anderweitig wieder verbaut wurden, aber war das der Grund für die Zerstörung eines Kultobjektes, welches einst so große Bedeutung hatte?

Hatte sich der Glaube der Menschen so grundlegend verändert, dass sie von der Bedeutung nichts mehr wussten oder spielte diese keine Rolle mehr in ihrer Kultur? Wir erinnern daran, dass auch andere megalithische Anlagen entfernt oder zerstört wurden, so auch die Sonnenuhr von Settle. In diesem Fall wissen wir zumindest, wer dafür verantwortlich war, aber es gibt auch Zerstörungen in weit zurückliegenden Zeiten, wie Hinweise im Fichtelgebirge vermuten lassen. Auch hier wissen wir nicht, was geschehen ist und wer hier rohe Gewalt ausübte. Wollte irgendwer verhindern, dass eine bestimmte Energie weiterhin genutzt wird? Wenn Charpentier mit seiner Aussage, dass die Menhire Himmelsströme auffingen, Recht hat, müsste es doch einen Weg geben, das technisch zu überprüfen.

Nun nehmen wir an den von uns untersuchten Objekten eine Reihe von Messungen vor, welche sich im Laufe der Zeit aufgrund unserer Erfahrungen erweitert und verfeinert haben in der Hoffnung, dass sie uns weitere Geheimnisse erschließen. Im Juni 2019 half uns offenbar die Vorsehung einmal mehr dabei, als wir in den Pyrenäen unterwegs

---

[141] Werner Betz: Kräfte aus dem Nichts, a.a.O.
[142] Louis Charpentier: Die Geheimnisse der Kathedrale von Chartres, Köln 1972

waren. Eigentlich war unser Ziel die Ruine von *Montréal-de-Sos* im Ariege, einst eine der wichtigsten Burgen der Grafen von Foix. Auf dem Weg dorthin fiel mein Blick auf eine Hinweistafel zum „Dolmen de Sem", der offenbar gar nicht weit entfernt war. Er war mir in Erinnerung von einer Tour im Jahr 2003 und ich schlug vor, einen Abstecher zu machen und ihn uns anzusehen. Das lohnt sich wirklich, denn er steht auf einer Kuppe, von der aus man einen herrlichen Blick über das Tal ringsum hat. Heute wird er offiziell als „Palet de Sanson" (Samsons Palast) geführt, weil man davon ausgeht, dass es sich nicht um einen „echten" Dolmen handelt, sondern die Gletscher der letzten Eiszeit diese Konstruktion auf den Berg geschoben und dort oben rein zufällig so zusammengesetzt haben.

Abb. 67: Also „Zufälle" gibt es! – Was sich die Gletscher wohl bei der Errichtung des Dolmen de Sem gedacht haben?

Grund für diese Annahme ist unserer Meinung nach wohl eher, dass man sich einfach nicht vorstellen kann, wie Menschen diesen riesigen

Stein auf den Berg schleppen und ihn dort auf seinen Sockel hieven konnten. Wir wollten uns das also etwas näher anschauen und schleppten unsere Ausrüstung nach oben, begannen nach einer ersten Inspektion mit unseren Messungen. Diese zeigten im VLF-Bereich auf dem Monitor unregelmäßige Impulse in der Art und Stärke, wie wir sie von anderen Bergen kennen. Wir haben diese auch mitunter schon als Aura der Berge bezeichnet, weil sich die Energie um den Berg herum auszubreiten scheint.[143] Das war also für uns zunächst kein ungewöhnliches Ergebnis, doch das änderte sich, als wir uns dem Dolmen näherten. Die Impulse wurden intensiver und häufiger, am deutlichsten war das direkt unter oder auf dem Stein messbar. Dort waren sie auch länger als üblich, bis zu einer Sekunde oder mehr dauerten sie an und verschmolzen dadurch fast miteinander. Entfernten wir die Antenne nur einen halben Meter vom Stein, so ließ der Effekt sofort deutlich nach und der Level der Impulse normalisierte sich wieder.

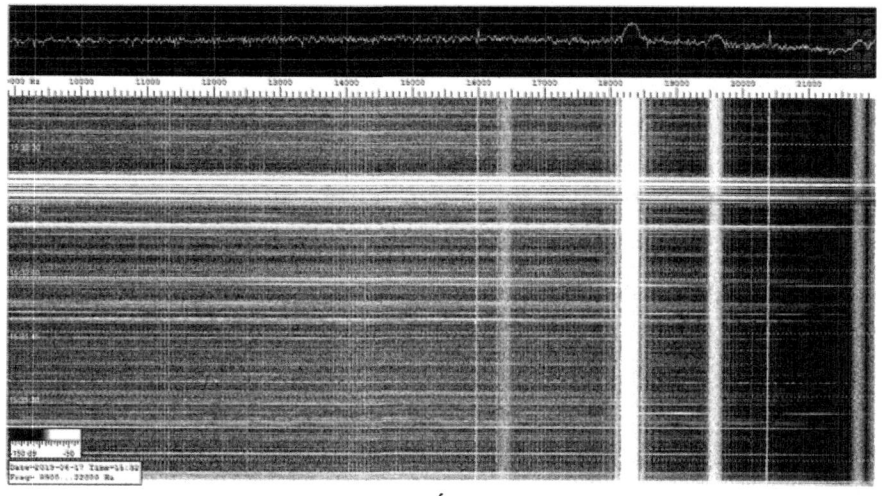

Abb. 68: Kann ein dicker Stein diese Impulse im niederfrequenten Bereich elektromagnetischer Wellen aussenden?

---

[143] Werner Betz: „Die Aura der Berge – spürbar und messbar" in: Mario Rank (Hrsg.): Der Untersberg ruft, Groß-Gerau 2018

Was ist hier los, wieso konzentrieren sich die Impulse so deutlich an dem Stein? Auch wenn uns die Geologen jetzt für verrückt halten, so kommen wir doch nur auf eine Erklärung dafür: Sie müssen von dem Stein ausgehen beziehungsweise in unmittelbarem Zusammenhang mit ihm stehen.

Aber „erzeugt" er die Impulse, ist er die Quelle dieser Energie? Vielleicht fungiert er in der Art einer Linse, welche die Impulse aus der Umgebung bündelt oder verstärkt. Oder er speichert diese und gibt sie in verstärkter Form wieder ab? Diese Fragen können wir heute nicht beantworten, sie wären ein eigenes Forschungsprojekt wert, an dem Techniker beteiligt werden sollten und das sich mit Sicherheit sehr aufwändig gestalten würde. Wir hoffen, dass wir mit unserer Arbeit Grundlagen hierfür schaffen können und bleiben daher noch einen Moment bei dem Thema.

Dass Steine unterschiedlicher Art als Speichermedium dienen können, ist nicht neu. Sie werden seit jeher als Wärmespeicher genutzt und mit Hilfe neuester Technik ist man in der Lage, auf einem Quarz-Kristall große Datenmengen für lange Zeiträume – theoretisch für Milliarden Jahre – zu speichern.[144] Warum sollte es dann nicht möglich sein, dass Steine auch andere Energieformen oder Informationen speichern und diese wieder abgeben. Ein weiteres Beispiel hierfür fanden wir an einer imposanten geologischen Struktur im Teutoburger Wald, den Externsteinen. Ich habe diese in den vergangenen Jahren mehrfach besucht und dort auch Messungen vorgenommen, meist an den markantesten oder bekanntesten Stellen, unter anderem auf den Felsspitzen, in der Grotte oder an dem so genannten „Sargstein" oder „Felsengrab", jeweils ohne sensationelle Ergebnisse.

Dennoch setzten wir unsere Untersuchungen immer wieder fort, denn wir wissen ja aus Erfahrung, dass sich die messbaren Anomalien oft nur auf einem vergleichsweise winzigen Fleck ausmachen lassen.

---

[144] https://www.mobilegeeks.de/news/5d-datenspeicher-speicher-fuer-die-ewigkeit/

Die Arbeit ist daher mitunter mühsam, denn einen flächendeckenden Scanner hierfür, der diese sehr erleichtern würde, gibt es noch nicht. Also nahmen wir uns im August 2019 eine weitere Stelle vor, die wir in den Vorjahren nur mal kurz gestreift hatten. Es war der durch die Wand verlaufende Weg – früher eine Straße und heute nur noch Wanderweg – dem wir bisher noch nicht so viel Aufmerksamkeit geschenkt hatten, vielleicht weil er ein wenig abseits der mit dem „Kultort" Externsteine in Verbindung gebrachten Stellen lag. Doch genau dort sollten wir eine Überraschung erleben.

Abb. 69: Eine der bekanntesten Natursehenswürdigkeiten Deutschlands – die Externsteine.

Vielleicht waren wir sogar früher schon einmal mit der Antenne an dieser Stelle durch die Steine gegangen, aber nun nahmen wir uns etwas mehr Zeit. Wir wollten prüfen, ob auch hier die Impulse von den beiden Wänden des Durchgangs reflektiert wurden, so wie wir es bei Gebirgsschluchten schon festgestellt hatten. Wir erwarteten, dass sie dann an dieser Stelle verstärkt quer zu dem Weg verliefen und viel-

leicht sogar ein wenig intensiver wären als an anderen Stellen rund um die Steine. Doch es sah ein wenig anders aus. Die Richtung der Impulse verlief wie erwartet, aber direkt an den Felsen der größeren Seite des Massivs (auf dem Foto die linke Seite des Weges) waren sie besonders stark. Entfernten wir uns ein wenig, so wurden sie schwächer, und in etwa zwei Metern Abstand war kaum noch ein Signal zu sehen.

Abb. 70: Hier schauen wir von der anderen Seite in den Weg. In dieser Entfernung zur Felswand ist das Signal schon deutlich schwächer.

Das hatten wir so überhaupt nicht erwartet, warum gibt eine Seite der Felsformation Energie ab und die andere nicht? Ist es ein ähnlicher Effekt wie beim Dolmen de Sem? Wir können wieder mutmaßen, ob die Steine die Energie abgeben oder ob sie als eine Art Kollektor fungieren und die im Bereich von Bergen ohnehin vorhandene bündeln. Uns kommt aber noch eine ganz andere Frage in den Sinn: Können wir diese Energie auch auffangen, also letzten Endes technisch nutzen? Oh ja, für diese Idee sind wir doch bereits bei den Vorbereitungen zu diesem Buch schon wieder belächelt worden, ja es gibt sogar Mitmenschen, die sich darüber lustig machen – wie kann man nur so blöd sein und glauben, Energie kann aus dem Nichts entstehen!

Aber halt, das tut sie doch gar nicht und das behaupten wir auch nicht. Tatsache ist, dass wir eine messbare Form von Energie ausfindig gemacht haben, die an manchen Plätzen stärker ist als an anderen, bis hin zu Stellen, an denen sie regelrechte Spots bildet, die eine Ausdehnung von einem Meter bis zu mehreren hundert Metern haben können. Das ist nachprüfbar, eine elektromagnetische Kraft induziert unsere Antenne und das Ergebnis wird aufgezeichnet. An welcher Stelle also sind unsere Forschungen lächerlich? Doch diese Ablehnung wird wohl nicht an uns liegen, sondern am Thema, denn auch Wissenschaftlern wie Professor Konstantin Meyl (Elektroniker und Energietechniker) oder Professor Dr. rer. nat. Claus Turtur (Physiker), die zum Thema Freie Energie forschen, ergeht es nicht anders als uns. Dabei hat gerade letzterer in seinem Buch „Freie Energie für alle Menschen" eine Bauanleitung veröffentlicht, mit deren Hilfe jeder seine Entdeckung nachprüfen kann – eine Batterie, die sich selbst wieder auflädt.[145]

Es ist nicht schwierig, und mit wenigen Materialien, die man sich schnell beschaffen kann, lässt sich seine Batterie nachbauen. Da wir immer neugierig sind, haben wir das natürlich längst ausprobiert und tatsächlich eine Batterie erhalten, die über einen langen Zeitraum eine geringe Spannung abgegeben hat. Dann haben wir sie eine ganze Zeit nicht mehr genutzt, doch als wir nachprüfen wollten, ob unsere Spots Energie erzeugen, haben wir sie wieder reaktiviert. Vielleicht ist der Eigenbau nicht ganz perfekt gelungen, aber wir können immerhin eine Spannung von etwas mehr als 0,7 Volt messen. Geplant hatten wir für das vergangene Jahr eine Reihe von Untersuchungen, doch aufgrund verschiedener Umstände war das Jahr 2020 nicht nach Plan verlaufen – also können wir nur wenige Ergebnisse vorweisen und hoffen, dass sich das bald ändern wird.

Insbesondere auf unserer Tour in den Odenwald und zu den Templerkirchen konnten wir jedoch eine Reihe von Tests vornehmen, mit

---

[145] Claus W. Turtur: Freie Energie für alle Menschen – Raumenergiemotor: Nachweis und Bauanleitung, Rottenburg 2014

unterschiedlichen Ergebnissen. Bei den Messungen an dieser einfachen Kristallzelle mit nur geringer Leistung muss man natürlich beachten, dass bereits das Messgerät ein wenig Strom verbraucht, daher sollte man es immer nur kurzfristig anschließen, um den Wert zu ermitteln, dann gleich wieder trennen. Nur so kann man die geringen Spannungsunterschiede möglichst neutral ermitteln. Das beachten wir auch immer und unsere erste Messung war am 13. Juli am Parkplatz nahe der Kirche in Amorbach, direkt auf dem VLF-Energiespot. Dort stieg die Spannung innerhalb von 20 Minuten von 0,684 auf 0,688 Volt. Das ist nicht viel, aber immerhin ein minimaler Anstieg. In Amorbach hatten wir uns recht lange aufgehalten, uns anschließend auf dem Weg noch ein wenig umgesehen, und gegen 17:00 Uhr waren wir im Landgasthof „Zum Ochsen" in Höpfingen eingetroffen, wo wir übernachteten. Das liegt etwa 15,6 Kilometer Luftlinie entfernt und ein Blick auf das Voltmeter zeigte für die Kristallzelle inzwischen eine Spannung von 0,698 Volt an.

Hatte sie sich im Laufe des Nachmittags weiter aufgeladen? Am nächsten Vormittag war unsere erste Station die bereits beschriebene Templerkapelle St. Achatius in Grünsfeldhausen. Nun befanden wir uns weitere 22,6 Kilometer weiter östlich und als wir das Voltmeter anlegten, zeigte es 0,720 Volt an. Seit dem Vorabend war die Spannung also um weitere 0,022 Volt gestiegen. Unsere erste Messung erfolgte im Zentrum der Kapelle – also dort, wo die GPS-Angaben zur Höhe erheblich schwankten. Nach etwa 10 Minuten war die Spannung auf 0,715 Volt gefallen. Dann begaben wir uns nach draußen, hinter die Apsis der Kapelle. Dort startete die Höhenanzeige des GPS bei 20 Metern (zur Erinnerung: Wir befanden uns auf 220 Metern über NN) und stieg dann langsam an. An diesem Ort schien alles ein wenig anders zu sein, die Kristallzelle hatte nach wenigen Minuten wieder eine Spannung 0,722 Volt.

Man könnte jetzt meinen, dass die Spannung im Laufe unseres Aufenthalts in der Region permanent angestiegen wäre, mit Ausnahme während des kurzen Aufenthalts in der Templerkapelle, der sich jedoch draußen sofort wieder kompensiert hat. Aber wir haben es natürlich nachgerechnet, und ganz so einfach ist es nicht. Auf dem Energiespot in Amorbach sowie hinter der Apsis der Kapelle St. Achatius war der Anstieg im Verhältnis höher als in der Zeit zwischen den Untersuchungen und Messungen. Kann die Batterie nach der Bauanleitung von Professor Turtur an diesen speziellen Orten von einer dort vorhandenen Kraft profitieren? Wir hoffen, dass wir im Laufe des Jahres 2021 weitere Exkursionen unternehmen können, um das nachzuprüfen. Dabei steht die Region zwischen Tauberbischofsheim und Würzburg ohnehin auf der Liste unserer Wunschziele, denn bei den Recherchen zu den Gründungslegenden der Kirchen haben wir festgestellt, dass es dort eine ungewöhnliche Häufung von Templerkapellen gibt. Jede davon hat andere Besonderheiten und wir fragen uns, warum gerade hier?

Selbstverständlich gehen wir nicht davon aus, dass die Templer ihre Kirchen zum Zweck der Gewinnung von elektrischem Strom konstruierten. Dass das heute mit Hilfe von Kristallzellen vielleicht an diesen Orten besser möglich ist als woanders, halten wir nur für einen Nebeneffekt. Wie wir festgestellt haben, wirken an den Plätzen mehrere Energien nebeneinander beziehungsweise bilden Anomalien aus, durch die sich die Orte hervorheben. Wir wissen noch nicht, was diese Kräfte alles bewirken können. Ist es die Kombination der einzelnen Komponenten, die temporäre Portale entstehen lässt und was hat der Mensch bereits alles unternommen, um sie zu öffnen?

Mit Sicherheit gab es bei den Experimenten mit Steinen und Energien immer wieder Fehlschläge und daher ist es für uns heute schwer herauszufinden wo unsere Vorfahren den richtigen Weg einschlugen. Physikalische Versuche sind nicht immer ungefährlich, das haben viele Forscher bewiesen. Warum wurden die Menhire von Locmariaquer zerstört? Wurde eine Gefahr beseitigt oder Wissen vernichtet – sollte etwas verborgen werden oder gab es einen Machtkampf? Immer mehr Fragen, und wir rätseln: Wäre es denn möglich, die Antworten vor Ort zu suchen, wenn wir in der Lage wären, ein Portal zu öffnen?

Zeitreisen und „Schreckliche Orte"

Dieser Ausflug in das Thema Steine und Energie war wichtig, um zu verstehen, dass Steine keineswegs „tote" Gegenstände sind und dass es keineswegs unglaubhaft ist, wenn von Portalen berichtet wird, die sich in Bergwänden befinden, die wir doch eigentlich als undurchdringlich ansehen, sofern man nicht auf Grubenhacke, Dynamit oder Diamantbohrer zurückgreift. Steine haben offenbar auch Eigenschaften, die wir noch gar nicht kennen. Und die Frage, ob wir durch ein Portal gezielt in die Vergangenheit schauen könnten, um unsere Vermutungen zu überprüfen, ist ja ohne weiteres berechtigt. Oder müssten wir hierfür bereits eine Zeitreise unternehmen und wenn ja, ist das überhaupt möglich?

An der Zeitmaschine wird ja schon lange experimentiert und es gibt viele Hypothesen, wer sie bereits erfunden haben könnte und wann das war. Selbst der Vatikan soll einst im Besitz einer solchen gewesen sein, und von der bereits erwähnten „Glocke" weiß man bis heute nicht, wozu die Technik der Nationalsozialisten in der Lage war. Aber was sagen die Physiker dazu? Schon der 2018 verstorbene Physiker und Astrophysiker Stephen Hawking hatte theoretische Pläne für eine Zeitmaschine entwickelt, deren Umsetzung ihm selbst jedoch zu gefährlich erschien. Die Grundlagen für all diese Überlegungen lieferte einst der Physiker Albert Einstein (1879 – 1955) mit seinen Überlegungen und Formeln. Aber macht Albert Einsteins Relativitätstheorie Zeitreisen tatsächlich irgendwann möglich? Ein amerikanischer Physiker sagt: ja.[146]

Ronald Lawrence Mallett ist Astrophysiker und Professor für theoretische Physik an der University of Connecticut.[147] Er ist heute 75 Jahre alt und widmete einen großen Teil seines Lebens seiner Vision

---

[146] https://www.futurezone.de/science/article228077991/Macht-Albert-Einsteins-Relativitaetstheorie-Zeitreisen-irgendwann-moeglich-Physiker-sagt-ja.html
[147] https://de.wikipedia.org/wiki/Ronald_Mallett

der Zeitreisen. Er arbeitet an Gleichungen und Faktoren, die eine Zeitmaschine schaffen könnten. Mallett hat schon eine theoretische Vorstellung vom Zeitreisen, die auf Einsteins Relativitätstheorie basiert: Man müsste die Zeit in eine Schleife verdrehen, um von der Zukunft auch in die Vergangenheit zu gelangen und dann wiederum zurück in die Zukunft. Dahinter steckt die Idee eines Wurmlochs, ein Tunnel mit zwei Öffnungen.

Eine zweite Variante wäre es, per Ringlaser Einfluss durch Licht auf die Zeit zu nehmen. Dafür hat er sogar einen Prototypen erstellt. Mit einem Laser kann ein zirkulierender Lichtstrahl erzeugt werden, der Raum und Zeit verdreht. Dies könnte die Basis seiner Zeitmaschine werden. Der Ringlaser erzeugt ein Gravitationsfeld, das näher untersucht werden kann. Anhand dieser Erkenntnisse könnte man Grundlagen für die Zeitmaschine gewinnen. Wie das – irgendwann einmal – praktisch funktionieren wird, weiß vermutlich noch niemand. Doch in den Überlegungen spielt wieder ein bereits bekannter Faktor eine Rolle – die Schwerkraft, also die Gravitation. Das klingt sehr kompliziert und das ist es auch, im Moment noch reine Theorie. Wirklich? Oder sind auch hier einmal wieder streng geheime militärische Forschungen einen Schritt weiter?

Dass das US-Verteidigungsministerium ganz offiziell potenzielle Ufos beziehungsweise „nichtidentifizierte Luftphänomene" untersucht, haben wir ja schon lange geahnt, man kann auch sagen gewusst. Von 2007 bis 2012 gab es mit „Advanced Aviation Threat Identification Program" (AATIP) ein geheimes Programm zur Analyse von Ufo-Sichtungen.[148] Dieses wurde 2012 angeblich aus Kostengründen gestoppt, wurde jedoch bis 2017 „undercover" weiter betrieben und um 2018 als top-Secret-Projekt unter Leitung der US Navy wiederbelebt. Äußerst aufschlussreiche Informationen über das Projekt veröffentlichen die Physikerin Grazyna Fosar und der Mathematiker und Physiker Franz Bludorf in ihrem neuesten Buch „Auf Abfangkurs – Die UFO-Task-

---

[148] Kai Biermann: Arbeitsgruppe Ufo am 15.08.2020 in „Die Zeit", online hier: https://www.zeit.de/wissen/2020-08/pentagon-task-force-ufos-usa

Force des Pentagon".[149] Hier können wir lesen, dass das AATIP offiziell zwar nur unbekannte Technologien anderer Nationen oder allenfalls atmosphärische Phänomene untersucht, dem Kongress in Washington jedoch eine Projektliste vorgelegt wurde, die etwas völlig anderes aussagt.

Auf der Liste finden sich Forschungsprojekte, bei denen Themen untersucht werden sollen, die auf Technologien hinweisen, die es auf der Erde – zumindest offiziell – überhaupt noch nicht gibt. Auf dieser Liste findet sich nach Recherchen von Fosar und Bludorf unter Ziffer 8. der Punkt *„Traversable Wormholes, Stargates, and Negative Energy, Dr. Eric Davis, EarthTech International"*. Die US Navy setzt also hochkarätige Wissenschaftler ein, um „Passierbare Wurmlöcher, Stargates und negative Energien" zu erforschen.[150] Was weiß man bereits darüber? Wenn man die von den beiden Autoren gut verständlich erklärten Hintergründe zur Funktionsweise von Wurmlöchern und Stargates gelesen hat, weiß man, dass dies keine Visionen einer allzu fernen Zukunft sind und kann sich vorstellen, dass die Menschheit bald in der Lage sein könnte, diese zu nutzen. Oder anders gesagt: Das Loch im Himmel über der Skinwalker-Ranch, in dem der Rancher nachts eine Szenerie sieht, in der es Tag ist, war offenbar ein Stargate, von dem wir noch nicht wissen, wer es erschaffen hat. Aus ihm kamen wohl auch die sonderbaren Flugobjekte und schwebenden Lichtkugeln, die Monster, die laut Berichten des Bauernpaars Terry und Gwen Sherman, das die Ranch 1994 gekauft hatten, „aus Portalen traten".[151]

---

[149] Grazyna Fosar und Franz Bludorf: Auf Abfangkurs – Die UFO-Task-Force des Pentagon, Peiting 2020
[150] Mehr über die Funktion des mit dem Projekt betrauten Wissenschaftlers Dr. Eric Davis hier: https://earthtech.org/team/
[151] M. J. Banias am 13.02.2020: Zu Besuch bei der geheimnisvollen Ranch, auf der ein Millionär nach Aliens sucht, auf: https://www.vice.com/de/article/m7qb54/ufos-aliens-ein-besuch-der-skinwalker-ranch
Der Bericht nimmt Bezug auf: Ph. D. Colm A. Kelleher und George Knapp: Hunt for the Skinwalker: Science Confronts the Unexplained at a Remote Ranch in Utah, 2005

Gut ins Bild passt auch die Aussage im Bericht von Banias, dass nach Angaben des Eigentümers der Ranch im Sommer (2019?) drei Gäste auf der Ranch über sonderbare Entzündungen der Haut, Übelkeit und Abgeschlagenheit klagten. Zwei von ihnen mussten nach seinen Angaben sogar in die Notaufnahme. Das wundert uns nun nach unseren Erfahrungen an den unterschiedlichen Energieplätzen gar nicht. Erscheinungen Übelkeit, Kopfschmerzen und Schwindel sind uns doch nicht unbekannt, bis hin zu meiner Erfahrung in Arnstadt, als ich zwei Tage lang völlig kraftlos war und mich krank fühlte. Diese Tore – gleich ob sie sich auf natürliche Weise irgendwo manifestieren oder ob sie durch hypermoderne Techniken erzeugt sind – gehen mit Energien oder sogar Strahlungen (siehe das Erlebnis der Wanderer am Djatlow-Pass) einher, von denen zumindest wir Amateurforscher bisher nur wenig wissen. Der derzeitige Eigentümer Brandon Fugal spricht von *„sehr beunruhigenden elektromagnetischen Anomalien, die zu Geräteausfällen und zu gesundheitlichen Problemen führen."*[152]

Für das Vorhandensein solcher Energien spricht auch die Erwähnung von Kelleher und Knapp, dass bereits seit der Ankunft der ersten europäischen Entdecker dort seltsame Objekte am Himmel beobachtet wurden. So berichtete 1776 der Franziskaner-Missionar Silvestre Vélez de Escalante von seltsamen Feuerbällen, die über seinem Lagerfeuer in El Rey auftauchten. Heute grenzt die Ranch an das Uintah- und Ouray-Indianerreservat des Ute-Stamms. Sehen die Eigentümer vielleicht Dinge, die den amerikanischen Ureinwohnern schon vor Jahrhunderten bekannt waren?

Doch müssen wir nun gut unterscheiden zwischen der so genannten Zeitmaschine, die uns in die Zukunft oder in die Vergangenheit bringt, und den Portalen, die uns einen Blick in diese andere Zeit gewähren. Wenn wir durch ein solches Portal schreiten und uns tatsächlich um Jahre oder Jahrhunderte vor- oder zurückversetzt sind, ist dieses dann

---

[152] Interview auf der Website des Fernsehsenders "History": https://www.history.de/sendungen/das-geheimnis-der-skinwalker-ranch/staffeln/staffel-1/interview.html

mit einer Zeitmaschine gleichzusetzen, von der die Physiker träumen? Darüber kann man philosophieren und spekulieren, aber wir können auch noch einmal Lilor, den Kommandanten der UFO-Basis an der Sals, zu Wort kommen lassen, denn er hat Jean de Rignies hierzu einige wichtige Informationen gegeben.[153] Hören beziehungsweise lesen wir doch einmal, was er zu sagen hat:

- Da es keine Zeitpunkte gibt, existieren auch keine Zeitlinien.
- Alle Konzepte zu Zeitreisen sind daher irrelevant. Laut Lilor ist das Verrinnen der Zeit eine Wahrnehmung psychologischer Art und eine Illusion. Zeit ist zwar quantifizierbar, aber keine eigenständige Dimension.
- Aber er sagt auch: Wir leben in einem Multiversum, wobei die Anzahl der vorhandenen Universen unendlich ist.

Fazit: Reisen auf Zeitlinien sind nicht möglich. Aber wir leben in einem Multiversum! – Deshalb ist jede Zeitreise nur durch das Passieren eines Portals möglich!

Abb. 71: Den „Templerteich" erreicht man, wenn man von der Domaine das Tal hinter der Salsquelle weiter hoch wandert. Wie viele Universen mögen sich in diesem Areal wohl überschneiden?

---

[153] Betz/Ampssler/Vits: Riss in der Matrix, a.a.O.

Wir erinnern uns an dieser Stelle noch einmal an die Aussage der alten Frau in Peru, die unserem Kollegen Walter-Jörg Langbein auf seine Frage nach der Bedeutung des Tores, dem „Puerta de Hayu Marca" gefragt hat. Aus der steinernen Wand kamen einst fremdartige Götter und sind auch darin wieder verschwunden. Durch das gleiche Tor konnte man aber auch in vergangene Zeiten reisen. Sie beschrieb ein Portal im physikalischen Sinn, genau so könnte es nach Lilors Erklärungen funktionieren. Und ist es auch das, was am Untersberg immer wieder geschieht? – Die Menschen reisen dort nicht auf einem Zeitstrahl, sondern durch Portale in eine andere Zeitdimension. Man kann durch sie also nicht nur in eine andere Zeit, respektive Dimension blicken, sondern sie sind tatsächlich passierbar.

Solches erlebte auch Jakob, als er aufwachte und die fremden Wesen – ach ja, die „Engel" – durch das Portal herabsteigen sah. Und so erlebten es viele andere Gläubige, wie auch der Missionar Bonifatius in Ohrdruf. Damals wurden die Wesen als Engel angesehen – der Biochemiker Colm Kelleher beschreibt in seinem Buch seine Sichtung auf der Skinwalker-Ranch in der Nacht des 12. März 1997 hingegen als eine „große humanoide Kreatur", welche das Forschungsteam von einem Baum aus ausspionierte.[154] Beide haben etwas ganz ähnliches gesehen. Viele halten die Ranch für einen Ort des Übernatürlichen, andere wiederum nehmen an, das Gebiet wäre verflucht – man könnte auch sagen: Ein schrecklicher Ort!

Während ich hier an den letzten Kapiteln unseres Buches schreibe, fällt mein Blick immer wieder auf eine Figur des Erzengel Michael, die vor meinem Monitor steht und mich seit August bei meiner Arbeit begleitet. Meine beste Freundin Sandra hat sie mir aus ihrem diesjährigen Urlaub als Andenken mitgebracht, denn während ich im Sommer hier über den ersten Kapiteln ins Schwitzen geriet, besuchte sie auf ihrer Rundreise das katholische Heiligtum *Santuario di San Michele Arcangelo* im Süden Italiens.

---

[154] Kelleher und Knapp: Hunt for the Skinwalker, a.a.O.

Bei der Hauptkirche von *Monte Sant'Angelo* handelt es sich um eine Grottenkirche, wobei man diese Kirchenform dem Einfluss der Normannen in diesem Gebiet zuschreibt.[155] Dieser Grund scheint jedoch nur nachrangig zu sein, denn wahrscheinlich war die unterirdische Grotte schon zu Zeiten der griechischen Herrschaft eine Kultstätte.[156] Welche besonderen Kräfte jener zugeschrieben wurden, ist uns nicht bekannt, wir können aber vermuten, dass es solche gab, denn laut Legende erschien hier Anfang des 4. Jahrhunderts dem Bischof von Siponto der Erzengel Michael.[157] Nach drei wiederholten Erscheinungen wurde zwischen dem 5. und 6. Jahrhundert auf Veranlassung von Lorenzo Maiorano – dem Bischof von Siponto – das Heiligtum erbaut.

Die Grottenkirche liegt im Inneren des Berges. Auf der Bergspitze zu sehen sind die Eingangshalle aus dem Jahr 1395 sowie der Glockenturm der Kirche, erbaut 1273/74. Wen wundert es nach allem was wir bisher recherchiert haben, dass der Ort in der Zeit, als der achteckige (!) Turm der Kirche erbaut wurde, zum Einflussbereich des Templerordens gehörte.[158] Der Hauptsitz für deren Unterprovinz Apulien lag im nur 74 Kilometer entfernten Barletta, von dort es waren es übrigens nur 29 Kilometer ins Landesinnere, wo Kaiser Friedrich II. von 1240 bis etwa 1250 das *Castel del Monte* mit seinem markanten, ebenfalls achteckigen Grundriss errichtete.

Was am Rande noch zu erwähnen wäre, Sandra wusste zum Zeitpunkt ihres Urlaubs überhaupt nicht, über welches Thema wir schreiben und worüber ich in der Heimat gerate brüte, aber sie brachte mir ausgerechnet von diesem Ort den Engel mit – aber Zufälle gibt es ja bekanntlich nicht! Und noch eine weitere abschließende Anmerkung möchten wir nicht versäumen: Beim Blick auf die Website der *Basilica*

---

[155] https://de.wikipedia.org/wiki/Monte_Sant%E2%80%99Angelo
[156] https://www.viaggiareinpuglia.it/at/9/luogosacro/728/de/Santuario-di-San-Michele-Arcangelo-Monte-Sant-Angelo-(Foggia)
[157] https://www.terra-italia.net/reisereportagen/monte-santangelo.html
[158] http://www.templerlexikon.uni-hamburg.de/TDF-I2.html

Santuario San Michele Arcangelo fiel es uns gleich beim Blick auf die Hauptseite ins Auge, am unteren Bildrand ist der Schriftzug *„TERRI-BILIS EST LOCUS ISTE HIC DOMUS DEI EST ET PORTA COELI"* nicht zu übersehen.[159]

Abb. 72: Gibt der achteckige Turm der Kirche von Sant'Angelo einen Hinweis auf die Kraft, die hier einst zum Erscheinen des Erzengel Michael führte? (Foto: Sandra Schmidt)

---

[159] https://www.santuariosanmichele.it/

Portale wie Sand am Meer

Auch wenn wir uns in dem Buch einige Male auf Berichte und Recherchen von Kollegen beziehen, so dürfte beim Lesen jedem klar geworden sein, dass wir in den vergangenen Jahren sehr viele Kilometer hinter uns gebracht haben, um zu diesen Erkenntnissen zu gelangen. Wir verzichten bewusst darauf, zu viele Beispiele anzuführen, die wir nicht aus eigener Anschauung kennen, denn würden wir damit beginnen, wäre das Ergebnis ein Werk von mehreren hundert Seiten, das sich in Aufzählungen verliert. Es gibt jedoch auch noch etliche Orte, die der eine oder andere vielleicht vergeblich im Buch gesucht hat, weil sie für ihn typische Portale wiederspiegeln. Diese haben wir möglicherweise aber deshalb nicht erwähnt, weil sie noch auf unserer Reiseliste stehen und wir diese noch näher untersuchen wollen, bevor wir darüber schreiben. Oder wir waren vielleicht auch schon dort und es fehlen uns noch Ergebnisse, die wir gerne bei einem weiteren Besuch vertiefen möchten. Wir wollen davon nur einige hier nennen:

- Burg Houska, einstiger Sitz eines gefürchteten Adelsgeschlechts im Herzen der Dubské Hügel in der Nähe der Mácha-See bei Česká Lípa, unweit der Stadt Prag (Tschechische Republik). Unheimliches soll sich dort zutragen: Es spukt in der Burg, Besucher wurden wahnsinnig, ja es sollen sogar Menschen verschwunden sein. Seit Jahrhunderten hält sich das Grauen in den Mauern und so wird berichtet, dass es in dieser Burg das Tor zur Hölle gäbe.[160] Unser Freund Marcus E. Levski hat dort für sein Büchlein recherchiert und gerne würden wir uns dort einmal näher umsehen, vielleicht schon bald mit ihm gemeinsam.
- Glastonbury Tor, ein 158 Meter hoher Hügel in Glastonbury (England), von dem die Kelten glaubten, dass sich dort der Eingang zur Unterwelt befand. Auch wird er mit Avalon, dem Land der Feen,

---

[160] Marcus E. Levski: Das Tor zur Hölle – Schloss Houska und seine unheimliche Geschichte, Groß-Gerau 2019

dem legendären König Artus und damit auch mit dem Gralsepos in Verbindung gebracht[161] Dass die Kirche auf dem Hügel, von der nur noch der Turm erhalten ist, dem Erzengel Michael geweiht war, lässt uns erst recht aufhorchen.[162] Auch dort würden wir gerne einmal vorbeischauen, vielleicht auf dem Weg nach Yorkshire zu unserem Kollegen Nigel Mortimer, der uns dort auch noch vieles zu zeigen hat, was wir hier nicht erwähnen.

- Die Bucegi Berge in der Nähe der rumänischen Stadt Brasov, angeblich von Hohlräumen und Tunnelsystemen durchzogen und inzwischen zu einem Mythos geworden aufgrund der Berichte über eine gigantische Untergrundhalle.[163] Dort sollen hartnäckigen Gerüchten zufolge Geräte befinden, die offenbar für wissenschaftliche und technische Forschung installiert wurden – jedoch lange vor unserer Zeit. Für uns natürlich ein Wunschziel mit höchster Priorität, da aber die wesentlichen Teile der Anlage nicht zugänglich sind und unter strengster Geheimhaltung stehen, vermutlich sogar streng bewacht werden, könnte dieses Ziel auf der Liste ein wenig nach hinten rücken.

- Der Pic du Canigou, ein Heiliger Berg der Katalanen, etwa 50 Kilometer westlich von Perpignan (Frankreich). Laut Überlieferungen soll im Jahr 1285 der aragonesischen König Peter III. eine Besteigung des Berges abgebrochen haben, weil dort aus einem See ein feuerspeiender Drache aufgestiegen sei.[164] Eines der beiden am Berg gelegenen Klöster, die *Abbaye Saint-Michel-de-Cuxa*, ist – wie sollte es anders sein – dem Erzengel Michael geweiht. Zudem wiederholte Flugzeugabstürze an den Hängen des Berges – möglicherweise Störungen der Navigation? – wir hoffen, diesen auf einer unserer nächsten Pyrenäen-Exkursionen erkunden zu können.

---

[161] Tor (Twr) ist ein Wort keltischen Ursprungs, das „konischer Hügel" (auch Berg oder Erde) bedeutet. Siehe: https://de.wikipedia.org/wiki/Glastonbury_Tor

[162] Andreas Wenath: Gralsstein, a.a.O.

[163] https://manonamission.de/spass-unterhaltung/was-fuer-ein-geheimnis-verstecken-die-bucegi-berge-in-rumaenien

[164] https://de.wikipedia.org/wiki/Pic_du_Canigou

- Die Hohensyburg, auch Sigiburg oder Syburg genannt, auf dem Syberg im südlichen Dortmunder Stadtteil Syburg. Wie unser geschätzter Freund und Kollege Hans-Werner Sachmann bereits vor Jahren recherchierte, erhielten dort die Truppen Karls des Großen im Jahr 776 plötzliche Unterstützung durch ein „flammendes Lichtzeichen" in Form eines Schildes am Himmel, und konnten dadurch den Angriff heidnischer Sachsen abwehren, welche im Begriff waren, die Burg zurück zu erobern.[165] Zweimalige Messungen in den vergangenen Jahren ergaben Hinweise auf Plätze mit erhöhter Energie, über eine baldige gemeinsame Erkundung zusammen mit Hans-Werner Sachmann würden wir uns freuen.

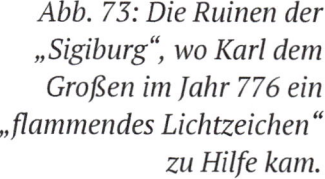

Abb. 73: Die Ruinen der „Sigiburg", wo Karl dem Großen im Jahr 776 ein „flammendes Lichtzeichen" zu Hilfe kam.

---

[165] Hans-Werner Sachmann: Operation Sigiburg – Mysteriöse Lichterscheinungen vor 1.200 Jahren über Dortmund-Hohensyburg, Groß-Gerau 2004 (nur noch als eBook erhältlich). Dort Verweis auf die Originalquelle: *Annales regni Francorum, Monumenta Germaniae historica, Scriptores rerum Germanicarum in usum scolarum separatim editi* (Abkürzung: *Annales regni Francorum, MGSS rer. Germ., 1871 ff., S. 40-46)*

Nicht nur um uns herum, sondern auch in den Überlieferungen gibt es noch unzählige Hinweise auf Portal, Tore oder Stargates. Eine wahre Fundgrube hierfür ist die Bibel, in der nicht nur über Erscheinungen aus dem Nichts berichtet wird – so wie in der alttestamentarischen Geschichte von Jakob –, sondern auch davon, dass Personen entrückt wurden, also einfach verschwanden. So sagt man beispielsweise von Henoch und Elija, dass sie aufgrund Ihres Glaubens von Gott in den Himmel aufgenommen wurden.[166] Doch man könnte auch einen anderen Hergang vermuten, wenn die Geschichten aufmerksam liest. Von Philippus jedoch berichtet die Apostelgeschichte (8, 39), dass er vom Geist des Herrn entrückt wurde, man ihn aber zu Aschdod[167] wiederfand, wo er das Evangelium verkündete, bis er nach Cäsarea kam. Er wurde also von einem Ort an den anderen versetzt, wie durch ein Portal ... Und nicht zu vergessen die wohl bekannteste Entrückungsgeschichte des Neuen Testaments, jene vom Leib Jesu, der auf mysteriöse Weise aus seinem Grab verschwand. Interessante Fakten dazu aus einem Forschungsprojekt (1978) hat Gisela Ermel bereits ausführlich beschrieben.[168] Doch das Thema vollständig aufzuarbeiten, würde ein weiteres Buch füllen, daher wollen wir hier vorläufig nur nochmals das Fazit der Wissenschaftler aus der von dem amerikanischen Physiker Prof. Dr. John Jackson angeleiteten Untersuchung des Turiner Grabtuchs wiedergeben:

„Irgendein unbekannter Vorgang muss bewirkt haben, dass der im Tuch liegende Körper plötzlich entweder durchgängig wurde für Materie – oder in Energie verwandelt wurde – oder gar in einem Augenblick verschwand."

Wie könnte man die Entrückung des Körpers durch ein Portal besser beschreiben?

---

[166] https://entrueckung.leftbehind.de/beispiele/
[167] Heute eine der größten Städte Israels, am Mittelmeer, südlich von Tel Aviv.
[168] Gisela Ermel: Das Turiner Grabtuch – Das Rätsel des Todes und der Auferstehung Christi in neuer Sicht, Greiz 2008

Wer sich schon in der Vergangenheit für diese Phänomene interessiert hat, der wird jetzt vielleicht vergeblich auf Geschichten aus der einen oder anderen Region gewartet haben, von denen er meint, dass sie doch in einem Buch über Portale nicht fehlen dürfen. Aber wir können Euch sagen, wir sind der gleichen Meinung, unsere Liste umfasst nämlich noch einige davon. Warum sind wir also zum Beispiel nicht auf das Bermuda-Dreieck eingegangen? Das ist ganz einfach zu beantworten. Es gibt einige Bücher sowie Dokumentationen zu diesem Thema, allen voran natürlich der Klassiker von Charles Berlitz aus dem Jahr 1975: „Das Bermuda-Dreieck – Fenster zum Kosmos?" und andere.[169] Wir wollen aber hier nicht gebetsmühlenartig wiederholen, was an anderer Stelle ausführlich nachgelesen werden kann.

Aber wir würden uns natürlich wünschen, unsere Messungen an einigen der „Vile Vortices" durchzuführen, jene „Abscheulichen Wirbel", von denen es zwölf Stück rund um den Erdball geben, einer davon im Bereich des Bermuda Dreiecks. Der britische Biologe und Schriftsteller Ivan T. Sanderson (1911 – 1973) prägte den Begriff und beschrieb sie als Regionen mit starken Gravitations- oder magnetischen Anomalien, die zum Verschwinden von Schiffen und Flugzeugen beitragen. Sandersons Theorien sind sehr umstritten[170], aber die Vile Vortices werden seitdem immer wieder in die Diskussion eingebracht. Veröffentlichungen, die man zum Thema findet, stützen sich auf Vermutungen oder sie stehen dem Phänomen skeptisch gegenüber.[171] Die Frage, ob es sich dabei um Hirngespinste eines paranormalen Enthusiasten oder tatsächlich um physikalische Anomalien handelt, könnte mit entsprechenden Instrumenten leicht beantwortet werden. Das ist jedoch offenbar noch nicht geschehen, wir werden es im Auge behalten – zumal sich einer der Wirbel am Südpol befinden soll, das lässt uns doch aufhorchen!

---

[169] Charles Berlitz: Das Bermuda-Dreieck – Fenster zum Kosmos, 1974, Deutsch 1975. Auch Richard Winter: Das Teufelsdreieck, Frankfurt 1977
[170] https://en.wikipedia.org/wiki/Ivan_T._Sanderson
[171] https://www.iomcworld.org/medical-journals/vile-vortices-36564.html

Das letzte Kapitel

Haben wir den Fuß in der Tür?

Nun sind wir fast am Ende unserer Reise durch Portale und Tore in andere Welten und Dimensionen angekommen, doch wir können Euch versichern, es ist nur ein vorläufiges Ende. Wir haben im Laufe der letzten Jahre festgestellt, wie vielfältig unser Forschungsgebiet ist und hoffe, dass wir das in diesem Buch ein wenig vermitteln konnten. Natürlich werden wir weiter forschen und recherchieren, um unsere Erkenntnisse zu vertiefen und diesem Phänomen weiter auf die Spur zu kommen. Dabei wollen wir nichts versprechen, doch die Aussichten auf eine Fortsetzung des Buches sind nicht gerade schlecht, sofern wir die Möglichkeiten und Mittel haben, all unsere Pläne umzusetzen.

Wie wir gesehen haben, gibt es ganz viele Orte und Plätze, die das Potential zu einem Portal haben oder bereits von Natur aus ein solches bilden. Aber es sind keine „schrecklichen Orte", auch wenn sie mitunter in der Lage sind, den Menschen Angst zu machen oder ihnen einen Schrecken einzujagen. Wir wissen heute, dass wir uns nicht vor ihnen fürchten müssen, aber dass wir Vorsicht walten lassen müssen beim Umgang und bei der Begegnung mit ihnen. Immerhin geht es nicht um imaginäre Portale, wie sie im Bereich der Esoterik oft beschrieben oder dargestellt werden.

Nein, wir dürfen nicht vergessen, dass hier Energien im Spiel sind, die eine gewisse Achtsamkeit erfordern, wie wir bereits erleben mussten. Sind diese erst einmal beherrschbar, so können sie einen bedeutenden Nutzen darstellen, sowohl in ihrer Funktion als Portal als auch in Form einer alternativen Energiequelle. Diese Möglichkeiten haben bestimmte Kreise von Menschen in Vergangenheit und Gegenwart bereits erkannt und wie einige von uns recherchierte Fakten vermuten lassen, hat der Wettlauf darum, wer als Erster davon profitieren kann, längst begonnen.

Die wichtigste Frage ist allerdings noch nicht geklärt, nämlich wie wir die Portale gezielt öffnen können. Die Physiker setzen dabei auf hohe Energien, um die Raumzeit im Sinne Einsteins zu krümmen, künstliche Schwarze Löcher zu schaffen oder Stargates zu aktivieren. Doch sind diese immensen Energien, die sie hierfür berechnen, überhaupt erforderlich oder ist es viel einfacher? Lilor, unser extraterrestrischer Lehrer von der Salsquelle – im Laufe des Buches ist er uns zu einem guten Bekannten geworden – hat auch hierfür einige Tipps, die unsere Gedanken bei der Suche nach der Antwort in eine neue Richtung lenken sollten. So erklärt er:

„Diese in anderen Welten gängigen Phänomene, nämlich: die Materialisation, Dematerialisation, Levitation von Objekten, Transformation und Formbarkeit der festen Materie, sofortige Teleportation etc. zeichnen sich durch einen bestimmten Frequenzbereich der Universellen Energie aus. Je höher die verwendete Frequenz ist, desto unvorstellbarer und unverstehbarer werden die Phänomene für die Erdenbürger.“[172]

Lilor weist in seinen Aussagen mehrfach ausdrücklich darauf hin, dass die Frequenz der entscheidende Faktor für viele physikalische Phänomene ist, die wir uns (noch) nicht erklären können. Vielleicht sollten wir uns also in Zukunft einfach mehr trauen, wenn es darum geht, Lösungen zu suchen. Lilor spricht von hohen Frequenzen, unsere Messungen bewegen sich jedoch im Bereich sehr niedriger Frequenzen, und doch stellen wir auch hier immer wieder Anomalien im Zusammenhang mit den untersuchten Plätzen fest. Also ist auch hier das Spektrum eventuell weiter gefasst als man denkt. Die von unserer Antenne erfassten VLF-Wellen haben zwar den Charakter elektromagnetischer Wellen, der Frequenzbereich jedoch deckt sich etwa mit dem von Schallwellen im hörbaren Bereich.

So wird wohl auch die Aussage unseres englischen Freundes, dem Portalforscher Nigel Mortimer, nachvollziehbarer – er erklärte uns, dass man sich mit einem Mantra auf die Frequenz des Portals einstim-

---

[172] Betz/Ampssler/Vits: Riss in der Matrix, a.a.O.

men müsse, um dieses öffnen oder aktivieren zu können. Das Mantra hat seinen Ursprung in Ostasien und seine Anwendung ist sowohl im Hinduismus als auch im Buddhismus in verschiedenen Formen üblich. Die Schwingung des Mantras ist ein Aspekt der Urschwingung, die im Hinduismus als *Shabda* oder *Nada* bezeichnet wird. Eine Mehrfachkonzentration verändert die Wirkung, wobei diese auch von der Kraft des Meditierenden abhängig ist. Man sagt über das Mantra auch, dass es der „Transformation des Meditierenden" dient.[173] Das bekannteste Mantra ist das Tönen der Silbe „Om". Sein Klang steht für den transzendenten Urklang, aus dessen Vibrationen nach hinduistischem Verständnis das gesamte Universum entstand.[174]

Wir wissen heute, dass die Wirkungen von Meditation nicht zu unterschätzen sind. Sie ist zunehmend Gegenstand wissenschaftlicher Forschung, und Psychologen, Neurologen und Mediziner untersuchen die Wirkung von Meditation auf Psyche, Gehirn und seelische Gesundheit.[175] Diese Geistesübungen, die in verschiedenen Traditionen seit Jahrtausenden überliefert sind, dienen bekanntermaßen sowohl der Förderung der Konzentrationsfähigkeit als auch der Entspannung. Man kann sich vorstellen, dass beides, dazu noch in Kombination mit der „richtigen" Frequenz des Mantras, für die Öffnung eines Portals von Vorteil sein kann. Und was bewirkt der Coelestin, der bei der Öffnung behilflich sein soll? Wir informieren uns auf einem Portal, welches uns über Edelsteine und ihre Heilkräfte informiert und lesen dort: „*Coelestin bringt Körper und Seele in Einklang und schenkt dadurch mehr Freude, Entspannung und Ausgeglichenheit.*"[176] Wir finden hier keine Widersprüche.

Ihr werdet Euch jetzt bestimmt fragen, warum wir das noch nicht ausprobiert haben, es wäre doch die leichteste Übung. Und wir können

---

173 https://de.wikipedia.org/wiki/Mantra
174 Informationen über Mantren und die Silbe „Om" finden man an vielen Stellen, beispielhaft erwähnen wir nur: https://de.wikipedia.org/wiki/Om
175 https://de.wikipedia.org/wiki/Meditation
176 https://www.edelsteine.net/coelestin/

Euch versichern – wer uns kennt oder aus dem Buch ein wenig kennengelernt hat, kann es sich bestimmt schon denken: Das haben wir natürlich getan! Wäre es uns dabei gelungen, ein Portal zu öffnen, so wüsstet Ihr das selbstverständlich schon. Wir hätten Euch diese Information nicht bis zum Schluss vorenthalten. Aber das Gefühl, das wir beim Tönen an einem Ort mit portalträchtigem Energiepotential hatten, überstieg das der Leichtigkeit, welches man beim Meditieren in der Yogastunde hat, um einiges. Unsere Erfahrungen damit stehen noch am Anfang und wir werden weiter experimentieren. Immerhin hatten wir ein klein wenig den Eindruck, als hätten wir bereits einen Fuß in der Tür ...

Wir werden auf jeden Fall weiter berichten und bei unseren Versuchen die Worte beherzigen, die dem serbischen Erfinder und Techniker Nikola Tesla zugeschrieben werden: *„Willst Du die Geheimnisse des Universums entdecken, dann denke in Formen von Energie, Frequenzen und Schwingung“.*

Abb. 74: Der sonderbare Innenraum der Drüggelter Kapelle.
Nur ein kleiner Sakralbau? – Probiert es aus!

Anhang

1. Walter-Jörg Langbein: Jakobs Himmelsleiter und der schreckliche Ort (zu: Terribilis est locus iste)

Im Verlauf meines Studiums der evangelischen Theologie in Erlangen übersetzte ich zahlreiche Textpassagen des Alten Testaments aus dem Hebräischen ins Deutsche. Dabei bemühte ich mich, dem hebräischen Originaltext möglichst gerecht zu werden. Vor allem wollte ich den Text selbst sprechen lassen, ohne eine theologische Interpretation hinein zu übersetzen. Gerade der Theologe neigt ja dazu, eine bestimmte Sichtweise als richtig vorauszusetzen und dann Bibeltexte so zu übersetzen, dass die theologische Voreingenommenheit bestätigt wird. Geht man von einer unbezweifelbaren religiösen Wahrheit aus und übersetzt dann Texte entsprechend, kann man schließlich eine sehr schön die Übersetzung als Beweis für die Richtigkeit der eigenen religiösen Glaubenswelt heranziehen.

Von besonderem Interesse war für mich die mysteriöse Geschichte von Jakobs Traum. Im Traum sieht Jakob eine Leiter, die bis in den Himmel reicht. Auf dieser Leiter steigen Boten Gottes vom Himmel zur Erde herab oder von der Erde empor in den Himmel. Im hebräischen Original ist von „Boten Gottes" die Rede, aus denen später „Engel" wurden. Wie diese Boten ausgesehen haben, wir wissen es nicht. Der Text selbst gibt keinen Hinweis etwa auf Flügel, die ja im Christentum als Attribut von Engeln gelten.

Die genaue Lokalisation des Traums, sprich wo denn genau die Himmelsleiter stand, lässt sich nicht mehr feststellen. Schon bei der knappen Beschreibung dieses Ortes gibt es Unklarheiten. Im 1. Buch Mose Kapitel 28, Vers 17 erfahren wir, dass dem Jakob angst und bange wurde. Aber warum?

Johannes Piscator (*27.3.1546, †26.7.1625), elsässischer Theologe, übersetzte 1602 bis 1604 die Bibel. Mehr als Luther war Johannes Piscator auf philologische Genauigkeit bedacht und weniger auf sprachliche Gefälligkeit. Von den Lutheranern verspottet, konnte sich die „Piscator-Bibel" nicht durchsetzen und ist heute selbst so manchem Theologen nicht bekannt.

Anno 1684 erschien in Bern in offenbar hoher Auflage eine Piscator-Bibel, die viele erklärende Anmerkungen zu nicht so ganz klaren oder vordergründig unverständlichen Aussagen bietet. 1684 befanden sich diese Erklärungen vorwiegend separat vom eigentlichen Text am unteren Rand der Seite. In der Ausgabe der Piscator-Bibel von 1736 wurden diese Erklärungen meist direkt in den Text eingefügt. In der Piscator-Bibel von 1736 finden wir 1. Mose Kapitel 28, Vers 17, wie folgt übersetzt:

„*Dann er war erschrocken worden und hatte gesagt: Wie schrecklich ist dis ort? Dis ort ist nichts anders dann Gottes hause, und dis ist des himels pfort.*" Interessant ist die Erklärung Piscators: „*schrecklich) Nemlich von wegen der herrlichen majestaet Gottes, welche den menschen wegen ihrer bloedigkeit erschroecklich ist.*"

Anno 1716 erschien „Die Heilige Schrift" von in Nürnberg, als Endter-Bibel bekannt. Wo Piscator noch von „schrecklich" spricht, lässt Luther das Grauen verschwinden und ersetzt es. Bei Luther lesen wir, in der Endter-Bibel von 1716: „*Und furchte sich und sprach: Wie heilig ist diese Staette? Hie ist nichts anders denn Gottes Haus und diese ist die Pforte des Himmels.*"

Auch bei Luther gibt es eine Erklärung. Erläuterte Piscator die Bedeutung von „schrecklich", so erklärt Luther „heilig": „*Heilig) Heilig ist hie/da man Gott fuerchten und ehren soll/als der daselbst will gefuerchtet und geehret seyn. Daher auch derselbe Berg Mori Ja heisst/ das ist/Gottesfurcht und Ehrerbietung und Dienst. Denn Gottesfurcht ist der hoechste Gottesdienst.*" Bei Luther verschwindet also die Beschreibung des Ortes als „schrecklich" und er wird zu einer Stätte der Verehrung Gottes. So erklärt Luther weiter: *„Und hie angezeiget: Wo Gottes Wort ist/ (wie Jacob hie redet) da ist Gottes Haus/ da stehet der Himmel offen mit allen Gnaden."*

Martin Luther versteht also das Bild von Jakobs Himmelsleiter in christlich-symbolischem Sinn und er verallgemeinert: Überall, wo Gottes Wirt ist, da öffnet sich der Himmel für den Gläubigen mit allen seinen Gnaden. Der Ort der „Himmelsleiter" muss also für Luther ein Ort der Huld und Gnade Gottes sein, von Grässlichkeit darf da dann nichts mehr zu lesen sein. Aus der Furcht vor Grässlichem wird, auch wenn die Furcht bleibt, die Ehrfurcht vor dem Göttlichen. So lesen wir in der aktuellen Luther-Bibel von 2017. *„Und er fürchtete sich und sprach: Wie heilig ist diese Stätte! Hier ist nichts anderes als Gottes Haus, und hier ist die Pforte des Himmels."* Die „English Standard Version" der Bibel bringt: *„And he was afraid and said: How awesome is this place! This is none other than the house of God, and this is the gate of heaven."* Auch in der englischen Übersetzung empfindet Jakob Furcht, aber warum? Der Ort von Jakobs Vision wird als „awesome" beschrieben. „Awesome" aber kann „furchteinflößend", „furcherregend", „fürchterlich", aber auch „ehrfurchtgebietend" heißen.

Das Alte Testament wurde ursprünglich in hebräischer Sprache verfasst. Freilich wurde das Bibelhebräisch auch im Judentum immer weniger verstanden. Die Geistlichkeit konnte nach wie vor die Texte im ursprünglichen Bibel-Hebräisch lesen und verstehen, der „Mann aus dem Volke" immer weniger. So sah man sich genötigt, speziell für das hellenistische Judentum, vorwiegen in Alexandria, die hebräischen Texte ins Griechische zu übertragen. So entstand zwischen 250 v.Chr. und 100 v.Chr. eine griechische Version. Die „Deutsche Bibelgesellschaft" hat eine deutsche Übersetzung dieser griechischen Texte herausgegeben. Diese ist 2009 in Stuttgart erschienen, bereits 2010 gab es eine „zweite, verbesserte Auflage". Und da lesen wir (1. Buch Mose Kapitel 28, Vers 17): „Und er geriet in Furcht und sagte: Wie furcherregend ist dieser Ort; nichts anderes ist dies als das Haus Gottes und dies ist das Tor zum Himmel!"

Interessant ist auch die „Vulgata", die lateinische Übersetzung der Bibel. Anno 382 begann Hieronymus mit der Überarbeitung der Übersetzung der Evangelien ins Lateinische. Nach dem Tod von Papst Damasus I. machte sich Hieronymus an eine Übersetzung des Alten Testaments ins Lateinische. 1. Mose 28 Vers 17 liest sich in der Vulgata so: *„Pavensque, Quam terribilis est, inquit, locus iste ! non est hic aliud nisi domus Dei, et porta cæli."* Dr. Joseph Franz von Allioli übersetzte die „Vulgata" aus dem Lateinischen ins Deutsche, anno 1963 von der „Britischen und Ausländischen Bibelgesellschaft" in Wien veröffentlicht. Völlig korrekt gibt er wieder: *„Und er erschrak und sprach: Wie furchtbar ist dieser Ort! Hier ist nichts anders denn Gottes Haus und die Pforte des Himmels."* Das lateinische „terribilis" bedeutet „schrecklich" und „furchtbar".

Gern konsultiere ich auch „Die Heilige Schrift ins Deutsche übertragen" von Naftali Herz Tur-Sinau, die in verschiedenen Auflagen vorliegt, 2013 vom SCM-Verlag in Witten. Und da lesen wir: „Und er erschauerte und sprach: Wie schaurig ist dieses Stätte! – Nein, das ist ein Haus Gottes, und dies ist die Pforte des Himmels." Auch hier wird die Stätte der Himmelsleiter als „schaurig" bezeichnet, wie in der „Vulgata", wo der Ausdruck „terribilis" verwendet wird, so wie ja auch Piscator „schrecklich" übersetzt.

Emil Friedrich Kautzsch (*1841, †1910), war als Theologe und Kenner der hebräischen Sprache hoch angesehen. 1898 erschienen von Professor Kautzsch das Standardwerk „Die Apokryphen des Alten Testaments", gefolgt von „Die Pseudepigraphen des Alten Testaments" im Jahr 1900. 1900 kamen „Die Apokryphen und Pseudepigraphen des Alten Testaments" in einem Band heraus. Weniger bekannt ist, dass Emil Friedrich Kautzsch auch eine Übersetzung des Alten Testaments in zwei Bänden publizierte. Die Erstauflage wurde vom angesehenem „Verlag von Mohr" anno 1898 und 1900 veröffentlicht, 1909 gab es bereits eine „dritte völlig neugearbeitete, mit Einleitungen zu den einzelnen Büchern versehene Auflage". Kautzsch übersetzt Genesis 28,

Vers 17 so: „Da fürchtete er sich und sprach: Wie schauerlich ist diese Stätte! Ja, das ist der Wohnsitz Gottes und die Pforte des Himmels."

Während meines Studiums der evangelischen Theologie übersetzte ich zahlreiche Texte der hebräischen Originaltexte ins Deutsche. Ich war dabei stets bestrebt, dem Original so weit wie möglich zu entsprechen. Meine Absicht war es, einen Eindruck zu vermitteln, wie der Text – etwa nach dem Satzbau – im hebräischen Original geschrieben wurde. Ähnlich wie der geniale Piscator, mit dem ich mich natürlich ansonsten nicht vergleichen darf und will, sollte mein deutscher Text so nah wie möglich am hebräischen Original bleiben.

Besonders gern habe ich die Geschichte von Jakobs Traumvision von der Himmelsleiter übersetzt (1. Buch Mose Kapitel 28, Verse 12-19):

„12) Und da träumte ihm und siehe! Da war eine Leiter aufgerichtet auf der Erde und die Spitze sie ging bis an den Himmel und siehe, da waren Boten Gottes, steigend hinauf und steigend herab auf ihr.

13) Und Jahwe stand über ihm und er sprach: Ich bin der Alles-Überdauernde, der Gott Abrahams, deines Vaters, der Gott Jizchaks. Das Land, auf welchem du ruhst, ich werde es dir geben und deiner Nachkommenschaft.

14) Deine Nachkommenschaft, sie wird sein wie der Staub der Erde! Und du wirst dich ausbreiten gen Westen, Osten, Norden und Süden. Und mit dir werden sich segnen alle Geschlechter des Erdkreises und mit deiner Nachkommenschaft!

15) Und siehe: Ich bin mit dir! Ich werde dich behüten, wo immer du auch hingehst, und ich werde dich zurückkehren lassen in dein Land. Ich werde dich nicht verlassen bevor ich getan haben werde, was ich zu dir gesprochen habe!

16) Und Jakob erwachte aus seinem Schlaf und er sprach wie folgt: Wahrhaftig, Jahwe weilt an dieser Stätte. Und ich, ich wusste es nicht!

17) Und ihm wurde Angst und er sprach wie folgt: Wie schrecklich ist diese Stätte. Sie ist nichts anderes als ein Haus Gottes und dies hier ist der Eingang zum Himmel.

18) Und Jakob erhob sich beim Morgengrauen und er nahm den Stein, auf dem sein Kopf geruht hatte, und er stellte ihn auf als Erinnerungsstein und er schüttete Öl auf seine Spitze.

19) Und er nannte den Namen eben dieses Ortes Beth-El (Beth = Haus, El = Gott). Und diese Stätte war vordem Lus."

Ich wiederhole meine wortgetreue Übersetzung von Vers 17: *„Und ihm wurde Angst und er sprach wie folgt: Wie schrecklich ist diese Stätte. Sie ist nichts anderes als ein Haus Gottes und dies hier ist der Eingang zum Himmel."*

Emil Friedrich Kautzsch (*1841, †1910), war als Theologe und Kenner der hebräischen Sprache hoch angesehen. 1898 erschienen von Professor Kautzsch das Standardwerk „Die Apokryphen des Alten Testaments", gefolgt von „Die Pseudepigraphen des Alten Testaments" im Jahr 1900. 1900 kamen „Die Apokryphen und Pseudepigraphen des Alten Testaments" in einem Band heraus. Weniger bekannt ist, dass Emil Friedrich Kautzsch auch eine Übersetzung des Alten Testaments in zwei Bänden publizierte. Die Erstauflage wurde vom angesehenem „Verlag von Mohr" anno 1898 und 1900 veröffentlicht, 1909 gab es bereits eine „dritte völlig neugearbeitete, mit Einleitungen zu den einzelnen Büchern versehene Auflage". Kautzsch übersetzt Genesis 28, Vers 17 so: *„Da fürchtete er sich und sprach: Wie schauerlich ist diese Stätte! Ja, das ist der Wohnsitz Gottes und die Pforte des Himmels."*

Nach meiner Übersetzung war der Ort, wo die „Engel" zwischen Himmel und Erde pendelten eine „schreckliche Stätte", Kautzsch nennt sie „schauerlich", die „Vulgata" benutzt den Terminus „terribilis" (schrecklich, furchtbar). Zur Kontrolle konsultiere ich Eduard Königs „Hebräisches und aramäisches Wörterbuch zum Alten Testament" in der dritten Auflage, Leipzig 1922. Das Nachschlagewerk gibt als Übersetzung an „furchtbar".

Was beschreibt Genesis Kapitel 28, Vers 17? Jakob bekam Angst. Warum? Er befindet sich an einem Ort, der „Haus Gottes" genannt wird. Wichtig: Just in diesem Vers ist nicht von einem Haus Jahwes die Rede, sondern von einem Haus von Elohim. Und dieses Elohim-Haus ist der „Eingang", ja das „Tor" zum Himmel, wortwörtlich eigentlich der Himmel.

Was aber haben wir uns unter einem „Tor", unter einem „Eingang" zu den Himmeln zu verstehen? Jakob schildert, wie „Boten Gottes" von der Erde in das „Haus Gottes" gelangen oder von dort zur Erde herab steigen. Was geschieht da? Vielleicht kommt Piscator in seiner Bibel-übersetzung der Realität am nächsten, wenn er schreibt: *„schrecklich) Nemlich von wegen der herrlichen majestaet Gottes, welche den menschen wegen ihrer bloedigkeit erschroecklich ist."* Die Herrlichkeit Gottes er-scheint den Menschen als schrecklich ... „wegen ihrer Bloedigkeit"? Geschah damals etwas, was Jakob nicht begreifen konnte und was selbst heutige Theologen nicht verstehen wollen? Steckt etwas ganz anderes hinter der Vorstellung einer „Leiter" zwischen Himmel und Erde?

Die Vorstellung vom „Tor zum Himmel" gibt Anlass zu heute noch kühnen Gedanken. Geht es um eine Energie, die zwischen unserer Re-alität und einer anderen fließt? Machte dieser Energiefluss für Jakob den Ort seiner „Vision" zu einem schrecklichen?

Wie dem auch sei: Die „Hebraica" spricht von „furchtbar", was nicht so recht zu einem gütigen Gott passt. Um das Bild vom „lieben Gott" aufrecht erhalten zu können, wird in Übersetzungen aus dem „furchtbar" eine Stätte der Ehrfurcht.

2. Die Historische Stätte von Jakobs Himmelsleiter

Zur Historischen Stätte der biblischen Geschichte hat uns Gisela Ermel einen Text zur Verfügung gestellt, den sie vor längerer Zeit für die Zeitschrift *Sagenhafte Zeiten* recherchiert und verfasst hat. Quelle hierfür war eine Meldung des israelischen Nachrichtenportals *Israel National News, 1. Dezember 2011*. Dort war folgendes zu erfahren:

Vor vielen Jahren hatte man die Stelle, wo Jakob die Himmelsleiter sah, in einer römisch-byzantinischen Festung namens *Burji Bitin*, südlich der arabischen Siedlung Bitin nahe Ramallah, lokalisiert. In einer neuen Dokumentation behauptet Dr. Hagi Ben-Artzi[177], man habe die wahre Stelle in *Makam Sheik Abdallah* nahe der Siedlung Bet El entdeckt. Das wäre auch eine Bestätigung dafür, dass die Stelle später Sitz des Tempels des König Jeroboam wurde, wie schon Prof. Zeev Vilnai[178] vermutete. Beweise dafür habe man in den letzten Jahren zusammengetragen. Reste des Tempels wurden durch Archäologen identifiziert.

Auf dem Berg neben Bet El befinden sich die Ruinen eines alten moslimischen Gebetshauses (*Makam* = Schrein/Grab, der Name *Sheikh Abdallah* basiert auf dem biblischen Jakob), und Reste einer christlichen Kirche aus der Zeit der Kreuzzüge. Uralte Eichen stehen dort, die von den Arabern nicht gefällt wurden, weil der Platz als heilig galt. Auch die Reste einer Felsenhöhle aus der Zeit des 2. Tempels mit jüdischen Grabstätten findet man. Wichtige Personen wollten dort beerdigt werden, weil dies eine heilige Stätte war. Im Zentrum befindet sich eine Art Felsplateau, wo Jakob seine Vision gehabt haben soll.

König Jerobeam erbaute dort einen Tempel mit goldenem Kalb. Weil dort Jakobs Traum stattgefunden hatte? Weil dort das Tor zum Himmel vermutet wurde?

---

[177] Prof. Dr. Hagi Ben-Artzi, Spezialist für jüdische Philosophie.
https://data.bnf.fr/16601887/hagi_ben-artzi/
[178] Prof. Zeev Vilnai, israelischer Archäologe und Historiker (1900-1988)
https://commons.wikimedia.org/wiki/File:Zeev_Vilnai_1935.jpg

Weitere Bücher zu den Rätseln unserer Geschichte und anderen interessanten Themen finden Sie im Verlagsprogramm des Ancient Mail Verlags:

Werner Betz – Udo Vits – Sonja Ampssler

Riss in der Matrix

Begegnung mit einer anderen Dimension

ISBN 978-3-95652-272-7, Din A5, Paperback, 220 Seiten, 39 Farb-Abbildungen sowie die kompletten Scans der original Aufzeichnungen von Jean de Rignies, **€ 19,50**

Jean de Rignies, ein Mann mit einer ungewöhnlichen Lebensgeschichte, hat uns ein ganz besonderes Vermächtnis hinterlassen. Es besteht aus einem Heft mit handschriftlichen Aufzeichnungen, die ihm ein außerirdischer UFO-Kommandant namens Lilor, dem er auf seinen Wanderungen in den französischen Pyrenäen immer wieder begegnet ist, diktiert hat. Das Besondere an diesen Aufzeichnungen ist, dass es sich zu großen Teilen um mathematische und physikalische Formeln und Erläuterungen handelt, die Jean zu diesem Zeitpunkt gar nicht kennen konnte. Aus den Texten geht hervor, dass ihm Lilor Fehler in Einsteins Theorien und andere Denkfehler der „irdischen" Wissenschaftler erklärt hat. Gehen diese vielleicht sogar über unser heutiges Wissen hinaus und können wir aus ihnen etwas erfahren, was wir noch nicht wissen?

In diesem Buch ist der gesamte Text erstmals im Original mit deutscher Übersetzung veröffentlicht und kann somit überprüft werden. Sollte sich herausstellen, dass nur ein Teil des Inhalts zutrifft und wissenschaftlich bestätigt werden kann, so müssen wir uns fragen, woher die Informationen kommen. Dann können wir nicht mehr ausschließen, dass sie uns tatsächlich von einer außerirdischen, intelligenten Spezies übermittelt wurden.

Hat uns Jean de Rignies mit seinen Aufzeichnungen den Beweis für deren Existenz hinterlassen?

Werner Betz

Kräfte aus dem Nichts?

Geheimnisvolle Orte und rätselhafte Energien

Neuauflage, ISBN 978-3-95652-251-2,
Din A5, Paperback, 206 Seiten,
über 70 Farb-Abbildungen, **€ 18,50**

Warum wurde die Kathedrale von Chartres genau an dem Platz erbaut, an dem sie heute steht und warum finden wir in der Bretagne kilometerlange Reihen von Menhiren, die einst unter großem Aufwand dort errichtet wurden? Wie entstand in einem Megalith-Bauwerk eine Temperatur von 2.000° Celsius, so dass die Oberflächen der Steine verglasen konnten?

Bei diesem Buch handelt es sich um die Geschichte einer Entdeckung. Auf der Suche nach der Ursache der Kräfte, die an besonderen Orten wie Kultstätten oder Wallfahrtsorten wirken, haben Werner Betz und Sonja Ampssler Zusammenhänge aufgedeckt, die nahe legen, dass hier tatsächlich eine Energie im physikalischen Sinn im Spiel ist. Zu diesem Zweck haben sie eine Messmethode entwickelt, mit der sie nachweisen können, dass der Ausschlag einer Wünschelrute nichts mit „Esoterik" zu tun hat, sondern das Ergebnis einer messbaren Kraft ist. Die hierfür benötigten Hilfsmittel sind einfach zu beschaffen und das Verfahren kann von jedermann ohne großen Aufwand angewendet werden. Überraschungen erlebten die beiden auf ihren Reisen in Europa immer wieder vor allem in traditionsreichen Kirchen und Gebäuden, aber auch bei Menhiren, Dolmen und Megalith-Bauten. Damit können sie belegen, was bisher nur vermutet wurde, nämlich dass diese in einem unmittelbaren Zusammenhang mit einer Energie stehen, die von den Menschen vielleicht bald wirtschaftlich genutzt werden kann.

Der Weg zu dieser Erkenntnis war spannend und hat viele neuen Fragen aufgeworfen und einige davon sogar beantworten können. Alle Schauplätze, an denen die Autoren recherchiert haben, sind durch zahlreiche Fotos dokumentiert und anschaulich vorgestellt.

Philip Mantle

Roswell 1947
und der Alien Autopsie Film

ISBN 978-3-943565-98-0, DIN A5,
Paperback, 386 Seiten, 67 s/w-Abb.,
22 Farbfotos, € **19,50**

Im Juli 1947 ist über der Wüste von Neu Mexico, USA ein unbekanntes Flugobjekt abgestürzt. Handelte es sich wirklich nur um einen Wetterballon oder um ein geheimes Militärprojekt oder etwa um ein UFO aus den Tiefen des Alls? Augenzeugen sind sich sicher, dass ein Raumschiff samt seiner außerirdischen Insassen dort abgestürzt ist und vom Militär geborgen wurde. Dieser Fall ist auch heute noch der berühmteste und rätselhafteste in der Geschichte der UFOS.

1995 wurde dieser Fall plötzlich noch einmal aufgerollt und um ein zusätzliches Mysterium erweitert: der Londoner Geschäftsmann Ray Santilli präsentierte der erstaunten Öffentlichkeit Filmmaterial von dem besagten UFO Absturz, der unter anderem die angeblich echte Autopsie eines außerirdischen Wesens zeigte!

Der Film rief Befürworter und Gegner auf den Plan und wurde zum kontroversesten Film der Welt. Der damalige Chef der Britischen UFO Forschungsgesellschaft, Philip Mantle, machte es sich zur Aufgabe, das Geheimnis hinter dem Film zu ergründen. Zusammen mit einem Team von Kollegen aus aller Welt befragte er Augenzeugen und Beteiligte und holte Expertenmeinungen ein. Hartnäckig recherchierte er 14 Jahre lang, bis er das Geheimnis gelöst hatte.

Und jetzt, nach all den Jahren legt er seinen kompletten und aktualisierten Bericht über den Autopsie Film vor und zwar erstmals auch auf Deutsch!

Mit einem Vorwort der deutschen Ausgabe von Alexander Knörr

Amaro Kutiq

Die Sonnenbruderschaft

Der spirituelle Ursprung der Inka – Erzählt aus der Sicht der Apus

ISBN 978-3-95652-250-5, Din A5,
Paperback, 236 Seiten, zahlreiche
Farb-Fotos und -Abbildungen, **€ 19,80**

In diesem Buch erzählen vier Apus, heilige Berge der peruanischen Anden, von den Wurzeln der Spiritualität des ersten Inkapaares im Universum. Sie berichten, wie sie selbst, die Meister der Sonnenbruderschaft, das unterirdische Volk der Ayar, Pumas, Schlangen und Kondore Manqo Qhapaq und Mama Oqllo, die ersten Inka, sowie deren Gefolge bei der Umsetzung ihrer beiden wichtigsten Aufgaben unterstützen: bei der Gründung von Cusco mithilfe des heiligen Stabes und bei der Übertragung der goldenen Sonnenscheibe von ihrem Aufbewahrungsort im Titicacasee in den zuvor eigens für sie errichteten Tempelbezirk in der heiligen Stadt. Ein Schwerpunkt ist dabei die Vorbereitung eines ganzen Volkes auf die Gegenwart der höchsten Lichtenergie außerirdischer Herkunft. Die beiden Inka werden von den Sonnenbrüdern selbst unterwiesen. Ihrerseits übernehmen sie dann die Ausbildung der Priester hin zu einem Leben in völliger Selbstlosigkeit in Harmonie mit den Gesetzen von Vater Sonne und Mutter Erde mit den Mitteln des Fastens und der Meditation. Um diesen Kreis von Eingeweihten herum entsteht unter der Leitung und nach dem Beispiel der ersten Inka im Tal von Cusco eine Kultur der gegenseitigen Wertschätzung, in der die Menschen voller Freude mit und für sich, ihre Mitbürger und die Natur arbeiten.

Claudia Günther

Das Anasazi Mysterium

Botschaften der 7. Dimension

ISBN 978-3-95652-279-6, Din A5, Paperback, 100 Seiten, 12 s/w-Abbildungen, € **10,70**

Dieses Buch beschäftigt sich auf ganz neue und höchst spirituelle Art mit bisher ungeklärten Phänomenen frühzeitlicher indianischer Kulturen.

Erstmalig wird in diesem Buch ein völlig neuer Weg beschritten. Da im Leben der Native Americans das Spirituelle immer eine besondere Rolle spielte, wollte die Autorin versuchen, auf dieser spirituellen Ebene mit der Hilfe einer Schamanin die Geheimnisse der nordamerikanischen Hochkulturen zu enthüllen.

Im ersten Teil des Buches werden die historischen Stätten und Kulturen aufgeführt und das Rätselhafte detailliert beschrieben. Dadurch wird der Leser eingestimmt auf den zweiten spirituellen Teil, in dem er chronologisch daran teilhaben kann, wie sich durch Kontakte zur Geistigen Welt das Unverständliche zu klären begann.

Was holprig und mit vielen Recherchen begann, endete tatsächlich in einer großen Offenbarung der Geistigen Welt, in der uns die Kenntnis eines weltumfassenden energetischen Netzwerks gewährt wurde. Der Leser wird mitgenommen, den Sinn der historischen Mysterien und darüber hinaus den globalen spirituellen Gesamtzusammenhang zu begreifen.

Das „Geheimnis der Anasazi" ist gelöst.

Mario Rank (Hrsg.)

Der Untersberg ruft

ISBN 978-3-95652-256-7, Din A5, Paperback, 107 Seiten, 44 zum größten Teil farbige Abbildungen, **€ 13,50**

Louis Trenkers bekannter Ausruf „Der Berg ruft!" trifft wohl auf kein Gebirgsmassiv im deutschsprachigen Raum mehr zu als auf den sagenumwobenen Untersberg. Zwischen Berchtesgaden und dem Salzkammergut erhebt sich der Untersberg wie ein Monument aus vergangenen Zeiten und zieht seine Besucher in den Bann. Ein Bann, der bis heute ungebrochen ist, denn nicht umsonst zieht er Menschen aus der ganzen Welt an und er hat auch für jeden einzelnen eine persönliche Botschaft parat.

Komm mit auf eine Reise durch die Zeit und erlebe den „Berg der Götter" ganz individuell, vielleicht hat er auch für Dich eine Botschaft.

Mit Beiträgen von Stan Wolf, Reinhard Habeck, Marcus E. Levski, Elisabeth Heiß, Werner Betz, Dr. Peter Kneissl und Mario Rank.

Unsere Geschichte ist voller Rätsel –

Wir wollen helfen, sie zu lösen !

Bücher und Informationen zu den Themenkreisen Archäologische Rätsel dieser Welt, Paläo-SETI, Grenzwissenschaften, Sagen und Mythen.

Fordern Sie einfach *kostenlose* weitere Informationen an – per Postkarte, Fax, Telefon oder eMail beim

Ancient Mail Verlag • Werner Betz
Europaring 57, D-64521 Groß-Gerau
Tel. 00 49 (0) 61 52 / 5 43 75, Fax 00 49 (0) 61 52 / 94 91 82
eMail: wernerbetz@t-online.de
www.ancientmail.de